天皇陛下の味方です

亡き三島由紀夫と野村秋介に捧ぐ

天皇陛下の味方です　目次

第一章　右向け右！

第二章　愛国を叫ぶ者たち

第一章　右向け右！

一　反日分子をやっつけろ

大久保通りの罵声

　これから述べるのは反天皇主義者たち、つまり天皇が日々、心身を削りながら体現されている価値を否定しようとする者たちの話です。

　日本の歴史は天皇の歴史であるとともに、その知的レベルに差はあれ反天皇主義者たちの歴史でもありました。そのあたりについてはまた後で述べますが、まずは最もレベルの低い反天皇主義者たちをスケッチしてみましょう。

　少し前の話ではあり、普通の人間の感性からすると信じられないような話ですから、ここで取り上げるようなことではないかもしれません。ただ、ある意味で現在の日本社会を覆っている空気を表象しているようにも思われるので、あえて取り上げることにします。

新宿の隣接区域である大久保、新大久保といえば、一昔前まではラブホテルが蝟集《いしゅう》するちょっといかがわしい街として知られていました。けれども今ではそんな大久保界隈のイメージは一変し、韓国料理店や韓国スター、K-POPアイドルのグッズを売る店が密集したコリアタウンに様変わりしています。日本人女性が全国から集まり、とても健全なイメージです。昔のディープな面影はありません。また、最近では韓国だけではなく、いろいろな国から来た人々が生活を営む国際色豊かな街としてにぎわっています。

街の装いがこれほど大きく変わったのは、やはり二〇〇三年（平成十五年）にNHKで放映された韓国ドラマ『冬のソナタ』をきっかけとした空前の韓流ブームに負うところが大きいでしょう。そして、作品のクオリティはさておき、この韓流ブームを契機に日本人の韓国人に対するイメージも激変し、少なくとも草の根レベルでの差別感情は事実上なくなったのではないか、私はそう思っていました。

数年前、そんな大久保通りのある日の午後。日章旗や旭日旗が翻る中、拡声器で増幅された罵声が響き渡ります。

「ゴキブリ朝鮮人は、焼身自殺しろ～」

「在日韓国人、朝鮮人を殺せ～」

思わず耳を塞ぎたくなるような言葉ですが、これはある市民団体のデモで繰り返されたシュプレヒコールの一部です。この平成の御世で「殺せ」などと白昼堂々と叫ぶデモなんてあるのか。普通の日本人ならそう思うでしょう。私だってそう思います。でも、あるんですねこれが、実際に。

この下品極まりないデモを主催しているのは、近年ヘイトスピーチ（憎悪表現）で名を上げ（？）ている『在日特権を許さない市民の会』略して『在特会』と呼ばれるグループを中心とする自称愛国者団体です。

ところで、「在日特権」とは耳慣れない言葉ですが、いったい何のことでしょうか。確かに在日の韓国人、朝鮮人、中国人、台湾人に対しては、その歴史的位置付けを考慮して他の外国人とは異なった行政措置がとられています。しかし、当然のことながら日本人と比較して特権的待遇が付与されているわけではありません。もちろん、ほとんどの人は税金もちゃんと納めています。

彼らは、自らを「行動する保守」といっていますが、確かにその宣言通り在日の人々を殺せと主張する威圧行動以外にもいろいろな行動を起こしています。要は、彼らが「反日」と認定したすべての人間に対して嫌がらせをしようということです。

二〇〇九年（平成二十一年）、在特会は不法滞在により退去命令を受けフィリピンに帰国したカルデロン夫妻の長女、一人日本に残ったカルデロン・のり子さんが通う蕨《わらび》市の中学校付近で、「犯罪フィリピン人カルデロン一家を日本から叩き出せ！」

「ノリコ・カルデロンの在留を認めないぞ～」

と、例によって拡声器で怒鳴りながらデモを行っています。のり子さんは日本で生まれ育ったまだ十三歳（当時）の少女ですよ。彼らの頭の中には「人道」という言葉はないようです。また、日本人本来の美徳であるとされるところの「寛容さ」の欠片《かけら》も見出すことはできません。

不法滞在とはいっても、既に二十年近くも日本で真面目に働いてきた両親を強制退去させること自体、私には強い違和感があります。法治国家であるからして、厳密に法を運用すべきだという意見にも一理はあるでしょう。しかし、のり子さんが結局日本に残れたように、他に抜け道はあったはずです。ましてや、本人に何の罪もない中学一年生の少女の学校のそばで、「ノリコを在留させるな」とがなり立てるにいたっては、私はその神経を疑わざるを得ません。この連中は普通の大人なのか、そして日本人なのか、と。

在特会の活動範囲はなかなか広いようです。二〇一三年（平成二十五年）の八月六日、「原爆の日」の広島市で彼らは核武装推進デモを敢行します。彼らはそこで、次のように叫んでいます。


「反核団体は広島から出て行け」

「核武装してシナ、朝鮮から日本を守るぞ」

「被爆者援護制度には市民の血税が使われているぞ、血税にたかる被爆者を叩き出せ」

「反核、反戦、反原発はすべて売国行為だ」

「日本を護るためにはもはや核武装しかない」

「原爆ドームと平和公園は、平和の名を借りた在特システムです。永久粗大ゴミとして更地にしましょう」


いやはや、「原爆の日」の広島市でこうしたデモを行うとは、見上げた度胸だといえなくもありません。完全アウェイの彼の地でこうした蛮行を行いながら、よく無事に帰れたものです。

しかし、不思議なことに彼らのこうした一連のデモは、テレビで流れない。

あるテレビ局のスタッフに聞いたところ、一度は批判的に報道したそうなのですが、放送直後からクレームの電話が殺到したといいます。「朝鮮人首吊れとか、毒飲めとか、なんでそんな差別用語を流すんだ」と。けれども、事実は事実なんだから報道しなきゃだめですよ。だらしない、と私は思います。

一方、在特会のデモの様子は、動画としてネットでどんどん流れています。そして、こうした動画は世界中の人たちが見ているのです。

動画といえば、在特会がらみのちょっと衝撃的な映像を見ました。大阪最大のコリアタウン鶴橋の駅前でのシーン。マイクを握ってアジテーションをする少女。

「鶴橋に住んでいる在日クソチョンコのみなさん。そして今ここにいる日本人のみなさん、こんにちは」

「ほんま、（在日韓国人・朝鮮人のことが）憎くて憎くてたまらないです！　もう、殺してあげたい！」

「いつまでも調子にのっとったら、南京大虐殺じゃなくて鶴橋大虐殺を実行しますよ！　日本人の怒りが爆発したら、それぐらいしますよ！　大虐殺を実行しますよ！」

「実行される前に自国に戻ってください。ここは日本です。朝鮮半島ではありません。いいかげんに帰れ！」――まわりで大人（おそらく在特会）の囃し立てる声がする。

一言で申せば、悲惨です。聞くところによると、この少女は十四歳の中学生で在特会の会員だそうです（当時）。

私がどうしようもないなと思うのは、この少女ではありません。分別もつかない子供にこうしたパフォーマンスをさせる周囲の大人（在特会）です。まあ、彼らが本来の意味での大人といえるかどうかは、はなはだ怪しいところですが。

ネットの怖さ

ところで、在特会の活動はとても巧妙です。まず、自分たちを「市民団体」だと規定している。そして、街宣許可をとって、集会を開いて、デモをかける。これが従来の右翼のように、黒塗りの街宣車で乗り込み、軍歌をかけながら拡声器を使ってアピールすれば、すぐに警察の規制対象となります。かつての『べ平連』のようなやり方で、大勢の人間を集めるわけですね。そういうところは、うまいなと思います。

また、ネットを多用するのも彼らの特徴です。ネットには彼ら在特会のデモの動画が大量に存在しています。どれもこれも、普通の感覚を持っている人間が見れば相当ひどいもので、私はなぜ彼らがわざわざこんな一般大衆が眉をひそめるような動画を流すのか不思議でした。けれども、その動画に付随するコメントは、ほとんどが彼らの活動を支持するものです。今や、ネットの世界は右翼（ネット右翼、略して「ネトウヨ」というそうだ）で溢れかえっています。

つまり、彼らと同じような感性を持つ一部大衆を集めるのに、ネット動画は適しているということでしょう。そういう意味では、プロモーションとしてはうまいと思います。

そういえば、都知事選に立候補した田母上元航空自衛隊幕僚長も、選挙演説の中で「ネットを利用しているみなさん。ぜひ投票に行って下さい。ネットでは、私は圧倒的な支持を受けているんです」と言っていましたね。

在特会は、こうした現状をよく把握しているようです。テレビで討論会をしようと言っても、彼らは逃げます。自分たちに都合のいい場でしかリングを選びません。

ネットの動画はある意味で怖い。なぜ怖いかというと、全世界の人びとが見ているからです。鶴橋のヘイト少女の動画も、世界中で見られているのです。アメリカ人の記者も言っていました。中国や韓国だけでなく世界中の人がこの映像を見て凍りつき、日本はいったいどうなっているんだと批判が渦巻いていると。一方、テレビでは流れないため、日本でこの映像を見ている人はほとんどいないでしょう。そんなことがあったなんて、ほとんどの人は知りません。

また、在特会ではないけれど、八月十五日の靖国神社には、たまに変な人がいます。軍服を着て、鉄砲かついで、突撃ラッパを吹いたりする。まるでコスプレ大会の参加者みたいですが、「困るなあ」と私なんかは思うのです。なぜなら、外国人の記者はその部分だけ切り撮って、世界中に流すからです。ほとんどの日本人が知らない例外的な事象なのに、「ほらみろ、日本人はもう一度戦争をしたがっている」ということになるわけです。確かに嘘ではないですから、その映像は。

ネットの世界では、匿名であることをいいことに、往々にしてその矛先は弱者に対して向けられます。よってたかって特定の個人あるいは社会的マイノリティに属する人々を叩く。ビートたけしじゃないですが、赤信号もみんなで渡れば恐くないというわけです。単なる気分で鬱憤晴らしのように無責任で好き勝手な攻撃をかけ快感を覚える。こうした倒錯した感性は、学校での「イジメ」に似ています。そして、それは国家レベルで広がることもある。いわゆる負のポピュリズムです。ポピュリズムが時として大きな災厄を引き寄せるということは、歴史が証明する通りです。

民主主義制度は優れた制度ですが、唯一のアキレス腱ともいえるのがポピュリズムではないでしょうか。このポピュリズムを克服するためには、国民一人一人が「気分」ではなく「思慮」をもって社会事象を判断し、かつ逃げ隠れせず正々堂々と自分の意見を述べるという習慣を持つようにするしかないはずです。国家の民度とは、そういうものです。まあ、言うは易しではありますが。「強きを挫き弱きを助く」という言葉がありますが、ネットの連中も叩くならもっと強大な対象を自覚をもって叩けばいい、自分を隠して弱者を攻撃するのは卑怯じゃないか。私はそう思うのです。

話を元に戻しましょう。在特会やネトウヨに通底しているのは、在日は出ていかないと殺すぞ、中国人や韓国人になめられるな、あいつらが日本の悪口をいうのならこちらは倍返しだ、いざとなれば戦争だ、そのためには核武装だ、といった単純な思考様式です。言い方を変えるなら、救いようのない小児性です。

彼らの一連の言動は、一九二三年（大正十二年）の関東大震災の時に起きた在日朝鮮人虐殺を想起させます。この事件では、不逞鮮人が井戸に毒薬を入れ放火して回っている、凶器を携え暴行している、といった流言が大阪朝日新聞や東京日日新聞（現毎日新聞）をはじめとするメディアによって報じられたことにより自警団が組織され、治安当局発表で数百人、実際には数千人の在日朝鮮人が無差別に殺傷されました。

在特会に象徴されるヘイトスピーチは、憎悪、無知、差別、といった我々人間の基底に潜むグロテスクな暗部の発現と言っては言い過ぎでしょうか。

義侠の人

在日といえば、辛淑玉《しんすご》さんのことを思い出します。辛さんは、二〇一三年（平成二十五年）に『のりこえねっと（ヘイトスピーチとレイシズムを乗り越える国際ネットワーク）』を設立し、事務所を在特会デモの中心地である新大久保に構えました。きっと、昨今のヘイトデモの流行に危機感を覚えたからでしょう。

その設立時に、辛さんから私に「鈴木さん、『のりこえねっと』の共同代表になってちょうだい」と電話がありました。私は「よくわからないけど、辛さんがやることなら何でも賛成です」と即答しました。よくわからないのに何でも賛成とはどういうことだといわれそうですが、辛さんがこれまでどういう活動をし、どういう生き方をしてきたかについてはもちろん知っています。それが即答した理由のひとつ。そしてもうひとつ、辛さんに関しては忘れられない思い出があるからです。

何年か前、参加を依頼されたあるシンポジウムの事務局から「鈴木さん、今回はご遠慮下さい」と連絡がありました。またか、と思いました。相手の言葉は慇懃《いんぎん》ですが、こちらとしてはけっこう傷つきます。しかし、「わかりました」というしかありません。

昔から、私には座談会や対談、講演の依頼がちょくちょくありました。右派系、左派系、それぞれからです。けれども、正式に決まり公表された後で、断りの連絡がくるということが数えきれないほどありました。断られるのも右派系、左派系それぞれからです。どうも、決まった後で仲間うちから「なんであんなやつを呼ぶんだ！」とクレームがつくらしい。右からも左からも嫌われる鈴木邦男です。まあ、これも私の不徳のいたすところでしょう。

後述しますが、私は新右翼と呼ばれ過激な活動をしていた若い頃から現在に至るまでの間に、様々な人々との出会いや別れ、そして自分なりの真剣な内省を経て、ずいぶんと考えるところが変わってきました。そして、いつの間にか右翼からも左翼からも嫌われる存在となってしまったようです。これまでの自分の生き方に後悔はありませんが、オファーのあった講演を直前に断られると、やはりがっくりきます。断るくらいなら最初から依頼なんかしてくるなよ、と思わないでもありません。正直に告白すると、私はとても打たれ弱い人間です。攻撃されると、すぐに拗《す》ねたりいじけたりするのです。

辛さんの話に戻ると、先に述べたように、ある時札幌で彼女と私が対談するという企画が持ち込まれました。私はもちろん了承しました。ところが、例によって主宰者から「鈴木さんはご遠慮願いたい」と連絡があり、私はいつも通り「わかりました」と答えました。確かに辛さんだけの方が人は集まります。私が主宰者でもそうするでしょう。

しかし、それを聞いて辛さんは激怒し、「鈴木さんを降ろすなら私も行かない！」と言ったそうです。私は「僕が降りればすむ話ですから」と辛さんに言ったのですが、彼女は一歩も退きません。

結局、主宰者が根負けして対談は実現したのですが、私はその時涙が出そうなほど嬉しかった。辛さんは、義侠の人なのだ。以来、彼女には頭があがりません。

辛さんの『のりこえねっと』には、設立一カ月で二千件以上の「嫌がらせメール」と「サーバー攻撃」があったそうです。また、辛さん本人にも直接「早く半島へ帰れ、生ごみ！」と書かれたメールが送られてきたそうです。卑怯者というのは、どこにでもいるものです。

ところで、彼らの行動のあまりのひどさに、現在では条例によって規制をかける自治体が増えているようです。しかし、気持ちはわかりますが私は規制すべきではないと考えています。なぜなら、言論および抗議行動の自由は絶対に保障されるべきだと考えているからです。彼らの行動に規制をかければそれが前例となり、思ってもみないかたちで言論の自由が奪われることになりかねないと危惧するからです。

反日映画『ザ・コーヴ』

そういえば、私は在特会と同様「行動する保守」を標榜する市民団体のデモの最中にマイクで殴られた経験があります。

この市民団体は、『主権回復を目指す会（略称主権会）』といいます。その主張は「大東亜戦争の敗戦後、支那・中共、朝鮮、アメリカなどの内政干渉に屈服し続け失ってしまった主権を回復する」というもので、在特会同様「語る保守から行動する保守へ」が指針だそうです。在特会とも共闘した時期もあったそうですが、現在は仲間割れしてしまったらしい。

さて、コトの発端は、『ザ・コーヴ』というアメリカのドキュメンタリー映画です（二〇〇九年（平成二十一年）公開。ルイ・シホヨス監督）。題材となっているのは、和歌山県太地町で行われているイルカ追い込み漁です。日本では第二十二回東京国際映画祭で披露されましたが、太地町関係者から抗議があったため上映されたのは一晩だけでした。その後しばらくは、上映できなかったのですが、紆余曲折を経て二〇一〇年（平成二十三年）公開されました。

この映画の試写会に私は招待されました。正直なところ、気が重かった。というのも、アメリカで公開されて以来、どちらかというと左翼的な新聞記者に「映画『靖国』以上の騒ぎになりますよ」、「露骨な反日映画です」、「意図的な日本バッシングです」などと聞かされ、相当酷い内容なんだと思ったからです。産経新聞などは、「これは大問題だ」と、何度も取り上げていました。

でも、見て驚きました。凄い映画でした。これは大きな問題提起をした映画だとも思いました。もちろん、日本人から見て不愉快なところはあります。けれども、それ以上に教えられることの方が多かった。

そもそもこの映画を見るまで、私はイルカ漁についてまったく知りませんでした。日本では年間二万頭近くのイルカが捕獲され、イルカショーのために世界中の水族館に売られます。残ったイルカは殺され、その肉は「鯨肉」と偽装して売られているということです。それが事実なら、中国の偽装食品を嗤《わら》うことはできないでしょう。

イルカを殺すシーンには、目を覆うものがあります。大きな音でイルカをコーヴ（入り江）に追いつめ、そこで刺し殺したり撲殺したりするのです。入り江がイルカの血で真っ赤に染まる。まるで「血の池地獄」です。

これでは見られたくないし、隠したくなるわけです。地元の漁師は、「撮るな！」「出ていけ！」と迫ります。その攻防戦もスリリングです。ドキュメンタリーでありながら、エンターテインメントにもなっていて、一言でいえばよくできた映画だと思います。

まあ、太地町漁協の許可なく盗撮したこと（しかし許可されないわけだから盗撮しか撮影手段はなかった）、ヤラセ疑惑のあるシーンなど、製作手法にはいろいろと問題があったようで、この映画を「反日映画だ！」「国辱映画だ！」と言う人も多いようです。また、主権会のように、「反日だ」「虐日（どういう意味だろう）だ」といった理由で、上映を街宣デモのような直接行動で阻止しようとする人たちもいます。ただ本作は、二〇一〇年（平成二十二年）にアカデミー賞長編ドキュメンタリー賞を受賞し、世界中で上映されています。もし上映反対運動が成功し、日本だけが上映されなかったらどうでしょうか。「日本はそんなに偏狭な国か」と、それこそ「国辱的事件」になるのではないでしょうか。伝統だ、文化だ、と言いながら、何ら説明することなく表現を封殺し、話し合いにも応じない。そう思われてはまずいでしょう。

イルカ漁にしろ、イルカを食べることにしろ、「これは日本の伝統・文化だ。外国人にあれこれ言われることはない」というのなら、堂々とそう言えばいいのです。隠すことはありません。外国人の偏見もあるだろうし、外国人から見て許せない、不愉快だと思うこともあるでしょう。「でも、これは長い間、日本では行われてきたことだ。日本の食文化だ」と、はっきり言ったらいい。「外国人に理解してもらえない文化」はどこの国にだってあるのだから、それは堂々と言ったらいい。

逃げ、隠しているだけではダメなんです。映画を見た上で、イルカ漁の是非、製作手法の是非など大いに論議すればいい。

ただ個人的には、これは果たして日本の「伝統・文化」なのかと疑問に思ったのも事実です。だって、こんなイルカ漁が行われ、イルカが殺され食べられていることは、ほとんどの日本人が知らない。私も知らなかった。この映画を見て初めて知ったのです。日本人のほとんどが知らず支持もしないようなことが、果たして日本の「伝統」や「文化」といえるでしょうか。

ともあれ、試写会の後、いくつかの映画館が上映を予定していましたが、主権会を中心とした上映を妨害しようとする団体の街宣抗議によって、ほとんどの映画館は上映中止に追い込まれました。けれども、上映しようじゃないか、という映画館が首都圏では二館ありました。ひとつは『横浜ニューテアトル』、もう一館は渋谷の『イメージフォーラム』です。

鈴木邦男は北朝鮮人だった

先に述べたような経緯から、私はひとつ論争をしかけてやりましょうと上映妨害の街宣が予定されている日に映画館に出向いたのです。

六月十二日の午後、『横浜ニューテアトル』前に主権会を中心とした三十人程度のグループが日の丸を掲げて上映阻止の街宣をかけてきました。といっても、コーヴの上映予定は何週間も先のことで、この日はまったく関係のない映画が上映されていました。午前の部が終わって出てきた観客たちは、出入口の騒然とした状況にびっくりしていました。スピーカーから大音量でシュプレヒコールを繰り返す街宣グループに、警官隊や取材に来たマスコミが入り乱れ、ちょっとすごいことになっていたからです。

ちなみに、この映画館は二年前にも映画『靖国』（二〇〇八年（平成二十年）公開。一九九七年から十年かけて取材した靖国神社を題材とした日中合作映画。監督は日本在住の中国人李纓《りいん》）を上映する予定だったのですが、三十回もの妨害デモをかけられて止む無く中止したという経験があります。支配人はそのことを後悔し、今回は絶対に上映する覚悟だと言っていました。

ところで、主権会は支配人の自宅まで押しかけています。そして、出てきたおばあさん（支配人のお母さん）を取り囲み、敷地内に入ってワーワーと大声で抗議している。要するに、単なる弱い者いじめです。彼らは常日頃、日本人の誇りについてどうのこうのと言っていますが、『武士道』を読んだことがあるのでしょうか。天皇陛下の御心に思いを馳せたことが一度でもあるのでしょうか。日本人の本質的美徳や倫理について考えたことがあるのか。はっきり言って、最低です。

しかし、解せないのは彼らの行動は立派な建造物侵入であるにも関わらず、警察がまったく動かなかったことです。実に不可解ではありませんか。

それはともかく、この街宣の中で私は討論を呼びかけたのですが、彼らは聞く耳を持ちません。「スズキは北朝鮮へ帰れ～」などと罵倒するだけです。私は、どうやら北朝鮮人ということになったようです。

さて、私がマイクで殴られたのは、七月三日、渋谷のイメージフォーラムに出かけた時のことでした。午後一時から『ザ・コーヴ』が上映されることになっていましたが、十二時には横浜の時より少し多い四十人くらいのグループが押しかけていました。例によって主権会の連中は、拡声器で「虐日映画は止めろ！」と怒鳴っています。明らかに映画館に対する営業妨害です。でも、警察官は何ら規制せず、やりたい放題にさせている。それどころか主権会の代表に、「警察官、そこのマスコミをどかしなさい！」などと指示されている始末です。その指示で動く警察官もおかしいじゃないか。また、「そこの汚いババアをどかせろ！」などと暴言を吐く。どうしてこんなことをさせておくのか。

私は意を決して「俺と公開討論しよう！」と呼びかけました。すると、たちまち警官に阻止されました。警官たちは、「邪魔をするな！」「やらせておけ。演説したら帰るんだから」などと言う。何なんだ、こいつらは。

向こうは「ゴキブリ！」「ゴミはゴミ箱へ！」などと怒鳴り、「鈴木邦男は朝鮮半島へ帰れ～」の大合唱。横浜の時は「鈴木邦男は北朝鮮へ帰れ～」だったけれど、今回はちょっとバージョンが変わって、鈴木が帰るべきところは朝鮮半島だそうです。北朝鮮でも韓国でも、どっちでもいいのか。あるいは、勝手に統一しちゃったのか。

それにしても、在特会や主権会の街宣で感心するのは、彼らの悪口雑言のボキャブラリの豊富さです。「虐日」なんて言葉も初めて耳にしましたが面白い！　これから「虐中」、「虐韓」なんて言葉が流行るかもしれません。さすがに「殺せ～」とか「首を吊れ～」といった類には笑えませんが、怒るより思わず笑ってしまう罵倒もけっこうあります。ゴミとかゴキブリとかウジムシといった言葉は毎回出てくるので少々食傷気味ですが、主権会代表の「朝日新聞の座敷イヌ鈴木邦男を叩き出せ〜。俺は人間だ、座敷イヌとはちがうんだ！」とかは笑えます。あるいは上映妨害に抗議するグループに対して「団塊の世代のおじさん、全共闘運動は終わったんだ。六〇年安保、七〇年安保は終わったんだ。早く家に帰って盆栽でもいじってなさい！」とか。

しかし、繰り返すようですが、彼らの（在特会もそうですが）感性で私が最初の頃不可解に思ったのは、街宣の模様を動画に撮って積極的にネットで流していることです。普通の日本人であれば眉をひそめる、あるいは顔をそむけたくなるような言動を、堂々と流しています。普通なら隠したくなるような映像も平気で流しています。一般大衆からのバッシングを受けるようなことを、なぜわざわざやるのか。

けれども、少し経ってわかりました。先に述べたように、ネットを最大限に使うのは彼らなりの戦術だったのです。彼らは現在のネットの世界の特性をよくわかっているんですね。また、裏を返せば彼らの言動はネットの中でしか流通できないともいえます。そして、そもそも彼らは自分たちの言動を恥ずかしいとは思っていません。

何せ、映画館の支配人の家に押しかけ、留守番の年老いた母親を脅しつけている連中です。それをあたかも「正義の行動」であるかのごとく、得々としてネットの中で動画を流している。あれを見て、「よくやった。正義の行動だ」と思う人はまずいないでしょう。ほとんどの人が、「ひどい！」と思っている。そんなことさえ、彼らにはわからない。これを勇気というべきか、倒錯というべきか。

彼らがネット動画を多用するのは、ネトウヨを中心に中国人や韓国人あるいは社会的マイノリティを攻撃することによって、日々の鬱憤を晴らそうとする一部の人々の暗い情念を引き寄せるための確信犯的作戦なんじゃないか。だって、一般の人々が読んだり視聴したりするメジャーなマスコミは一応「常識」を建前としているので、彼らの言動を真面目にとりあげるはずないですから。『産経新聞』や『週刊新潮』でさえ、彼らを称賛した記事なんか載せません。そういう意味では、うまいやり方だといえなくもないでしょう。

しかし、私が彼らの動画を見て嫌だなあと思うのは、先に述べたように、こうした一般の日本人の常識から乖離した映像が、世界中に流れているということです。いうまでもなく、彼らは日本人の代表ではありません。しかし外国の大衆には、そんなことはわかりません。

また、『ザ・コーヴ』は有力な賞を受賞したドキュメンタリーだったこともあって、主権会の威圧デモの現場には、海外のメディアから派遣された取材記者やカメラマンが多数いました。きっと彼らは、主権会の連中の最も過激で、最も下品な言葉のみを流すに違いありません。かくして、海外の草の根の民衆に日本のイメージが刷り込まれていくのです。在特会や主権会の連中が好んで使う言葉を借りると、彼らの言動はまさしく「国辱」といえるのではないでしょうか。

殴られた鈴木

さて、何度かの私の呼びかけに、向こうにも「討論に応じてやる」という奴がいました。そこで私が「よし、やろう」と出ていったら、またもや警察官に阻止されてしまった。その時です。ハンドマイクで「ゴキブリ!」と私を怒鳴っていた男が、いきなりそのハンドマイクで殴りかかってきた。殴られた私は、思わず頬をゆがめてグラリと体が倒れかけました。周りは、ほとんどが警察官です。はっきりと「暴力事件」を目撃しているにも関わらず何もしない。

私の側にずっといた私服の男が「あっ、血が出てますね」と言って、ポケットティッシュをくれました。彼は、警察官と一緒にいて指示しているし、私が「公開討論をしよう！」と言って動くと飛びついてきて阻止してたから、おそらく公安でしょう。

私は「あっ、どうも」と言ってティッシュを受け取り血を拭きました。親切な公安だな、ティッシュをくれるなんていい奴だな、と不覚にもホロリとしました。

でも、後でよく考えたら変だ。彼も他の警察官同様、暴行現場を見ているのです。だったら止めろよ！「相手は、ハンドマイクで殴りましたよ。告訴しますか？」と、そのくらい聞くべきだろう。翌日、阿佐ヶ谷ロフトのトークショーでその時の話をしたら、元刑事の北芝健氏が「現認してるんだから、逮捕すべきですね」と言う。「ティッシュをもらってありがたがってる場合じゃないですよ」と叱られてしまいました。

しかし、よく我慢したものだ。昔の私なら、「正当防衛だ」と言って殴りかかっていた。そして、大乱闘になる。でも、そうなったら、きっと私一人だけが逮捕されたでしょう。あの時の状況判断は正しかったと思います。だって、現行犯なのに警察は犯人を捕まえようともしないし、警告もしなかったのですから。

ツイッターで「鈴木が殴られた」と呟いた人がいて、「大丈夫ですか？」といろいろな人からメールが来ました。旧知の右翼の人には、「だらしねえ」「なめられてるからだよ」と馬鹿にされました。「プロ右翼がアマチュア右翼に殴られてどうするんだ。やり返せ！」とハッパをかけられました。でも、私はじっと我慢の子です。もし次に右の頬を殴られたら、左の頬を出します。何せ、ミッションスクール出身ですから。

誤解なきよう申しあげておくと、私は決して殴った男を「逮捕しろ」と言っているのではありません。後日、知り合いの弁護士や元刑事の北芝氏に「告訴しろ！」と言われましたが、断りました。これぐらいのことで警察に泣きついたりしたら男がすたるというものです。私が頭にきたのは、警察が彼らとあたかも一体化しているような態度だったからです。

まあ、私を殴った男も「ゴキブリを潰した」だけで逮捕されたらいやでしょう。逮捕されるのならもっと大きなことをやらかし、国家権力に楯突いて逮捕されたらいい。

そういえば数年前、私が住んでいるアパートに放火されたことがありました。外に置いてあった洗濯機が燃え、さらにドアのガラスが溶けて、そこから室内に火が入ってきた。消防車も出動し、大変な騒ぎになったことがありました。

やったのは、私のことを「エセ右翼」と批判していた右翼の若者でした。赤報隊事件がらみで私を攻撃したようです。その時も、私は告訴しませんでした。警察は「やった奴はわかっているんだ。告訴したら、すぐに逮捕してやる」と言いましたが断りました。犯人は若い青年です。そんなくだらないことで捕まり、何年か刑務所に行くなんてかわいそうです。「お前の方が、かわいそうじゃないか」と言われましたが、その右翼青年も「エセ右翼に放火した」だけで何年も刑務所というんじゃ箔も付かないでしょう。やるんなら、もっと大きなことに命を賭けたらいいのです。まあ、そんなことはいままで何回かありましたが、私は警察に頼ったことは一度もありません。

ところで、『ザ・コーヴ』の上映阻止運動の中で、主権会の代表者が私を名指して罵った言葉の中にこんなのもありました。

「鈴木邦男は右翼でも何でもない、ただの反日分子！　金儲けの反日分子！」

恥ずかしながら、金は儲かってません。もうほんの少しだけ儲けたいと思う今日この頃の鈴木です。それはともかく、この罵倒で面白いのは、彼らが「右翼」を国を愛する正しき人と考えていることがうかがえるからです。右翼は愛国者、鈴木は反日分子、したがって鈴木は右翼ではない、という三段論法です。長年「右翼」といわれ続けた私です。しかし、彼らのような連中から「お前なんか右翼じゃねえ」と罵られると、なんだか嬉しくなってしまうのはどうしたことでしょうか。

彼らは「愛国市民団体」を自称し、そう呼ばれることに誇りを持っているようですが、愛国者である彼らは自分たちの言動を天皇陛下の前でも披露することができるのでしょうか。自分たちが流したネットの映像を天皇陛下にお見せすることができるのか。

いうまでもなく、日本の右翼、愛国者を名乗る人々は、例外なく天皇に対して畏敬の念を持っている（と自分では思っている）はずです。しかし、彼らが敬愛する（と自称している）天皇陛下は、現在の憲法に対して特別な思いを抱かれ日々、日本と世界の平和を祈ることを自らに課せられている人であることは広く知られた事実です。その天皇陛下が彼らの低レベルで下劣な言動を知って「おお、よくやってくれている」とおっしゃるとでも思っているのでしょうか。要するに、彼らは「反天皇主義者」なのです。また、ネットを通じて世界中に撒き散らされている彼らの言動は、ひたすら日本という国家の品格を貶めている。「非国民」という言葉は、まさしく彼らにこそふさわしいレッテルではないでしょうか。

まあ、在特会や主権会は特殊かつ極端な例であり、同列にすべきではないのかもしれませんが、こうした右翼および自称愛国者たちの言動と天皇をめぐる倒錯性は、今に始まったことではなく昔からみられるものです。後述しますが、彼らほどレベルは低くないにせよ、日本の近現代史は反天皇主義者であふれかえっています。

在特会や主権会は、確かに特殊な集団ではあります。彼らの言動を見て喝采する日本国民は、ほとんどいないはずです。なぜなら、あまりにも下品だからです。また、彼らのロジックは単純かつ稚拙であり、わざわざ取り上げて批判するほどの対象ではないかもしれません。けれども、彼らがデモを組織し、白昼堂々とヘイトスピーチを繰り返していることは現実であり、一定の支持者がいることも事実です。そして、こうしたことはほんの少し前までの日本では、考えられなかったことです。要は、現在の日本社会の中でマジョリティではないにせよ容認されているわけです。つまり、在特会や主権会の存在は、確実に時代の空気を象徴しているのです。

二　右曲がりのニッポン

時代の気分

振り返ると、ここ二十年あまりの間に日本が確実に右傾化していることは、誰しも肌で感じているのではないでしょうか。少なくとも、世論をリードする存在であるメディアおよび論壇は、著しく保守化しています。いまや、中国や韓国を罵倒し愛国を謳わない者は人にあらずといったところです。まあ、メディアと大衆の関係はニワトリとタマゴのようなもので、どちらかが先にリードするというわけではなく、両者は一体化してトレンドを形成するというのが実態でしょう。大衆の中にある「気分」のようなものをメディアは敏感にすくい取り、大衆はメディアによってその「気分」をさらに増幅させる。こうした循環は、現在の日本に限らず近代以降、どの国にも共通してみられるものです。

さらに、ネットを覗いてみると在特会や主権会だけではなく、総じて右傾化の傾向が顕著に表れているように見受けられます。特に若い年代層では、知的レベルの高低に関わらず圧倒的に保守的な発言が多くてびっくりします。

一方、国内の政治に目を向けると、第二次安倍政権下での機密保護法、集団的自衛権の行使、共謀罪（テロ等準備罪）、武器輸出の緩和、そして憲法改正と、このところ立て続けに日本の将来にとって極めて重要な影響を及ぼすであろうと考えられる法案が、十分な論議を経ないまま成立ないしは検討されています。また、そうした政府の動きに対する抗議運動はあるにはありますが、大きな流れにはなっていません。つまり、安倍政権の動きを「普通の人々」が何となく支持しているのです。

なぜ、日本が右傾化したのかについては、いろんな人がいろんな指摘をしています。

ソ連の崩壊を契機とした左翼陣営の衰退、明らかになった北朝鮮の内実、中国や韓国の少々度が過ぎるのではないかと思われる反日キャンペーン、といった国外要因。二十年にもおよぶ経済の長期低落、貧困層の拡大と将来への漠然とした不安感の蔓延、といった国内要因。おそらく、そのどれもが当たっているのでしょう。ひとつの理由だけでなく、様々な要因が絡まって右傾化と呼ばれる現在の状況を作り出しているのだと思います。

新右翼と呼ばれ、長年民族派として活動してきて、マスコミが付けるレッテルとしては一応右翼とされている私ですが、現在の状況を喜んでいるかというと、まったくそんなことはありません。

一九九一年（平成三年）に起きたコミュニズムの総本山ともいえるソ連の崩壊は衝撃的でした。しかも、あっという間の出来事でした。ソ連が崩壊した時、大方の人々は社会主義が負けて資本主義が勝ったんだと単純に考えたはずです。そして、これからはもう戦争は起きない平和な時代がやって来ると思ったのではないでしょうか。しかし、現実はご存知の通り、毎日のように世界のどこかで戦闘によって多くの人が死に、冷戦時代よりもむしろ血生臭い世界となっています。

ただ、ソ連崩壊以前、七〇年代後期あたりから社会主義国の内情がかなり明らかになり、また全共闘運動の挫折や連合赤軍事件の衝撃もあって、我が国では左翼に対する幻想が急速に揺らぎ始めたことは確かです。

官僚独裁による言論統制、硬直した経済政策による大衆の低い生活レベル、そして何より生活全般にわたる自由の制限。国富を管理する一部の特権階級のみが潤い大衆は等しく貧しいという在りようは、マルクスやレーニンが指し示した理想社会とはおよそかけ離れたものであることを、進歩的知識人たちも認めざるを得なくなったというわけです。

いずれにせよ、ソ連が解体したことにより、左翼的なるものは雪崩をうったように崩壊していきます。実際、日本におけるその後の左翼の退潮は目を覆わんばかりでした。かつて二大政党のひとつであった社会党は、党名を変更したにも関わらず選挙で解党的ともいえる惨敗を続け、今や超ミニ政党となってしまいました。また、世論をリードするマスコミでも、保守派の論客やジャーナリストが中核をなすようになっています。そして、仕上げは自民党タカ派安倍政権の発足です。

潮目が変わるというのはこういうことをいうのでしょう。

戦後、長期にわたり日本の知識階級は左翼、あるいはリベラルな人々が中核を占めていました。また、大学では左翼ないしは左翼にシンパシーを抱く学生が大半でした。六〇年代から七〇年代にかけて、左翼でない学生がいること自体珍しかったのです。私は大学時代、左翼に対抗して民族派運動をしていましたが、いかんせん多勢に無勢、左翼学生によくいじめられたものです。当時の論壇あるいは大学において、保守反動という言葉は最大級の悪口でしたが、今やどちらを向いても自ら保守だ、保守だと言っています。まさに隔世の感があります。

貧すれば鈍する

さて、日本の社会が右傾化したもうひとつの要因としてよく指摘されるのは、バブル後の長期にわたる経済の停滞です。

もちろん、景気の後退はそれまでにもありましたし、賃金が抑制されたこともありました。しかし、戦後の日本はバブル経済が弾けるまで、総体としては右肩上がりの経済と賃金しか経験してきませんでした。そして、八〇年代後半のいわゆるバブル期に、日本経済は絶頂期を迎えます。当時の調査によると、ほとんどの日本人が「自分は中流階級」だと思っていたそうです。もっとも、私はその恩恵にまったくといっていいほど浴していませんでしたが。

ともあれ、この金ピカの時代、日本人の鼻は天高くそびえていたものです。失業率は実質ゼロで慢性的な人手不足、アメリカをはじめ海外の土地を買い漁り、大学生はもとより女子高生まで高級ブランドのバッグや装飾品を身につけていました。質実剛健、謙虚といった日本人の伝統的美学からすると、少々下品な時代ではあったかもしれません。しかし、一面の焼け野原、まったく何もないところから貧しさを耐え忍び、欧米先進国からエコノミックアニマルと馬鹿にされながらも一所懸命働きに働いてきた日本人です。一度くらいは贅沢な時代を経験してもバチは当たらないんじゃないか、と私などは思うのです。それに、八〇年代の日本は確かに安倍首相の好きな「美しい日本」の姿ではなかったかもしれませんが、総じて国民に精神的な余裕があり、対外的にも国内的にも、少なくとも現在よりはずっと寛容であったように思います。

それはともかく、バブル崩壊から現在まで続く経済停滞は、それまでの「不況」と明らかに様相が異なります。まず指摘できるのは、二十年以上という長さ、そして日本という国家が明らかに構造的な衰退の兆候を示しているという点です。この間に起きたことは、天文学的な財政赤字の拡大、貿易赤字、国民一人当たりのGDP減少、都市銀行や主要証券会社の倒産、世界的先端企業の没落、正規雇用の減少、賃金の低下、学力の低下、急激な少子高齢化、風俗業に従事する女性の爆発的増加等々、戦後日本がこれまで経験しなかったことばかりです。下流社会、ワーキングプア、格差社会といった言葉が流行ったのは、記憶に新しいところです。

高い鼻は見事にへし折れ、ITや金融で財をなした一部の人々を除き現在の日本人は皆、出口のない漠然とした不安感、閉塞感に駆られ、暗澹とした気分に陥っているように見受けられます。また、阪神大震災や東日本大震災、最近では熊本地震のような戦後最大級の災害が続いたことは、否が応にも負の心理の拡大に拍車をかけたのではないでしょうか。

現在、多くの日本人はかつての栄光（経済力）を取り戻したい、世界の中での存在感をもっと高めたい、要するに一等国として褒められたいと思っているのではないでしょうか。そして、現状に大きな不満を持つ大衆は自らのプライドの拠って立つところを「国」あるいは「民族」に求めるようになります。かくして「愛国者」は増殖していくわけです。

日本人に限ったことではありませんが、貧すれば鈍するというべきか、こうした状況において大衆はともすれば単純かつ刺激的なメッセージに惹かれるという反知性的な感性に陥り、心理的なはけ口を求めるものです。そして不満の矛先は、普通は政治家や官僚、つまり指導層に向かうはずですが、そうはならないところが現在の日本が抱える問題の根深さを物語っています。

洋の東西を問わず、極度に鬱積した感情は外へ向かいます。現在の日本では、不満のはけ口の対象は中国と韓国です。面白いことに、最近では拉致問題を抱え核を有し、何かと問題を起こす独裁国家北朝鮮よりも中国や韓国に対する感情の方が悪化しています。

劣化する言論界

ここ十数年来、日本の論壇は総保守とでもいうべき状況を呈しています。老いも若きも自称保守主義者ばかり。テレビの討論番組は保守派論者に席巻され、書店をのぞいてみると中国と韓国を罵倒し無条件に日本を礼賛すれば商売になるとふんで悪ノリした保守を自称する評論家や学者、ジャーナリストの本があふれています。こうした傾向は雑誌やネットでも同様で、言論界における「保守商売」はとても盛況です。

既存の右翼の連中の中にも、「やっと、我々の時代がやって来た。我々の運動は正しかったんだ。喜ばしいことだ」という人がいますが、私はそうは思いません。そもそも、旧来の右翼が頑張ったから、右傾化と呼ばれる現在の社会になったわけじゃありません。それは、間違いありません。

戦後の一時期、戦争の指導層でなかったというだけで、戦前戦中に戦争を煽るだけ煽ったにも関わらず、厚顔にも民主主義（それもアメリカがくれた）の守護者然として左翼的言辞を撒き散らした報道人や知識人がたくさんいました。そして彼らが、戦犯探しに狂奔し、国全体が奇妙な熱狂で覆われた時代がありました。現在の日本には同じような匂いが立ち昇っています。要は、左が右に転回しただけです。国民の価値観が一色に染まり少数意見を圧殺する、そんな社会はダメな社会だと私は思っています。

自称保守論者たちの表現は、その方が大衆に受けるからか総じて威勢が良く、かつ反知性的です。特に若い自称保守主義者はその傾向が強いように見受けられます。また、中国人や韓国人はみんな下劣で、日本人はみんな品格がありエライ（ただし日本の左翼媒体やリベラルな論者を売国奴、非国民と罵倒することは忘れていませんが）といった漫画のような図式化が目立ちます。彼らに共通するのは、戦争の実態についての想像力がなく、アニメやゲームの中でのイメージしかないという点です。

もうひとつ、彼らの言動には「覚悟」のようなものが一切感じられません。常に安全なところから過激なことを言っている。彼らは、左翼あるいは権力と体を張って命がけで対決したことなどありません。後述しますが、私の生き方に大きな影響を与えた人物として三島由紀夫と野村秋介がいます。もしこの二人が生きていたら、現在の日本の状況に対してどう言うだろうかと最近よく考えます。

振り返れば四十年以上、民族派として生きてきた私ですが、こうした現状には強い危惧を覚えるし、現在の俄か保守主義者と一緒にされると正直なところ腹が立ちます。もっとも、彼らだってそう思っているでしょうが。

言わずもがなのことではありますが、自由な言論は自由なメディアの上でのみ展開することができます。それでは、現在の日本のマスコミはどうでしょうか。

「政府が『右』と言っているのに我々が『左』と言うわけにはいかない」

　この発言は、政府による管理を義務付けられた公務員である自衛隊幹部の発言でもなければ、霞が関官僚の発言でもありません。日本で最も影響力を持つ報道機関のひとつであるＮＨＫの前会長の発言です。要するに、彼が言っているのは、政府が白といったものはたとえ黒であっても白としなければならないということです。語るに落ちるというやつです。

　この人は、報道という社会的機能について何もわかっていません。あるいは、わかった上での確信犯的発言だったのか。

　いうまでもないことですが、民主主義社会における報道機関の役割は非常に重要であり、かつその責任も極めて大きいといえます。裏付けのない虚偽の報道をしてはならないのはもちろんですが、それと同時に常に権力を監視し、不正を告発するという倫理的使命を担っているのです。

　それは、公共放送だって同じです。ましてや、ＮＨＫは国内最大の放送局であり、その人員、制作予算、利益、そして影響力は、他の民放の比ではありません。また、我々国民の支払う受信料で成り立っていることも忘れてはなりません。

　考えてもみてください。ＮＨＫのような巨人メディアが権力の意向通りにしか報道ができないとしたらどうでしょう。翼賛体制下の大本営発表をそのまま垂れ流した戦前のメディアと選ぶところがないじゃないですか。飼い馴らされた巨大報道機関が権力におもねり、より過激な報道をし、それに大衆の集団心理が重なる。まさに悪夢です。

ＮＨＫが公共放送だとしても政府の命令だけに従って動いちゃだめです。そんなことになれば、報道機関としては自殺行為です。日銀と同様、ＮＨＫは政府から独立した存在であるべきなのです（もっとも安倍内閣になって日銀の独立性は揺らいでいますが）。システム上、政府の命令を無視はできないというのであれば、システムを変えればいいのです。

安倍首相によって任命されたＮＨＫ経営委員会が選任した前会長は、先頃ゴルフに行くためのタクシー代を局に請求していたことが問題になりました（後で返したそうだ）。確かにほめられたことじゃありませんが、そんなくだらないことよりも政府の言う通りに致しますと宣言したことの方がよほど大問題です。本来、権力を監視すべき報道機関のトップが、こともあろうに権力に追随すると堂々と宣言するなんて、世も末だという他ありません。

問題といえば、高市早苗総務相の国会答弁もひどかった。ひど過ぎると言っても過言ではないでしょう。二〇一六年（平成二十八年）八月八日の衆院予算委員会での高市総務相の答弁です。

「放送事業者が極端なことをして、行政指導をしてもまったく改善されずに公共の電波を使って繰り返される場合に、まったくそれに対して何も対応しないということは約束するわけにはいかない」

要するに、放送局が政治的公平性を欠く放送をしてばかりいると電波を停めるぞ、という恫喝です。そして、この「公平性」の判断は政府がするというわけです。

明らかに安倍首相の意を汲んだ発言ですが、少し前の日本であれば総務相の辞任はもちろんのこと、内閣が倒れるような発言です。

安倍内閣の批判ばかりしているメディアは、はなはだ中立性を欠きケシカランということなのでしょうが、ケシカランのはお前らだろうと半畳のひとつも入れたくなります。

この高市発言に、一部ジャーナリストは鋭く反発しましたが、世間ではそれほど関心が高くなかったことが私は非常に気にかかります。こうした緩い状況を予め予測していたのか、十日の予算委員会で安倍首相は高市総務相の発言を追認して、余裕綽綽《しゃくしゃく》、次のように答弁しています。

「政府や我が党が、高圧的に言論を弾圧しようとしているイメージを印象づけようとしているがまったくの間違いだ。安倍政権こそ、与党こそ、言論の自由を大切にしている」

安定多数に胡坐《あぐら》をかいた、何の論理的説明もない完全な開き直り答弁です。

しかし、多数決で決められたことがいつも正しいわけではありません。極端な例かもしれませんが、ナチス政権だって多数決によって成立したのです。

思えば、安倍政権になってから、特定秘密保護法案、憲法の解釈変更による集団自衛権行使、メディアへの締め付け等、それまで嫌なムードであったものが実体を伴って現前しつつあります。

私は、国家機密にしても憲法にしても、左翼原理主義的に捉えている者ではありません。しかし、安倍政権がリードする現在の雰囲気の中で、国民がろくに何も考えていない中で、どんどん重要なことが決まっていく状況に強い危惧を感じるのです。

三　権力と大衆

大衆は恐いのだ

少々横道にそれますが、ここで大衆と権力の関係について考えてみましょう。

有史以来、一時的な空白はあるにせよ、一定規模の共同体にはその構成員を支配する力、つまり権力者や権力システムが必ず存在してきました。

近代以前には、古代ギリシャや古代ローマの初期を除き、武力や財力を背景にした国王や皇帝が民衆を支配していました。現代では、選挙で選ばれた与党と元首、それを支える財界や官界といったところが権力といえるでしょう。もっとも、現代でも北朝鮮のように中世の王朝と変わらないような体制の国やそれに類した国はまだいくつかありますが。

支配する権力と支配される民衆。近代以前の世界は、比較的単純な構図の社会でした。しかしフランス革命以降、特に民主制度をとる国家における権力の内実はそれほど単純なものではなくなり、また大衆の力は中世までのそれと比較にならないほど大きくなります。

権力にとって大衆は統治支配する対象であると同時に、自らが拠って立つ基盤でもあります。被支配者がいなければ、当然支配という概念も成立しません。実に簡単な話です。

ですから権力は通常、常に大衆の動向に神経を使い、あの手この手でその抑圧や懐柔を図るわけです。けれども、時々自らの存立基盤を忘れる、あるいはなめてかかるダメな権力もあります。すると、為政者が思ってもみない事態が起こります。最近では、アラブの春なんかそうですね。社会科学でいうところの大衆の特徴は、匿名性と責任を持たない点にあるそうですが、まさにその特徴故に不満が爆発すると、ほとんど制御不能なとてつもないエネルギーとなります。個々の大衆は無力ではありますが、ある流れができると良きにつけ悪しきにつけ強大な力となることは歴史が教える通りです。

ただ、大衆そのものには共同体を統治支配する力はありません。したがって、アラブの春などもそうですが、レーニンやカストロのような職業的リーダーを持たない暴動は、既存の権力を倒すことはできても、その後には混沌が待ち受けるだけです。

いずれにせよ、不満が蓄積した大衆には恐るべき力があり、その力のベクトルはある契機によって振り子のように右にも左にも大きく振れます。

戦前のナチス・ドイツ、ファシスト党のイタリア、そして軍部独裁の日本をみても、権力は大衆の熱狂によって支えられていました。

私は以前、東條英機首相の孫である故東條由布子氏とテレビで何度か対談したことがあります。彼女は祖父、つまり東条英機首相をものすごく尊敬していてけっこう過激な人でしたが、子供の頃祖父の家に行ったら段ボール箱一杯に一般国民からの手紙がつまっていたそうです。手紙の内容は「戦争をやめろ」といった類のものではなく、日米戦争が始まる前ですから「早く戦争しろ」「何やってんだ、腰抜け」「非国民、戦争が怖いのか」といった、一種の脅迫状のようなものばかりだったそうです。

戦後、もっぱら左翼陣営から長らく軍部＝悪、大衆＝善、といった図式が喧伝されてきましたが、それは違うでしょう。戦前昭和の日本で体制に楯ついたのはごく一部のコミュニストや自由主義者、あるいはラディカルな民族主義者や青年将校だけで、大半の国民は指導層の帝国主義的な拡張政策に対して喝采を送り、それどころか軍部や政府の尻を叩くような役割を担っていました。つまり、権力と大衆は共犯関係だったと私は思います。であるからして、あの戦争はまずかったというなら、大衆であることを理由に頬被りしちゃだめです。

ともあれ、真に恐れるべきは大衆の「気分」であり、それは時として権力を追いつめるほどの力を発揮します。

かくいう私も大衆の一人でありますが、生来不器用であるのに加え、へそ曲がりな性分からか、七〇年代半ばまでの左翼的な世情の中では民族派として活動をし、九〇年代から現在まで続く右傾化の時代には何かと左翼的言動をしているように周囲からは思われているようです。

私は思うのですが、民主主義制度の社会では、しばしばポピュリズムが幅をきかせる、そしてポピュリズムは往々にして少数意見を圧殺する全体主義につながるのではないか。それは右だろうが左だろうが同じことです。

繰り返すようですが、多数決で決まったことがいつだって正しいというわけではないのです。民主制度が抱えるこの矛盾に対抗する唯一の方法は、多数決で決まったことに対しても、その後ずっと抗議を続ける自由を社会が担保することだと私は考えています。

いずれにしても、言論の自由や非暴力的抗議行動を、暴力ないしその他の手段によって抑圧する権力はグータラな権力であり、またそれに大衆が加担するような社会は不健全極まりない社会なのだと私は考える者です。そして、これまでの私の生き方を規定してきたモチーフは、そうした自由の抑圧に対する「異議申し立て」であったように思います。

負の三角関係

既に指摘されてきたことではありますが、大東亜戦争を推進する上で当時のマスコミが果たした役割は決して小さくはありません。

当時のマスコミ、特に大新聞の記事内容は、現在の我々からみると目も当てられないような有様でした。大本営発表を検証することもなく偏向した報道を垂れ流し、時に政府の弱腰を糾弾し対外強硬策を煽りたて、開戦を主張する論陣を張る。まさに、イケイケドンドンです。

中でも朝日新聞は威勢がよく、関東軍の板垣征四郎大佐と石原莞爾中佐の謀略によって起こされた満州事変では関東軍の支持キャンペーンを展開し、満州行進曲の公募までしています。この満州事変以降、新聞各社の論調はより過激なものになっていきます。「満蒙は日本の生命線」とは松岡洋右《ようすけ》外相の言葉ですが、以後「満蒙生命線」は新聞によって国民的スローガンへと昇格し、床屋で、風呂屋で、飲み屋で、普通のお父さんたちの口端にのぼる一種の流行語となりました。今だったら、流行語大賞間違いなしです。

戦局が悪化する頃になると、有名な「鬼畜米英」なんて標語も流行りましたね。また、新聞に負けじとばかり、女性誌にものすごい見出しが出てきます。「アメリカ兵をぶち殺せ！」(『主婦の友』昭和十九年新年号)なんか、ちょっとしびれるじゃないですか。

ところで、このように大東亜戦争に多大なる貢献をしたマスコミですが、どうしたわけか戦後進駐してきた占領軍にはその貢献が評価されず、マスコミ幹部の誰一人として絞首刑にはなっていません。戦犯容疑で巣鴨プリズンに入れてはもらったものの、不起訴で釈放されています。中には後にCIAのエージェントになった経営者もいました。私の感覚では、仮に戦争指導が罪ならば、ナチスのゲッペルス同様、戦争扇動だって罪じゃないかと思うのです。

ともあれ、大新聞社はどこも倒産などせず、敗戦直後からせっせと商売を続けます。もっとも、紙面は昨日までと真逆な主張が展開されることになりますが。要するに外からやって来た新たな権力にとっても、占領地の民衆を統治支配するためにマスコミは大いに利用価値があったということでしょう。

戦後になって、あの時代は強力な言論統制が敷かれ仕方がなかった、マスコミも被害者だなどという人もいましたが、とんでもない話です。確かに言論は厳しく規制されてはいましたが、百歩譲って体制批判が無理だとしても、表現を抑制し行間に知性を滲ませるといった工夫はできたはずです。あるいは新聞記者をやめる、極論すれば新聞社を解散するといった静かな抵抗も、やろうと思えば不可能ではなかったはずです。

しかるに、当時の新聞各紙の紙面を見るかぎり、軍部に媚び、あまつさえ煽るような大キャンペーンを展開し、時に逡巡する政府や軍の尻を叩くような所業に明け暮れています。

それではなぜ戦前昭和のマスコミは、権力のお先棒を担ぐのみならず煽るような役割を自ら進んで果たしたのでしょうか。

理由のひとつは売れるからです。勇ましく過激な表現をすればするほど、大衆に受けるからです。身もふたもない言い方になってしまいますが、要するに「金」の問題です。軍需産業と同じく、マスコミにとっても戦争は「おいしかった」のです。というより、戦中のマスコミは戦争遂行を補強する軍需産業そのものだったといっても過言ではありません。事実、満州事変以降主要新聞は発行部数が倍増しています。

もうひとつ指摘できるのは、自らが加担して形成された国家全体の雰囲気に、彼ら自身も「酔って」いたのではないかということです。インテリゲンチャに属するはずの報道人も、まるで覚醒剤でも打ったかのように一種独特の高揚感に浸り、軍を持ち上げ煽っていたのではないでしょうか。

戦前昭和の軍部中枢は飛び抜けたエリート集団であり、決して頭の悪いゴロツキの集まりなんかじゃありませんでした。けれども、エリートだって人間です。大衆を背にしたマスコミに煽られれば、そりゃ気が大きくもなろうというものです。

ドツボにはまるというのは、こういうことをいうのでしょう。つまり権力と大衆とマスコミが互いに影響を及ぼし合いながら、三位一体となって負のポピュリズムをかたちづくる。いうならば、破滅を約束された三角関係にあったというのが、当時の日本社会の実相だったのではないでしょうか。

ところで、こうした集団的熱狂を醸成する装置である負のトライアングルが発現するのは、何も日本だけではありません。ただ、戦前昭和の特異な点は、ヒトラーやムッソリーニ、あるいはスターリンや毛沢東のような独裁者がいなかったことです。実際、大東亜戦争を誰が先導したのかと問われて、答えられる人はいないはずです。

戦争責任ということでいえば、元首であり軍の統帥権を有す昭和天皇の責任を問う意見も根強くありますが、戦後公表された数々の資料によって明らかなように、二・二六事件の時と終戦時を除いて昭和天皇が軍を動かしたという事実はありません。

つまり、天皇を口実にしてみんながいっしょになってやりたい放題やるという、日本独特の無責任体制の中であの戦争が引き起こされ、多くの人が死に、国土が焦土と化し、そして負けたのです。

人間の本質なんて過去も現在も未来も、それほど変わるもんじゃないと私は思っています。逆に、過去と現在、あるいは現在と未来では、その時代の人間が置かれた位相がまるで違うとも考えています。だから、異なる時代の一場面を切り抜いて分析し、それを単純化しそのまま現在にあてはめて問題解決に役立てようという考えはナンセンスだと思うのです。

中国や韓国（時々アメリカも）は、しばしば「日本は歴史に学べ」と教えを垂れますが、実につまらん教えだと思います。なぜなら、それは彼らの現在の国益、あるいは政権維持のための、すなわち普遍性のない「歴史に学べ」という要求だからです。「じゃあ、あんたたちは歴史に学んでるのか」と言いたくもなります。

ただ、歴史を総体として捉えることで、そこから人間の特性（あるいは業《ごう》）について知ることはできるでしょう。つまり、歴史から学ぶことができるとすれば個々の現象からではなく、何ひとつ変わることのない人間の本性を知るということです。その上で、現在を考えればいい。えらそうなことを言うようですが、私はそのように考える者です。

第二章　愛国を叫ぶ者たち

一　愛国政権登場

愛国無罪

右翼といえば愛国。この「右翼＝愛国」というセットになったイメージは、戦前戦中から現在に至るまで一般の人々に広く共有されてきたのではないでしょうか。

特に戦後は、黒やカーキ色の街宣車に乗って戦闘服を着込んだ強面の連中が、音量を一杯に上げた拡声器でがなり立てる。バックミュージックは軍歌（君が代は流さないのか。まあ君が代は上品過ぎて気合が入らないのだろう）。そんな光景を多くの人が目撃しているはずです。しかし、彼らのこれでもかといわんばかりの露悪趣味は、何か理由があるのでしょうか。普通の感性を持った人間であれば、ほとんど理解不能でしょう。

若い頃の私が主宰していた一水会も週に一、二度ですが街宣活動はしていました。でも、別に自慢するわけではありませんが、私はこうした既成右翼の威嚇的スタイルが嫌で嫌で仕方なく、白い車に乗って普通のスーツ姿で街宣をしていました。

もっとも、最近では強面スタイルは流行らないようで、今の若い人たちはあまり見かけたことはないはずです。その理由のひとつは一般社会の目が厳しくなり警察が取り締まるようになったこと、もうひとつは自民党のタカ派やそのシンパをはじめとするスポンサーの支援が細り、また総会屋と同様何やかやと理由をつけて企業から金をとることに対し厳しい規制がかかるようになったことです。要するに金の問題です。彼らだって、構成員の生活費やガソリン代は当然必要なわけですから。

現在のわかりやすい「右翼」として思い浮かべるのは、先に述べた在特会や主権会のようなヘイトデモを行っている連中でしょう。彼らは、警察による取り締まりを逃れるため市民団体だと自称しています。

ただ、戦後七〇年代くらいまでの右翼の攻撃対象は、ソ連という強大な国家、あるいは日本共産党や日教組、労働組合のような強力な組織など、曲りなりにも「強者」であったのに対し、現在のヘイト右翼が攻撃するのは、もっぱら在日の人々や原爆の被爆者など社会的「弱者」、そして彼らが「反日」と認定したリベラルな個人です。

いずれにしても、旧来の利権右翼と現在のヘイト右翼に共通するのは、いつでもどこでも「愛国」を喚き立てることとです。「愛国」と吠えるだけで気分が高揚し、何をやっても許されると考えている。彼らは「愛国」を自分たちの専売特許と思っているようですが、実に困ったものです。なぜなら、「日本という国に強い親和感を抱いている」という、一部の例外を除きほとんどの国民が潜在的に秘めている自然な感情、すなわち声に出さない「愛国心」を彼らは極めて胡散臭いものに貶めているからです。普通の感覚を持った日本人であれば、彼らと一緒にされたくはないでしょう。新右翼と呼ばれ、何かと過激な活動をしていた若い頃の私たちだって、大上段に「愛国」を口に出すのは恥ずかしかったものです。

しかし、いうまでもなく「国を愛すること」は右翼の専売特許ではありません。右翼の不倶戴天の敵である左翼だって、私に言わせれば愛国者です。彼らなりの理想をもって日本という国を良くしようとしている。それも時に命がけで。

もっとも、左翼の連中は現在流通している「愛国」という言葉に生理的ともいえる嫌悪感を持っているように見受けられます。無理もありません。理想の欠片もない利権右翼や弱者叩きのヘイト右翼、あるいは現在の自民党政権が標語のように多用している「愛国」です。私だって嫌です。

ともあれ、主義主張は違っても、私が出会った左翼とされる人の中には、人間として立派な人が少なからずいたし、彼らから学んだことも多々ありました。

二〇〇二年（平成十四年）、民主党野田政権による尖閣諸島の国有化を契機に中国全土で反日デモが広がり、各地で日系企業が放火、破壊され、百貨店やスーパーでは商品が略奪されました。日系企業の打ち壊しはいいにしても（よくはないか）、商品だけ壊さずに持ち帰る様はちょっとトホホな感じがしないでもありません。

それはともかく、当時の中国では「愛国無罪」というフレーズが流行しました。愛国を表明すれば、何をやっても許されるというわけです。これがエスカレートすれば、破壊や略奪にとどまらず、殺してもいいということにもなりかねません。

ことほどさように、日本に限らず「愛国」には麻薬のようにやばい側面があります。

一方で、自らがコントロールできる限りにおいて、権力にとって「愛国」ほど政治的に利用しやすい言葉はないともいえます。

左翼が馬鹿だから右翼がのさばる

しかし、現在のような「右にならえ」という状況を生んだ責任の一端は、間違いなく戦後左翼にあります。十年一日のごとく、「マルクス・レーニン」、「非武装中立」、「憲法護持」といった空念仏を唱えるだけで日本は良くなると吹聴する。また、彼らは一九六〇年代まで「反米」を旗印に、自由主義国家より社会主義国家を本気で評価していました。スターリンのソ連、毛沢東の中国、金王朝の北朝鮮、ポルポトのカンボジア。社会主義国家の内実は周知の通り、まあどれもこれもひどいものでした。

ところで、一九五九年（昭和三十四年）から始まった「帰還事業」によって北朝鮮に渡った在日朝鮮人は、九万三千人にのぼったといわれています。この帰還事業は北朝鮮当局と朝鮮総連が立案し、共産党や社会党が積極的に支援して、リベラルを標ぼうする大新聞や進歩的知識人たちがこぞって大々的に宣伝をしました。また、当時の保守派政権は渡りに船とばかり、在日朝鮮人を邪魔者扱いし、一掃しようと帰還事業の後押しをしています。差別と貧困に苦しんでいた当時の在日の人々が、悪名高い「地上の楽園」というキャッチコピーに魅せられたのも無理はありません。そして、「弱者の味方」を標ぼうする左翼政党や大新聞が、よく調べもせず北朝鮮をまるで天国であるかのように持ち上げるのですから、誰もが「帰還」しようと思ったのは当然です。ちなみに、帰還者の大部分は、「北」ではなく「南」の出身者でした。つまり、彼らは地縁のない見知らぬ土地へ労働力として送り出されたわけです。

思えば、当時の左翼の連中はずいぶんと罪深いことをしたものです。「地上の楽園」は、実のところ「この世の地獄」だった。「知らなかったのよ」と言ってすむようなことじゃないでしょう。犯罪といってもいいくらいです。しかも、北朝鮮の実態がつまびらかになると、左翼政党の幹部もリベラルを看板としたマスコミも進歩的知識人もみんな口を拭って知らん顔です。そして、新たなテーマを見つけ出し、またぞろ正義の味方を演じる。左翼人士に何かとついてまわるこうした不真面目な偽善が私は昔から大嫌いでした。

ともあれ、左翼の連中が言うところの「正義」だの「良心」だのといった高邁な理念の裏に潜む欺瞞を、ある時期から国民は感づき始めたことが現在の右傾化と呼ばれる状況を生み出した一因であることは間違いないでしょう。左翼が馬鹿だから右翼がのさばる、なんてひどいことを言う人もいますが、当たらずといえども遠からずといったところでしょうか。もっとも、逆もまた真なりで、左翼全盛の頃は右翼が馬鹿だったからともいえます。

いずれにせよ、原理的なことだけを主張しその他の意見を排すという党派的感性は、左右を問わずイデオロギーに縛られた組織や構成員、あるいはその随伴者たちが共通して有するものなのかもしれません。

しかし、現実に生起する事象をすべて白か黒かといった二元論でしか判断しない、こうした党派的感性はダメだと私は思うのです。何事にも表と裏があり、現実の世界では一〇〇%の正邪というものはないはずで、そのほとんどが灰色だと私は思っています。善意の中に悪意が潜み悪意の中に善意が潜む、人間の世界の実相はそうしたものではないでしょうか。

というわけで、「愛国」についても人によってそれぞれの「愛国」があり、それを単一の概念として定義づけるのは非常に危険です。ましてや、単一の「愛国」を国家として強制するなどもっての外だと私は考えています。

安倍晋三的愛国

現在の日本はどうでしょうか。ジャーナリストや学者といったインテリ層から一般大衆までを覆う愛国情緒、それを煽る愛国マスコミ、排他的かつ下劣なデモを展開する愛国市民団体。まさに日本全国、「愛国」の中毒患者であふれかえっています。こうした状況の中で、改憲を金看板とした愛国政権安倍内閣が成立し、矢継ぎ早に「愛国政策」を繰り出しているのは周知の通りです。

そういえば先頃(二〇一六年九月二十六日)、安倍首相が所信表明演説の途中で演説を中断し、海上保安庁、自衛隊、警察が国を守っていることを称えて拍手を促すと、自民党議員が総立ちで万雷の拍手をもって応えたという記事を新聞で読みました。軍隊と警察が国を守っている、私はその表現に強い違和感を覚えました。

私は自衛隊に敬意を払う者であり、なくてはならない存在だと思っています。大震災その他の災害時、時に命がけで黙々と働く彼らの姿を見るにつけ頭の下がる思いがします。安全保障とは、何も戦争だけを対象としているわけじゃありません。災害時における国民の救出・支援も立派な安全保障です。もちろん、他国からの侵略があった場合に最前線で戦うのは彼らです。

今でこそ、自衛隊の存在を否定する人は左翼陣営の中にもおそらくいないでしょう。しかし、左翼思潮が全盛の頃、自衛隊は反動的武力装置、平和国家日本の鬼っ子として疎外された存在でした。私は、自衛隊に対するそうした風潮に腹立たしい思いをしていたものです。

だから、私は彼らに対して為政者が敬意を表明することに反対するわけではありません。しかし、首相のパフォーマンスの裏には、集団的自衛権行使の容認を柱とした安保関連法成立を突破口にして、戦後の軟弱な日本を一等国らしく海外での武力行使ができるようにしたいという安倍政権の感性が見え隠れしています。ＰＫＯ協力法の改定等により、今後間違いなく自衛隊に相当数の「戦死者」が出ることになるでしょうが、その時彼はどのようなパフォーマンスをするのでしょうか。

ところで、二〇一五年（平成二十七年）衆院憲法審査会は、憲法学の専門家三人を招いて参考人質疑を行っています。憲法解釈変更による集団的自衛権の行使を含む新たな安全保障関連法案について、与党が推薦した参考人をはじめ全員が憲法違反だという結果となりました。与党が呼んだ参考人さえも政府の法案を違憲だとしたわけです。与党がお膳立てして合憲という結論を引き出そうとした質疑でしたが、語るに落ちるとはこのことです。

安保関連法案が出た時、各メディアは大きくとりあげましたが、成立した後はほとんど掘り下げた報道をしていません。そして一般の日本国民はといえば、まったく関心を払っていないように見受けられますが、本当にそれでいいのか。

少し話がそれますが、二〇一三年（平成二十五年）に結成された学生集団である『特定秘密保護法に反対する学生有志の会（サスプル：SASPL）』を前身として二〇一五年（平成二十七年）に発足した『自由と民主主義のための学生緊急行動（シールズ：SEALDs）』の抗議デモは、なかなかユニークでした。構成員の大半は二十歳前後の学生で、授業やアルバイトの合間をぬってデモに参加していたそうです。ラップ風のシュプレヒコールなど、彼らのデモはとてもカジュアルで明るく、好感がもてます。私が若い頃の学生運動とはえらい違いです。

何より、共産党をはじめとする各党派と距離を置いているところがいいじゃないですか。公安筋によると、シールズは学生だけでなく主婦も参加した普通の人々の集まりだそうです。事実、自民党が圧勝した参院選が終わった時点でシールズは解散しています。解散したのは残念ですが、党派性を帯びず個々の生活に根差したこのような抗議運動のスタイルがあってもいいと私は思います。彼らの主張は、「立憲主義の尊重」、「持続可能で健全な成長と公正な分配」、「対話と協調に基づく平和的な外交・安全保障政策」といった、しごくまっとうなものです。右翼の連中の「愛国」とは違いますが、彼らは彼らなりの止むに止まれぬ憂国の念によって抗議行動を起こしたのであり、まぎれもない「愛国者」だと私は思うのです。

ところで、公安調査庁の資料によると、中核派は機関紙『前進』で（シールズは）警察権力と一体で国会前行動を仕切り「過激派排除」を叫んで（中核派に）敵対していると批判しながらも、運動に参加した学生に対して自派への結集を呼びかけたそうです。本当に馬鹿ですねえ、「じゃあ、中核派に入れてください」なんていう学生がいるわけないでしょう。まったく、この連中ときたらシーラカンスのごとく何ひとつ昔と変わっていません。「マジですか？」と言いたくなるほどです。シールズが警察権力と一体になるわけないじゃないか。四、五十年前と何も変わっていない彼らの党派的感性とレトリック、はっきり言ってダサ過ぎます。今のダメ右翼と選ぶところがありません。ああ、左翼が馬鹿だと右翼がのさばる。

さて、当然というべきか、シールズに対する自称保守派からの攻撃もなかなかのものでした。ある自称作家がブログでシールズを「民青＋過激派＋在日＋在日系チンピラ」と意味不明な表現で罵倒したところ、それを読んだ自民党政務調査会調査役の田村重信議員は、すかさずツイッターで賛意を表明しました。また、週刊誌の暴露記事で何かと世間を騒がせた同じく自民党所属の武藤貴也議員は、シールズの国会前抗議について自身のツイッターで「彼ら彼女らの主張は「戦争に行きたくない」という自己中心、極端な利己的考えに基づく。利己的個人主義がここまでまん延したのは戦後教育のせいだろうが、非常に残念だ」と批難しました。まったく、嫌になります。「戦争に行きたくない」という考えの、いったいどこが悪いというのでしょうか。じゃあ、あんたは戦争に行く覚悟があるのか、と言いたくなります。

さらに、著名な保守派政治評論家の一人は、「シールズのおかげで日本の安全が保たれていると でもいうのか。安保法がなくなったら、日本の安全はどうなるのか。「選挙が終わったら解散する」という無責任野郎から国を守るには、このタチの悪い霧を吹き飛ばし、視界明瞭にすることだ」と保守系新聞（産経新聞のことです）で述べています。

愛国政権の議員やその同伴者たち、要するに反天皇主義者たち、彼らの頭の中のレベルはこの程度かと思うと泣けてきます。そして、悲劇と言うべきか喜劇というべきか、彼らは自分たちを「愛国者」と信じて疑わないのです。

自分たちの国の自由や平和を実際に他国から犯されることになったら、国民がそれに抵抗し国を守るために戦うのは当然の義務（権利）だと私は思っています。

しかし、国民の「殺したくない、殺されたくない」という基本的かつ当然の願いを心底から理解し、戦争を避けるために最大限の努力をすることは為政者の義務なのです。

強いられる愛国

ところで、安倍首相は自分を愛国者だと思っているはずです。そして、自らの政権を愛国政権だと本気で思っているようです。そのこと自体には、何の問題もありません。一国の宰相たる者、それくらいの矜持は持っていてほしいものです。また、プライベートではおそらくいい人なんじゃないかと想像したりもします。しかし、「愛国」とは戦前の日本に回帰するということと同義ではありません。

そういえば最近、学校法人『森友学園』が開校する予定だった『瑞穂の國記念小學院』という小学校建設にまつわるスキャンダルが話題になりました。名前が何とも古めかしく、意識的に戦前の雰囲気を前面に出しています。理事長（当時）によると「日本で初の神道小学校」だそうです。名誉校長は安倍昭恵首相夫人（問題発覚後辞任）、当初は校名を『安倍晋三小学校』とする予定だったそうですが、さすがに安倍首相も断ったようです。昭恵夫人は森友学園で講演し、「ここの教育理念はすばらしい、主人もそう言っている」と話したそうですが、理事長もさぞかし喜んだことでしょう。何せ、「安倍晋三小学校」ですから。

この小学校設立にまつわるスキャンダルの発端は、財務省が国有地を評価額の十分の一という破格の値で森友学園に売却したことです。その過程で、政治家や官僚がどのように介在したかについて私は詳しくは知りません。そのあたりは新聞やテレビ、週刊誌等メディアに譲るとして、私が一連の報道の中で驚いたのは同じく森友学園が経営する幼稚園の運動会の映像でした。園児たちが声を合わせて宣誓しているシーンですが、宣誓の内容は運動会にまったくそぐわない異様で衝撃的なものでした。

「大人の人たちは日本が他の国に負けぬよう、尖閣列島・竹島・北方領土を守り、日本を悪者として扱っている中国、韓国が心改め歴史で嘘を教えないよう、お願い致します。安倍首相、ガンバレ！　安倍首相、ガンバレ！　安保法制国会通過よかったです！　僕たち、私たちも、今日一日、パワーを全開します。日本ガンバレ！　エイエイオ〜！」

いやはや、しびれてしまいます。この幼稚園のマークは菊の御紋章、園児たちは教育勅語を暗唱しなければならない、そして軍歌を歌わせているそうですが、「マジかよ」と言いたくなります。年端もいかない幼児にここまでするか。また、運動会では毎回、父兄を前にした三十分におよぶ理事長の訓話があり、その内容は自民党はいかに素晴らしいかといった話だそうです。理事長の「安倍愛」はよくわかるのですが、当人の思いとは裏腹に「ホメ殺し」という他なく、安倍夫妻はきっと「まいったなあ」と思っていることでしょう。

しかし、既に述べたように「愛国」は強制するようなものじゃありません。ましてや「安倍首相」や「自民党」を子供に強制するなんて論外です。

また、この幼稚園では保護者に「よこしまな在日韓国人・支那人」といった表現を使って中韓を非難する文書を配布しています。おそらく、園児たちにも「中国人と朝鮮人は悪いやつらだ」と日頃から教え込んでいるんでしょう。さらにいえば、理事長（当時）は同幼稚園のホームページに、翁長雄志沖縄県知事について、「親中華人民共和国派」、「娘婿も支那の人」などと書き込んでいます。どうやらヘイト右翼の対象には中韓だけでなく、沖縄も加えられたようです。翁長知事に対する指摘はまったくのデマですが、どうしてこんな嘘を平気で公表することができるのでしょうか。教育方針云々以前に「変な人」であり、少なくとも普通の大人とはいえません。いずれにせよ、教育者としては失格だといわざるを得ないでしょう。

幸いというべきか、この稿を書いている最中、理事長は小学校設立の認可申請を取り下げ、学園を辞任するというニュースが入ってきました。

しかし、安倍首相を取り巻く自民党の側近、保守派団体や評論家たちの顔ぶれを見ると、大なり小なり森友学園の理事長のような戦前回帰への志向を隠さない連中ばかりです。このような連中を安倍首相は磁場のように引き寄せている。いったい、どうなっているんだ日本は、と言いたくなります。

問題が大きくなるにつれ、安倍首相は国会で「適切な教育とは言えない」と答弁し、理事長が所属し安倍政権の応援団とされる政治結社『日本会議』の関係者は「森友学園の考えは神道でも保守でもなく、ネトウヨに近い。あれが日本会議の活動と思われるのは心外だ」と述べています。トカゲはやばくなると、シッポを切って逃げる。私には、彼らと『安倍晋三小学校』をつくろうとしていた理事長に、それほど違いがあるとは思えません。

安倍政権もその取り巻き連中も、「国のかたち」について自分たちが考えている本音をもっと正直に表明すればいいんです。安倍夫妻やその周辺の議員など、この理事長の教育理念に賛同してたわけですから。そして、それを争点にして国をあげて堂々と論争をすればいい。それは国有地払下げ問題よりも、ずっと重要なことだと私は思っています。

ところで、園児たちが暗唱させられている『教育勅語（正式には「教育ニ関スル勅語」）』の主たる内容は、ごく普通の生活倫理、言い方をかえれば月並みな道徳です。親を大事にし、兄弟は仲良く、夫婦は相和し、勉学と職に励んで、博愛をもって周囲に接し、人格を向上させ、といったごく素朴な倫理が述べられ、社会生活において人が当然知っておくべき常識のようなものです。ただ、「勅語」とあるように、皇祖皇宗が確立した国体の精華であるとされ、君主である天皇が臣民に与える訓示という意味合いがあります。「勅語」なんてものは、現在の日本の体制下ではあり得ないのです。天皇が元首ではなく象徴である「主権在民」という現在の理念にそぐわないし、幼児に暗唱させるようなものではないでしょう。そもそも、園児たちは文語表現の勅語を理解できるわけはありません。一般道徳を教えるのなら、家庭あるいは学校の道徳の時間に教えればいい。何より

『教育勅語』という言葉が発散する戦前回帰のイメージは、どうにもアナクロでいただけません。

ちなみに、この教育勅語は、明治天皇の強い意向を受け山縣有朋政権で井上毅《こわし》内閣法制局長官が起草したものであり、一八九〇年（明治二十三年）に発布され戦後一九四八年（昭和二十三年）に国会で廃止が決議されています。

当初儒学者が提出した勅語の原案は、儒教をベースとし宗教色の濃い古色蒼然としたものでしたが、井上が猛烈に反対し自ら起草したという経緯があります。井上は何より立憲主義を重んじ、君主は国民の良心の自由に干渉しないことを前提とし、宗教色を排した原案を作成しました。井上は自身の原案を提出した後も、一度は教育勅語構想そのものに反対しています。戦前昭和の軍部と比べると、明治維新時の権力は意外ともいえるほどリベラルでした。

明治維新時の日本と列強との国力の差は歴然としていました。つまり、まだ植民地となるリスクはあったわけです。そのため、初期明治政府は初めての国民国家を創るにあたって、技術導入のみならず近代国家らしく教育制度を整備するとともに、国民の意思をひとつにまとめる必要があったのです。そして、天皇は元首でした。教育勅語はそうした揺籃期の国民国家の中で生まれたものです。象徴天皇制の民主国家である現在の日本とは環境がまったく異なり、維新時の発想をそのまま持ってくること自体ナンセンスとしか言いようがありません。

話は変わりますが、安倍首相は戦争をしたがっているのだという左翼諸君の非難は、少々ヒステリックに過ぎるのではないかとも思います。率直に言わせてもらえば、左翼のこうした単純かつ使い古された言辞は現在の日本で説得力を持つとは思えません。安倍首相あるいはその周りの保守派の連中だって、本当に戦争をしたいわけじゃないでしょう。

要するに安倍政権およびその取り巻きの問題は、自分たちの政策が引き起こすであろう結果に対して無自覚であり、想像力が著しく欠如しているという点です。本当に戦争が起きて大量の自衛隊員や一般市民が殺戮されたら、安倍首相は「こんなはずじゃなかった」と家に帰って布団を被り泣いている、そんな想像をついしてしまいます。彼らの「愛国」に基づいた政策が、日本という国にとって本当に有益か(愛国なのか)どうかはまた別の話なのです。

いささか不謹慎な比喩かもしれませんが、私には現在の安倍首相やその同調者たちは天皇(天皇が体現されている価値)よりもアメリカ(アメリカにとっての価値)を上位に位置付けているのではないか、そして一方では軍事大国、統制管理国家であった戦前の日本に漫画じみた憧憬を抱いているのではないかと思わずにはいられません。もっとも、彼らにそんな自覚はないでしょうが。

ついて行きますアメリカに

さて、安倍政権の論理は、日米安保は実質的に片務条約だからそれを修正し、アメリカが攻撃された時に日本が武力支援をできるようにしなければフェアじゃないというものです。しかし、安倍首相をはじめとする保守勢力は、本気でそんなことを考えているのでしょうか。

そもそもアメリカという国は、自国を防衛するのに他国の軍事的支援を必要とするような国じゃありません。アメリカの軍事力は、その予算、装備、運用力ともに突出していて他国を圧倒しています。最近の北朝鮮は若親分の下、核開発を背景にアメリカに対してなかなか威勢のいい脅しをかましているようですが、本気ではないでしょう。仮にアメリカの領土、例えばグアムや実質的にアメリカ領土である沖縄米軍基地に、北朝鮮が核を一発お見舞いしたとすると、北朝鮮という国自体が消滅するはずです。そんなことは若親分だってわかっているに違いありません（と信じたい）。

要するに、テロ集団による局地的な破壊工作は別として、アメリカの領土を標的に正面から戦争を仕掛けることのできる国はこの世界に存在しないということです。

では、アメリカは日本の憲法解釈変更による集団的自衛権行使をなぜ歓迎するのか。答は簡単です。これを契機に、アメリカの軍事戦略とその実施における自国の物的人的消耗をなるべく減らすため日本に物的のみならず人的貢献をさせたいからです。今後ほぼ間違いなく自衛隊は、アメリカの国益に沿った戦闘に駆り出されるようになるでしょう。ベトナム戦争当時の韓国軍と同じです。

余談ですが、韓国がベトナムに派兵した兵員は延べ三十二万にのぼり、しかも兵は極めて精強で北ベトナム軍に恐れられたそうです。要するに民間人を含めたベトナム人を殺しまくったということです。近い将来、自衛隊もそうなるのでしょうか。実に嫌な想像ではありませんか。

ともあれ、七十年続いた日本の安全保障政策の大転換は、アメリカにとって戦後間もなく日本に再軍備を命じた効果が、やっと目に見えるかたちで出てきたということです。米議会で安倍首相の演説が大いに受けたのも当然です。

安倍政権の本意は、日本が他国から侵略を受けた時にアメリカが本当に守ってくれるのか不安だから、アメリカとの絆をより強固にしたいということでしょう。さらにいえば、できることなら中国にひけをとらない軍事力を持ちたいというのが本音でしょう。

しかし、アメリカは当然のことながら自国の国益を総合的に判断して、軍事政策を決定します。日本の事情など無関係です。多くの人が誤解しているようですが、沖縄の米軍基地だって日本防衛のためにあるわけではなく、アメリカの世界戦略の前線基地として存在しているのです。さすがに、そのあたりのことは安倍政権も理解した上で、安保関連法案を成立させたはずです。

どこまでもついて行きます、下駄の雪。世界一の軍事大国にべったりくっついていれば安心というわけです。こうした発想は、一種のリアリズムとして外務省や防衛省の幹部など、いわゆる安全保障のプロに多くみられるようです。

しかし、このリアリズムには大きな穴があります。

ひとつは、日本がアメリカにいくら尽くそうが、先に述べたようにアメリカ（アメリカに限りませんが）は徹頭徹尾、国益によって動くということです。核に関しても、退官してからの発言ではありますが、キッシンジャーをはじめとするアメリカ政府の中枢にいた複数の高官は、日本が核攻撃を受けたとしても、わずかなりともアメリカの領土への核攻撃というリスクを犯してまで日本のために核による報復をすることなどあり得ない、と明言しています。要するに日本のための「核の傘」は開いてはいないのです。

たとえば、中国がアメリカに対して市場を開放し経済的に大きな恩恵を提供した場合、アメリカの国益からみた日本の位置づけが相対的に低下するということは十分あり得ます。そうした状況下で、中国と日本が衝突した場合、アメリカがどう動くかは予測不能です。アメリカは、決して彼らが好んで口にする「正義」なんかで動いているわけじゃありません。サウジアラビアがいい例ですが、アメリカはこれまで、国益に合致すればどんな非民主的国家とも友好関係を結んできました。よく考えれば誰でもわかるはずですが、自国の国益抜きにアメリカが日本のために血を流すことなどあり得ません。つまり、トランプ大統領が何を言おうが、日本の安全保障はアメリカによって絶対的に担保されているわけじゃないということです。

そして、もうひとつ。より重大な問題は、日本がアメリカの子分として生きていくと決め込むことにより、敗戦時から現在に至るアメリカとの歪《いびつ》な関係が固定化されるということです。つまり、日本の真の「独立」というテーマがすっぽり抜け落ちたまま、二国間関係が続いていくということです。そんなことで、「愛国」なんて口にできるのか。

そもそも、国内に他国の大規模な軍事基地が、日本の国益と本質的には異なった目的で存在すること自体、独立国の要件を満たしているとはいえないと私は考えています。

安倍政権は、集団的自衛権行使の次は集団安全保障を視野に入れています。安倍首相の私的諮問機関である安保法制懇談会は、集団安全保障は国連加盟国の義務であると報告しています。この集団安全保障とは、本来国連の安全保障機能とセットになった概念であり、平和を脅かす勢力および国家を共同して制裁するというものです。

日本の安全保障に関して論議する時、保守派の中でも「日米同盟」中心派と「国連中心・国際貢献」派に分かれているようですが、この分け方にはあまり意味がありません。なぜなら、国連はアメリカの圧倒的な影響下にあるからです。そもそも国連は第二次世界大戦終結後、アメリカが自国中心の世界秩序を構築するために、連合国のイギリス、フランス、中国（当時は中華民国）、ソ連に拒否権を与えて創設し、ニューヨークに本部を置いた国際機関です。もっとも、すぐに冷戦が始まりソ連や中国が自国の国益を確保するため何かと拒否権を使うようになります。冷戦時代が終わると、アメリカはロシアや中国が拒否権を使っても軍事力の行使が縛られないために、有志連合という名分を立てて多国籍軍を編成します。イラク戦争がそうでした。アメリカの解釈では、この有志連合も集団的安全保障ということになるのです。

ちなみに、イラク侵攻の大義名分は大量破壊兵器の保有でしたが、そんなものはどこにもありませんでした。アメリカが黒だといえば、白いものでも黒になるという典型例です。

もしもこのまま日本が集団安全保障に突き進むなら、このような戦争で自衛隊員に血を流させることになるのです。また、政府が繰り返し口にする「国際貢献」ですが、これがまたクセモノです。実態は、「アメリカへの貢献」でしょう。

現在、内戦状態が続く南スーダンにＰＫＯとして自衛隊が派遣されていますが、安保関連法案が成立したことから、今後は他国の部隊が襲撃された時、いわゆる「駆けつけ警護」として自衛隊も戦闘に加わるようになります（幸いこの稿を執筆中に撤退が決まった）。そしてＰＫＯは国連の活動の一環であることから、一般に自衛隊を使った「国際貢献」とされています。

アメリカ軍は、これまでどこの国よりも多くの戦場で戦闘を行ってきました。世界中いたるところでほとんど間断なく、馬鹿みたいに戦闘行為に明け暮れてきました。そして、これからも馬鹿みたいに続けるでしょう。つまるところ、アメリカという国は自国の国益確保のために、常に武力を使ってきた国なのです。これからの自衛隊は、必然的にそのような国に付き合うことになるわけです。生前の三島由紀夫は「このままでは、自衛隊は魂のない武器庫になる、アメリカの傭兵になる」と言っていましたが、まさにそれが現実となりつつあります。

私は、自衛隊員が他国で戦うことに関して絶対に反対する者です。一兵たりとも他国の地で戦死してほしくないし、他国の兵士や人民を殺してほしくはありません。自衛隊員が戦う場所は、あくまで自国領土であるべきなのです。

戦後七十年の長きにわたり、日本の軍隊は外地で一人の戦死者も出さず（ドイツはアフガニスタンで五十四人の戦死者を出している）、一人の敵兵も殺していません。その意味で、主要国の中では極めて特異な国だといえます。その点をあげ、日本は他国のような普通の国として軍事的にも国際貢献すべきだという論者がいますが、そもそも戦争自体が異常なのであり、少なくとも軍事に関しては戦後日本の在り方こそが本来の正しい在り方なのです。国際貢献をいうなら、他国に出向いて戦争をやるより難民を大量に受け入れた方がよほど世界から尊敬されるはずです。トランプのアメリカをはじめ、どこの国も難民を締め出そうとしている現在、日本が国際貢献をする絶好の機会ではないでしょうか。

最悪の法案

日本社会が総保守化する中で登場した安倍政権は、高い議席占有率を背景に特定秘密保護法案、憲法の解釈変更による安保関連法案といった戦後日本の常識を否定するような法案を次々と成立させています。そして今、何度も廃案になった共謀罪（テロ等準備罪）の成立にも執念を燃やし、安倍政権下で何が何でも成立させようとしている（※本稿を執筆中成立してしまった）。この共謀罪という法律は最悪の法律です。憲法で保障されている言論や結社の自由を著しく棄損するものだというしかない法案であり、安倍政権の戦前回帰志向を象徴しています。

自民党がこれまで何度も法案として成立させようとした共謀罪とは、簡単に言えば二人以上の人間が犯罪を行うことを話し合って合意しただけで処罰の対象となる犯罪のことです。極端な例かもしれませんが、場末の酒場で酔っぱらった二人が憂国談義をしている最中、「アベの野郎、許せん。暗殺リストの第一行目にくる奴だ」とオダをあげる相手に「そうだ、あの野郎には死んでもらおう」と応じる、それだけで処罰の対象になるという法案でした。この共謀罪は、権力の判断しだいでいくらでも拡大解釈が可能になるという点で、悪名高い戦前の「治安維持法」を思い起こさせます。これまで国会で審議されながら三度も廃案になったのも当然です。そのため、安倍政権は法案を成立させるために、まことに稚拙かつ姑息なトリックを使っています。

まず、名称を「テロ等準備罪」と変えて、あたかも「共謀罪」と切り離したように見せかけていますが、その本質はまったく同じです。また、成立させなければならない根拠としてでっちあげているのは、東京オリンピック開催に向けて国際組織犯罪防止（ＴＯＣ）条約の締結批准という名分です。安倍首相は、国会答弁で「我が国が条約の国内担保法を整備し、本条約を締結することができなければ、東京オリンピック・パラリンピックを開けないと言っても過言ではありません」と述べていますが、もちろん嘘です。

そもそもこの条約はマフィアによる薬物や銃器に関わる犯罪やマネーロンダリングを対象としたものでテロとは関係ありません。それに、元社民党議員で現世田谷区長の保坂展人によれば、「殺人予備罪」や「陰謀罪」をはじめ、その内容が良いか悪いかは別として重大犯罪に対応した関連法案は既に二十以上もあるといいます。つまり、現行の法律で条約を批准することは十分可能なのです。それでは安倍首相はなぜこの法案に執着するのか。その理由は「テロ等準備罪」の「等」に他なりません。つまり、テロ対策以外に幅広く網をかけることが本当の目的であり、条約批准云々は法案を成立させるための目くらましに過ぎないということです。

この共謀罪の本質的怖さは、「やっていなくても処罰の対象となる」という点です。比喩的にいうなら、頭の中を覗いて罰する法律です。政府は、一般の人に適用されるようなことはないといっていますが、そんなこと信じられるわけがありません。それに、共謀罪を立件するためには、当然のことながら強力な監視システムを構築しなければならない。これまではこっそりと行っていた盗聴、密告の奨励、スパイ潜入、LINEなどメール内容の入手等が合法的に実行できるということです。また、LINEの「既読スルー」、つまり見たけれど何も異論を唱えなかったら「黙示の共謀」が成立すると判断されます。

要するに戦前の特高の流れを汲む公安警察のやりたい放題になるということです。特定機密保護法案で国民の目と耳をふさぎ、一方で国民の頭の中を監視する、実に恐ろしい社会になるわけです。

先頃、沖縄の辺野古で米軍基地反対運動のリーダー山城博治がゲート前でブロックを積んだという微罪で逮捕され、五カ月間に及ぶ長期拘留をされました。その際、信じ難いことに、山城の共犯者を認定するにあたってその根拠になったのは、山城の演説に拍手をした、ゲートの前に来ていた、ということでした。そんなことで、共謀したとみなされるわけです。これはまさに共謀罪の先取りじゃないかと保坂は指摘していますが、まったくその通りだと私も思います。まだ法案が成立してないのにこの有様です。これで、法案が成立したらどうなるかと想像すると、ぞっとするじゃないですか。こんな法案は安倍政権下で仮に成立したとしても、その後も声を上げ続けて絶対に廃案にしなければならないし、抗議するテーマとしては非常に優先順位の高い問題だと私は考えています。なぜなら、護憲だろうが、原発だろうが、沖縄だろうが、それらの抗議運動がまずこの「共謀罪」によって弾圧される可能性が極めて高いと考えられるからです。

ともあれ、武器輸出三原則の見直しによる武器輸出の緩和を閣議決定、高市大臣の電波停止発言等々、安倍内閣の打ち出す施策はどれもこれも国家権力と軍事力の強化を目指しているという他なく、危険極まりないものばかりです。

首相の悲願

さて、安倍首相が自らの内閣の総仕上げとして野心を燃やしているのは、いうまでもなく日本国憲法の改正です。

集団自衛権行使は強引な憲法解釈の変更によって成立させましたが、解釈変更によって武力行使を可能にするのはこれ以上無理でしょう。事実、集団的自衛権の行使にしても憲法学者の大半が違憲だと明言しています。したがって安倍政権はその先、つまり集団安全保障は、改憲とセットで実現しなければならないと考えているはずです。

現在、安倍政権は与党および改憲勢力で、改憲の発議が可能となる三分の二の議員数を衆参両院で確保しています。

ただ、いきなり全面改憲を強行するのはさすがにリスクが高いと判断したのか、目をつけたのが憲法九十六条です。まずこの九十六条を改正し、今後与党の議席が減った時に備え、改憲の発議に必要な総数を「三分の二以上」から「過半数」に変えようとしたわけです。一条や九条に比べて、あまり馴染みのない九十六条であれば、うやむやのうちに改正できるとでも思ったのか。実にせこいやり方です。誰が入れ知恵したのか知りませんが、姑息極まりないじゃないですか。

立憲制において、憲法は権力を縛り、その暴走を防ぐためにあるものです。普通の法律とはまったく異なる意味を持っているのです。だからこそ、九十六条は改正の手続きに関して高いハードルを設けているわけです。

改憲論者として知られる小林節慶応義塾大学名誉教授も、安倍政権が進めようとしている九十六条改正は、憲法による拘束を嫌い通常の法律のように変えようとするものであり「裏口入学」のようなものだ、憲法の「改正」ではなく「破壊」だと言っていますが、その通りだと思います。

発議の条件が過半数ということになれば、憲法改正のハードルはぐっと下がり、極端な話、政権が変わるごとに憲法が変わるということになりかねません。改正のハードルは「五分の四以上」とか、もっと上げてもいいくらいです。

ところで、小林教授はもともと集団自衛権行使についても肯定していましたが、平和であることの意味について深く考えるところがあり、現在では反対の立場に立ったと言っています。また、今をときめく右派安倍政権を批判し、この政権でのインチキ改憲には絶対反対であるとも言っています。そのため、保守派から「小林変節と改名した憲法学者」などと揶揄されていますが、勇気のある人だと私は思います。すごい人だと思います。

時流に乗るために自説を曲げるということは、まあよくあることです。けれども、時流に抗してそれまでの自説を否定し、逆の主張をするということがいかに困難な内的作業であるか、私は誰よりもわかっているつもりです。

言論に生きる人間にとって、自らの主張を転換するということには大きな覚悟が必要です。命がけといってもいいくらいです。ましてや、既に保守派の代表的論客として名をなしていた小林教授です。下世話なことを申せば、それまでの主張を変えさえしなければ、本は売れ、講演依頼は殺到し、保守派としての世間的な名声は揺るぎないものになっていたでしょう。しかし、学者としての矜持がそれを許さなかったということだと思います。

いずれにせよ、時流に乗ってそこら中で跋扈《ばっこ》している俄か保守派には、絶対にできない生き方でしょう。

自民党の党是は結党以来「憲法改正」です。しかし、歴代の自民党政権は戦争に巻き込まれるリスクを慎重に避け、改憲を争点にすることもありませんでした。それは、自民党特有の政治的知恵というものだったように思います。

振り返ってみると、少し前までの自民党首脳は総じて悪党面ばかりでしたが、彼らは焼け跡から立ち上がらなければならなかった一般庶民の「もう二度と戦争はしたくない」、「もっと豊かになりたい」といった生活感覚と欲望をうまくすくい上げて政治をやってきたんじゃないでしょうか。そして、そうした自民党の感性を、広く国民が支持したんだろうと思います。

現在の日本の国家経営に、昔の自民党のやり方をそのまま適用するわけにはいかないでしょうが、少なくとも今の自民党よりはるかに「大人の政党」だったということはできるでしょう。

二　愛国憲法

ダメな改憲案

二〇一二年（平成二十四年）に決定された憲法改正の自民党草案を読んでみました。一言で申せば、全然ダメな改憲案です。

全体を通して気づくのは、「公」だの「公益」だのといった文言がやたら出てくるという点です。つまり、国権を大幅に強化したいという自民党の意思が滲み出ているということです。一人一人の国民より「国」を上位に置く、まさに「愛国憲法」ということができるでしょう。しかし、いうまでもなく「国民」があって「国」があるのです。勘違いしてもらっちゃ困ります。

以下、自民党草案で特にダメだなと思った点を個別にあげてみます。

まず、前文。確かに現行憲法の前文は直訳調の悪文で評判はあまりよくありませんが、内容は主権在民、恒久平和、圧政の除去等を謳ったまったく問題のないものです。対して、自民党草案の前文は読みやすくはあるけれど、自国の伝統、文化の優越性や国際社会における地位を強調した、一言でいえば品格がない内容の文章です。これなら、悪文でも現行憲法の前文の方がずっとマシだと考える鈴木邦男です。

第一条にある天皇の位置付けが自民党案では「元首」となっていますが、とんでもない話です。私は天皇を「象徴」という言葉で定義付けるのには違和感がありました。象徴という言葉には、何やら無機質なイメージがあるからです。天皇はそうした存在じゃないだろうと思っています。ただ、他に適当な言葉が見つからないので、仕方ないかなとも思っていました。しかし「元首」は絶対にまずい。なぜなら、天皇が形式的な統治権を有し実態は軍部がやりたい放題だった戦前昭和を否応なく想起させるからです。現在の政権、あるいは今後登場する政権の尊皇を騙《かた》る反天皇主義者たちが「立憲」と「元首」を自分たちに都合のいいように結び付け、戦前と似たような体制にしない保証はどこにもありません。どんな政府のどんな憲法改正、法律、政令および条約も、元首としての天皇の名で公布される。そんな責任を天皇に負っていただきたくはありません。それだったら、現行憲法のように象徴だけの方が断然いいと私は思います。

自民党案第三条では、日章旗を国旗、君が代を国歌と制定し、国民はこれを尊重しなければならないとしています。嫌だなあ、モロ強制じゃないか。自民党は強制じゃないというけれど、教育基本法では強制していいます。憲法でそんなことを決めていいのか。憲法で明記されたら、国旗・国歌の在り方に反対意見を言うだけで、あるいは国歌斉唱や国旗掲揚の際に起立しないだけで憲法違反になってしまいます。実に恐ろしい社会です。

少し古い話になりますが二〇〇四年（平成十六年）秋の園遊会で、当時東京都教育委員会委員を務めていたプロ将棋の故米長邦雄元名人と天皇との間に次のようなやりとりがありました。

米長「日本中の学校にですね、国旗を挙げて国歌を斉唱させるというのが私の仕事でございます」
天皇「ああ、そうですか」
米長「今、がんばっております」
天皇「やはりあれですね、強制になるということでない方がね、望ましいと……」
米長「ああ、もう、もちろんそうで……。本当に素晴らしいお言葉を頂きまして、ありがとうございました」

米長は決して悪い人ではないのでしょうが、他の右翼や保守派と同様、自分が反天皇主義に陥っていることを自覚していないようです。

それにしても、やはり今上天皇は素晴らしい方です。しかし、この天皇の発言に対して案の定というべきか、保守派から天皇が政治や政策に踏み込んだ発言をするのはいかがなものかといった声が出ましたが、「これくらいの発言で政治的だの何だのとガタガタ言うんじゃねえ、偽愛国者め」と私は思ったものです。彼らは憲法嫌いのくせに、天皇が自分たちの気に入らない発言をした時だけ「立憲」を持ち出すのです。

ちなみに、東京都教育委員会は二〇〇四年の都立校の卒業式で、日の丸を飾る位置や君が代の歌わせ方など十二項目にもわたって細かく指示した上、監視役まで派遣しました。そして、起立しなかった二五〇人の教職員を処分しています。これを強制といわずして何というのか。

私自身はというと、日の丸も君が代も大好きです。日の丸は数ある国旗のデザインの中でも、一番シンプルで洗練されていると思います。また、君が代は勇ましいものが多い各国の国歌の中では異色のメロディですが、逆に個性的でなかなかいい（もっとも試合前のアスリートたちにとっては今一つ気合が入りにくいかもしれませんが）。

日の丸の由来は相当古く、旗印として使用されたのは源平合戦で源氏が使ったのが最初とされています（平氏の旗印は赤地金丸）。その後武家社会では一般に使われるようになり、戊辰戦争では幕府方の旗印となりました。官軍の旗は菊のご紋章をあしらったいわゆる錦旗でしたが、面白いことに明治政府は賊軍の旗印である日の丸を国旗とします。しかし、現在に至るまで法制化されたことはありません。

君が代の詞は明治の陸軍元帥大山巌が詠み人知らずの和歌を引用したもので、作曲は宮内省の雅楽士奥好義がメロディを付け（発表時の名義は上司である林廣守）、ドイツの音楽家エッケルトが吹奏楽譜に仕上げて公表されたそうです。

ともあれ、日の丸や君が代がどんなにすばらしくても、憲法で強制するようなものではありません。それを掲げたくない、歌いたくないという人だっているわけであり、そうした人々の自由を奪うような条項を憲法に入れちゃだめです。繰り返すようですが、憲法の本義は権力を縛るものであり、国民を縛るものであってはならないのです。

日の丸・君が代条項は、自民党が「愛国」を強制していることを端なくも物語っています。権力によって強制されるような「愛国」なんか本当の「愛国」じゃありません。まっとうな政治家の仕事は、小林節教授がいうように国を愛することを強要することじゃなくて、みんなが自ら愛せるような国にすることでしょう。自民党の考え方は本末転倒というしかありません。

さて、問題の九条。自民党案では自衛隊について内閣総理大臣を最高指揮官とする「国防軍」と位置付けています。そして、その活動内容の中に「国際社会の平和と安全の確保」、「公の秩序維持」という文言を入れています。要するに、集団安全保障による海外派兵と国内の治安維持を自衛隊の任務の中に入れようということです。

アメリカに追随した海外派兵の問題点については既に述べたので、ここでは繰り返しません。一方、さりげなく入れている「公の秩序維持」という文言は、海外派兵とはまた別の意味で非常に大きな危険を孕んでいます。独裁的な軍事国家じゃあるまいし、公の秩序維持すなわち治安維持に軍隊を出動させてどうするんだ。治安維持に関する権力の恣意的な判断に、特定秘密保護法、共謀罪、後述する集会・結社・言論の自由に対する圧力といった要素が連動し、自衛隊（国防軍）の治安出動につながる。まさに悪夢です。中国の天安門事件の時のように、デモに参加した丸腰の人民を戦車でひき殺してもOKというわけでしょうか。極端な例をあげましたが、国防軍による「公の秩序維持」という表現には、それほど大きな危険が潜んでいると私は思います。

そもそも、なぜ「自衛隊」という名称を「国防軍」と変えるのか。名前を変えただけだから問題ないという人もいますが、だったら変えなくていいじゃないですか。言葉には魔力があり、言葉のイメージが「現実」に作用するということはあるのです。「自衛隊」には七十年にわたって培われた専守防衛、災害時支援、平和の象徴といったイメージがあるのに対し、「国防軍」には海外派兵、戦争といったイメージが色濃くついてまわります。事実、自民党案では国防軍という名称変更とその任務の拡大がセットになっているじゃないですか。

第十二条は、国民の権利に関して定められたものですが、自民党案では憲法の保障する自由や権利は、常に公益および公の秩序に反してはならない、としています。権力にとって「公」という文字ほど便利なものはありません。「社会全体のため」という名分を掲げながら、公益や公の秩序に反しているかどうかの決定権は権力に握られている。このように権力の思惑で左右されるような条項を憲法の中に絶対入れてはならないのです。

第二十一条は、集会、結社、言論など表現の自由を保障した条項です。ここでも、自民党案は公益および公の秩序を害することを目的とした活動は認めない、という文言をちゃっかり付け加えています。またしても「公」です。こんな憲法が成立したら、真っ先に見せしめとして任侠系の団体が解散させられ、続いて政府の方針に逆らう活動を行う団体はすべて摘発されるという事態を招かないともかぎりません。例えば、政府が社会主義は国体（公）を害すると決めつければ、日本共産党の活動は憲法違反となり、彼らは地下に潜るしかなくなります。完全に戦前への回帰です。そんな大げさな、と思われるかもしれません。私も、安倍政権がまさかそんな蛮行に及ぶとは思っていません。けれども、少しでも危険を招く可能性がある文言を憲法に入れるべきじゃないのです。

自民党案第二十四条では、新たに家族の基本原則を定めています。家族を社会の基本的単位として尊重し、かつ家族は助け合わなければならない、と規定されています。

一言で申せば、大きなお世話です。そんなことまで国から教えを受け、強制されたくはありません。世の中の家族は人間存在の複雑さに見合って多様であり、憲法で決められるようなことではないでしょう。

以上述べたように、自民党の憲法改正草案は非常に問題が多く、かつ姑息です。全体を通底する感性は古色蒼然としたものであり、どうしようもない「後戻り感」を拭うことができません。

ただ、安倍首相は政権維持に自信を持っているからか、改憲の発議をいつでも出せる状態にあるからか、二〇一二年（平成二十四年）の草案にはこだわらないとも言っています。あせらず、外堀を埋めていこうというわけです。与党の中にも、いきなり国民投票までもっていって否決されたら次が難しい、またイギリスのEU脱退の是非を問う国民投票のように国論が二つに割れることを避けたいという声もあり、慎重に事を運ぼうとしているようにも見受けられます。裏を返せば安倍首相はそれだけ本気であり、何が何でも自分の政権で改憲を断行しようと考えているともいえます。

改憲か護憲か

憲法といえば、思い出すことがあります。かれこれ五十年近く前のことです。

当時、私は乃木坂にある『生長の家』の学生道場に住んでいました。その頃の『生長の家』は全国の愛国運動の中心であり、他団体をリードしていました。もちろん私たち道場の学生も「この日本を護る」「左翼なんかやっつけてやる」と燃えていたものです。

そのうち道場に入りたい学生が増えたことから、国立市に第二道場が設けられました。どちらの道場も三十人くらいです。第二道場ができて数年経った頃、私の提案により憲法改正をテーマとした「模擬国会」、つまりディベートを両道場対抗でやろうということになりました。ディベートだから、どちらか一方は「護憲派」になります。しかし、どちらも「改憲派」をやりたい。結局、我々が妥協して仕方なく「護憲派」をやることになり、急遽「護憲」について勉強しました。

当然のことながら、我々はディベートの攻守それぞれについて事前に打ち合わせをしました。最初から改憲派の圧勝では誰の目にも八百長とわかるのでまずい。まずは護憲派の我々がガンガン攻める、途中から改憲派が猛烈な反撃に出る、後は流れでいこう。そして最後は改憲派が勝ち、護憲派の我々は「チクショー」とか言いながら机を蹴飛ばして退場。ざっとそんな筋書きでした。まあ、八百長相撲の打ち合わせのようなものです。

ディベートの会場は全国の信徒が集まる『生長の家』本部、大道場は超満員でした。

さて、ディベートが始まると、予定通り我々はガンガン攻めまくります。あまりに気分が良く「俺は本当のところ左翼だったんじゃないか」と不安になったほどでした。そのうち時間が半分ほど過ぎ、改憲派が攻める番なのでこちらからサインを出しました。ところが、どうしたことか向こうは攻めてこない。前半、我々に押されっぱなしでやる気をなくしたのか。でも、いきなりこちらが攻めるのをやめると八百長だとばれてしまいます。仕方がないので力を抜きながら適当に攻めたのですが、あろうことか護憲派である我々が勝ってしまったのです。後で「なんで勝ったんだよ、バカ！」と、みんなに文句を言われました。でも、向こうのレベルが低過ぎて勝負にならなかったんだから仕方がない。その頃から「本当はお前、左翼じゃないのか」、「本当は護憲なんじゃないか」と疑われるようになりました。まったく迷惑な話でした。

しかし、四十数年経った今、昔の仲間はきっと「ほら見ろ、やっぱり本性を出しやがった」と思っていることでしょう。

確かに現在の私はというと、四十年間改憲運動をしてきたのに改憲派からは「獅子身中の虫」だといわれ、イベントに呼ばれたことは一度もありません。一方、皮肉なことにほとんどの護憲派のグループからイベントに呼ばれています。

けれども私は昔も今も、れっきとした改憲論者です。ただ、自分の中では昔の改憲論と現在の改憲論の内実がかなり違ってきています。

私は高校、大学と『生長の家』の学生部に所属していて、憲法の復元改正運動にせっせと励み、デモもよくやっていました。その理論的拠りどころとなったのは、高校三年生の時に貪るように読んだ菅谷裕の『日本国憲法失効論』です。この本は、大学に入って左翼の連中との論争に際しても強力な武器となりました。それから五十年近く経って、高田馬場の書店で『新装版・日本国憲法失効論』(国書刊行会)を見つけた時は、思わず「あっ、先生」と声を出してしまった。もちろん、すぐに買いました。というのも、菅谷先生の講演は何度も聞いたし個人的にも教えをいただき、ずいぶんとお世話になったからです。

『日本国憲法失効論』の要旨は、占領管理法に過ぎない現行憲法の失効を確定し、固有の正統憲法(明治憲法)を復活させた上で一部改定なり全面改定なりすればよい(復元改正論)というものです。私は、今でも憲法改正の手続き論としては正論だと考えています。

繰り返すようですが、私は改憲論者であります。

しかし、現在のように、タカ派的な声がやたら大きくざわついた雰囲気の中で改憲すべきではない、時間をかけて冷静にやるべきだとも思っています。憲法改正は、それほど重いテーマです。

何しろ「中国や韓国になめられるな〜」「やっちまえ〜」「十倍返しですよ〜」とか「中国と戦っても勝てるんだ」とか、無責任なことを言っているアホがいっぱいいる。この連中の言っていることは、まるで子供の喧嘩です。自分の喧嘩と国家の戦争を一緒にしちゃっている。また、それを気持ちいいと思う愚かな国民が多いのにも困ったものです。

こうした連中の「改憲」はさておき、ではなぜ私は改憲すべきだと考えているのか。最大かつ本質的な理由は、月並みな理由ではありますが現行憲法が占領下で成立したものだからです。占領軍が作成した草案がベースとなっているからです。仮にどんなに完璧で優れた内容の憲法であったとしても、国民が自らの意思で作ったものでなければそれは偽物だというしかありません。憲法とはそういうものだと私は考えています。

具体的な条項でいうと、やはり九条です。九条、特に九条の二項を字義通り解釈すると、自衛隊は実在しているにも関わらず幽霊のような存在にならざるを得ません。

ほとんどの国民は知らないと思いますが、現在まで自衛隊では訓練中に約一八〇〇名もの殉職者を出しています。いうまでもなく、訓練も自衛隊の任務の一部です。したがって、戦死といってもおかしくありません。つまり、彼らは文字通り命がけで国民のために働いているのです。そのような自衛隊が、幽霊であっていいわけがありません。

現在、共産党を含めて自衛隊の存在を本当に否定する国民はいないはずです。だとすれば、自衛隊の存在が憲法の中で明確に否定されているのは、どう考えてもまずいでしょう。堂々と自衛隊が存在する意義を認めればいい。二項を削除した上で、徴兵はしない、海外派兵はしない、核武装はしない等々、要するに自衛隊は絶対に侵略戦争に動員されることはないという内容を明記すればいいのです。

その他、全体を通して改正するとすれば文章です。前文以下、やはり旧仮名遣いは現代表記にして、もっと読みやすい文章にするべきだとは思います。

私は、戦後日本の中で現行憲法の成果だとされる価値は守るべきだと考えています。そして、その最大の価値は他ならぬ九条の精神だと思っています。七十年間も戦争をしていない自衛隊を私は誇りに思っています。また、確かに押し付けといえば押し付けの憲法ではありますが、主権在民、基本的人権、表現の自由、平和への希求といった現行憲法を通底する精神は、人類共通の普遍性をもった理想であり、改正憲法においても活かすべきものだと考えています。

日本国憲法は周知の通り、連合軍総司令部民生局（ＧＨＱ）の担当チームが草案を作成しました。草案の作成においては、日本の軍事力を奪うというアメリカ本国の企図はもちろんありましたが、そうした本国の意思とは別に作成チームは世界で最もラディカルな平和憲法を作ろうと理想に燃えていたようにも思われます。実際、世界各国が日本国憲法のような憲法を採用すれば、すごい世界になるはずです。

その憲法草案作成チームの一人で人権条項に関わったベアテ・シロタ・ゴードン女史に、私は何度か会ったことがあります。彼女は当時二十二歳の若さで草案執筆チームに加わっていました。二十二歳という年齢を考えると、女子大生の論文のようなものじゃないか、やましさは感じませんでしたかと彼女に聞くと、まったく感じない、特に女性の人権に関してはアメリカ以上に進んだものを書けたと自負しているとのことでした。彼女は当時の日本の女性に対する抑圧に義憤を感じて草案作成に燃えたそうです。大したものです。

ところで、あまり知られていないことですがＧＨＱの憲法草案は、日本の民間研究会として発足した『憲法研究会』が一九四五年（昭和二十年）十二月首相官邸に提出した「憲法草案要綱」に間接的ではありますが多くの影響を受けています。この「要綱」は、主権在民など非常に先進的な要素が入った草案でした。

したがって、現行憲法も単純な押し付け憲法とはいえない面もあるわけです。

さらにいえば、『憲法研究会』の主要メンバーである鈴木安蔵は、明治の自由民権運動の理論的指導者であった植木枝盛《えもり》から大きな影響を受けています。

植木は大日本帝国憲法（明治憲法）制定に先立つこと八年、一八八一年（明治十四年）に起草した私擬憲法「東洋大日本国国憲按《とうようだいにほんこくこっけんあん》」を発表しています。この私擬憲法には、人民主権、自由権、抵抗権（不服従権）、革命権、立憲君主制、連邦制、一院制、議会の権限強化などが列挙されていて、明治という時代を考えれば「超」が付くほどの先進的憲法草案でした。中でも「革命権」なんかしびれますねえ。ボンクラな権力を打倒する権利を人民が持つ。ナイスです。賛成です。改正憲法に入れてもいいくらいです。

植木の政治思想もイカしてます。アジア侵略に余念のなかった当時の欧米列強を「大野蛮」と決めつけ、小国主義を唱えてアジアの独立振興と連帯を主張し、日本は盟主としてではなく同伴者として、アジアのみならず世界の被抑圧国を支援すべきだと言っています。また、武力による国権の拡張に反対し、平和主義を主張してもいます。繰り返すようですが、彼が生きたのは明治時代ですよ。何ともすごい人物がいたものです。現在の日本にたった一人でも植木枝盛のような政治家がいたら、とシミジミ思ってしまいます。

植木は、要するに言論過激派でした。それ故に大日本帝国憲法が制定されると、植木の私擬憲法は国家への反逆を示すものだと明治政府からみなされ、その著作は破却されたり隠匿されたりします。また、三十五歳という若さで早世したこともあり、一九三六年（昭和十一年）に鈴木安蔵が高知県立図書館で発見するまで植木枝盛の名は長く忘れ去られていました。

というわけで、植木↓鈴木↓ＧＨＱと、廻り回って日本国憲法にも植木枝盛のＤＮＡが注入されているともいえます。

結論。自由のない自主憲法より、自由のある占領憲法の方がなんぼかマシだ。そのように考える現在の鈴木邦男であります。

と、ここまで執筆してきた時、安倍首相が憲法を改正し、二〇二〇年東京オリンピックに合わせて新憲法の施行を目指すと表明したというニュースが飛び込んできました。先に述べたように、共謀罪も東京オリンピックがダシに使われています。国威発揚と国家権力の強化を実現する、一石二鳥の政策というわけでしょう。

まったく驚くような短期間のうちに、国のかたちを大きく変える重要事案が安倍政権によって決定されています。そして、何より私が危ないなあと思うのは、一般の人々がこうした流れに、総じて無関心であるように見受けられることです。

三　人は右翼というけれど

戦前の民族主義者たち

人は右翼だの新右翼だのというけれど、私は自分で「右翼です」、「新右翼ですよ〜」なんて名乗ったことは一度もありません。何しているんだ、と問われれば「民族派運動をしています」とは言ってきました。まあ、普通の人々にとって、右翼も民族主義者も同じようなものでしょうが。しかし、最近ではそれも自分では言わなくなりました。なんだか、そんなレッテルが無意味だと思うようになったからで、好きなように呼んでくれればいいと思っています。

とはいえ、「民族」という概念は確かに存在します。それでは、「民族」とは何か。

自然科学的立場、文化人類学的立場、社会学的立場等、その拠って立つ立場によって民族の意味付けは異なってくるとは思いますが、私は時空、宗教的感性や習慣を共有し、一定の歴史軸と親和性を持つ共同体と考えています。

したがって、「血」だの「肌の色」だのは無関係だと考えています。もっというならば、自分が日本人だと思っている人はみんな日本人だと考えています。

生まれ育った故郷に親しみを感じる、つまり郷土愛を持つのは人間の自然な感情です。愛国心というものの本質も、つまるところ、そうした素朴な感情だと私は思います。

ところで、在日朝鮮人の人々の相当数は、いまだに北朝鮮や韓国の国籍です。在日一世はともかく、日本で生まれ育った二世や三世の人たちがなぜ日本に帰化しないのか。理由は簡単で、彼らは

「日本人」からいわれのない差別を受けてきたからです。要するに、彼らが日本人にならない（なれない）のは、「日本人」が悪いからです。

一般に、人は誰しも自らのアイデンティティを国や地域に求めるものであり、デラシネとして生きることができるのはごく一部の人間だけです。だから、日本人社会から疎外された在日の人々が、見知らぬ祖国にそれを求めるのは当然のことなのです。

さて話は変わりますが、明治期から敗戦時まで、日本の政財官界および軍部に大きな影響を与え続けた民間の結社として『玄洋社』（初代社長平岡浩太郎）があります。

頭山満をはじめとする旧福岡藩士が中心となって結成された玄洋社は、いわば草分け的な右翼結社であり、戦前の民族派運動の中核ともいえる存在でした。

ちなみに、当時は「右翼」という言葉は一般には流通していませんでした。日本で右翼という言葉がよく使われるようになったのは戦後ですが、日本型右翼の源流をたどるとすれば幕末の尊皇攘夷運動のシンボルの一人だった西郷隆盛であり、その志を継いだのが玄洋社といっていいでしょう。事実、束縛がほとんどない自由な気風の結社であった玄洋社でしたが、初期の社員にひとつ共通していたのは西郷隆盛への敬愛でした。

結成当初の玄洋社は、「尊皇」、「愛国」、「人民の主権固守」という三条項を掲げ、自由民権運動を展開しますが、その過程では大隈重信の爆殺未遂といった荒っぽい所業に及ぶこともありました。

一八八九年（明治二十二年）、外相だった大隈は幕末に英米などと結んだ不平等条約の改正に取り組んでいましたが、その改正案の妥協的（現実的）内容に玄洋社は猛反発し、大隈暗殺を計画します。事件の実行犯は来島恒喜という玄洋社社員であり、彼は事件直後に皇居に向かって正座し短刀で自決しています。こうしたテロは大東亜戦争が始まるまで頻発しますが、その背景には体制批判に対する権力からの弾圧がありました。その厳しさは、今の我々には想像できないほどで、明治期だと在野団体の政治講演会などでは必ず警官が臨席し、過激な政府批判をすると即座に中止を命じられていました。それは左翼のみならず、民族派でも同様でした。つまり、そうした状況の中で異議申し立てをするには、現在の常識ではあり得ないことですが、言論ではなくテロという「肉体言語」を使うしかなかったともいえるかもしれません。そして、テロとテロリストの自決はほとんどセットになっていました。

ともあれ権力も反権力も双方、文字通り命がけでした。良くも悪しくも明治という時代はそういう時代だったのです。

なお、大隈はこの事件で右足を失いますが、その後も自説を曲げることはありませんでした。明治時代にはこうした剛毅な政治家が何人もいました。

もう少し、玄洋社の話を続けます。

玄洋社からは、多士済々な面々が輩出されています。「オッペケペー節」で一世を風靡し新派劇の創始者といわれた川上音二郎、日露戦時に諜報工作活動で大きな役割を果たした明石元二郎、黒龍会（玄洋社の海外工作を担当）を結成し頭山とともに右翼の大立者と呼ばれた内田良平、その他中野正剛、緒方竹虎、中村天風、広田弘毅等、錚々たる面々です。

それはさておき、玄洋社の掲げた大きなスローガンに「大アジア主義」があります。大アジア主義とは、アジア各国の植民地解放闘争を支援し、かつ同盟を組んで欧米列強に対抗するというものですが、先に紹介した植木枝盛と頭山満の間に交友関係があったことから、玄洋社の大アジア主義も植木から大きな影響を受けていたと思われます。

実際、玄洋社は中国の孫文とその後継者である蔣介石、朝鮮の金玉均、インドのラス・ビハリ・ボースといった独立運動の指導者を物心ともに援助し、フィリピン、ベトナム、アフガニスタン、エチオピアにまで、その支援の対象を広げていきました。

その一方で、玄洋社は時々の政府と結びつき、日清・日露戦争、第一次・第二次世界大戦と、すべての戦争において情報収集や秘密工作に関わってきたことも事実です。また、明石や広田のように軍部や政府の中枢にいた社員もいました。束縛のないその自由な社風の功罪ともいえますが、現実の日本の海外政策について玄洋社の社中がまとまっていたわけではありません。

ところで、社長にこそなってはいませんが、玄洋社をその結成時から敗戦直前までの長きにわたって、実質的に率いたのは右翼の総帥と称された頭山満でした。しかし、その頭山は自分が思い描いていた理想とかけ離れた満州国建国に幻滅していました。来日した満州国皇帝溥儀《ふぎ》からの招待も断っているほどです。その当時のことを、東久邇宮《ひがしくにのみや》は「頭山翁は、衰運に乗じてその領土を盗むようなことが非常に嫌いで、朝鮮の併合も反対、満州事変も不賛成、日華事変（日中戦争）に対しては心から憤っていた」と証言しています。また、頭山の舎弟ともいえる内田良平も、日韓併合のやり口に対して強い憤りを持っていました。そうしたことから、戦後は何かと国粋主義、侵略主義の象徴とされた玄洋社ですが、実際には政府からむしろ危険視されていたともいわれています。

戦後GHQは、玄洋社を「日本の国家主義と帝国主義のうちで最も気違いじみた一派」と名指し、その解散を命じました。またずいぶんな言われようですが、そうした側面が玄洋社にまったくなかったとはいえません。ただ、GHQがここまで玄洋社を敵視したのは、玄洋社が欧米列強の帝国主義的秩序に真っ向から刃向かった実にけしからん組織であり、彼らの掲げた大アジア主義が、結果的に欧米にとって植民地の利権を手離さざるを得なくなった遠因だったからではないでしょうか。私はそう考えています。

しかし、「現在」に生きているからこその勝手な批評と言われればそれまでですが、頭山らにしても、国家権力が間違っていると考えたなら命がけで抵抗してほしかった、それが民族主義者の使命じゃないのか、と私は思います。

ともあれ、どんな理想を掲げた運動体も、国家権力と結びついた途端、現実主義という名のもとに堕落せざるを得ないということを玄洋社は体現したともいえるでしょう。

そして、こうした在りようは、スケールこそ小さいけれど、戦後の右翼にもあてはまります。いわゆる街宣車右翼の中にも日本という国のことを彼らなりに真面目に考え、活動をしていた人たちはいました。しかし、活動を続けるためには金がいる、だから保守政治家の周囲や企業をまわって金をもらう。そのうち、そうした生活に慣れ切って、運動よりも集金に精を出すようになってしまう。わかりやすい本末転倒です。私はそういう人々をたくさん見てきました。権力や金銭に取り込まれるということは、自らの信念を捨てるということに他ならないのです。

民族主義者の条件

命がけの言論といえば、私は戦前戦中の真正民族主義者だった親子を思い浮かべます。葦津耕次郎《あしづこうじろう》、珍彦《うずひこ》親子です。植木枝盛と同様、この親子もとにかくイカしてます。

葦津耕次郎は、神官の家系であり本人も熱心な信仰をもっていましたが、神職には就かず十九歳で海を渡り事業家になります。張作霖の協力を得て鉱山事業を興しますが、その後工務店を経営し日本全国に数百の社寺を建立しています。

葦津耕次郎は、とにかく激情家で型破りな人物でした。彼は強烈な民族主義者でしたが、日韓併合には猛反対しています。個人的に親交があった師団長時代の明石元二郎の家に押しかけ「併合はわが政府の失態だ」、「日本の馬鹿政治家は日本国民を喜ばせる方法さえ知っていない。ましてや韓国二千万の国民はみな悲憤慷慨している」と面罵しています。ちなみに、明石は寺内正毅韓国総督の下、憲兵司令官として武断政治を推し進めた張本人でした。

日韓併合後も、葦津はしつこく政府に楯ついています。朝鮮神宮設立の話が持ち上がった時も、祀るのなら朝鮮人の祖神を祀るべきだと主張しました。しかし、実際には天照大神が祀られたことを知ると大憤慨し、当時の総督だった斉藤実に向かって「総督は恥を知っているのか。皇祖および明治天皇を祀って韓国建邦の神を無視するという所業は、人倫の常道を外した不道徳であり、必ず天罰を招き日韓両民族の反目という禍根を残す」と罵倒しています。さらにその後も、国家として独立できるだけの基盤はできたとして朝鮮独立を主張し、併せて関東軍による満州国の政治指導も終了せよと主張しました。また、日中戦争が勃発すると、日本軍占領地内の中国難民救済のために奔走しています。

まったく、呆れるほどのパッションと行動力です。怖いもの知らずというか、あの時代によくも逮捕されなかったものです。言っておきますが彼は左翼ではなく、れっきとした民族主義者ですよ。

この親にしてこの子ありというべきか。葦津耕次郎の長男葦津珍彦も異色の民族主義者でした。青年期にはクロポトキンやバクーニンの無政府思想に傾倒していましたが、耕次郎の影響からか転向し、父親以上の熱烈な神道家となります。父の事業を継ぎ神社建築に携わる一方で、玄洋社の頭山満や内田良平、朝日新聞主筆緒方竹虎、神道思想家今泉定助らと交流します。

父親同様、韓国併合には一貫して反対し、日本統治時代の朝鮮における独立運動家の大物、呂運《りょうん》亨《ぎょう》とも交流を持ち支援までしています。

葦津珍彦は、太平洋戦争が始まる前はこの戦争を「必敗の戦い」と断じて反対運動を行い、戦時中は中国大陸での日本軍の蛮行、同盟国であるナチス・ドイツや東條内閣の思想統制政策などを痛烈に批判しました。そのため、彼の論文はことごとく発禁となり、逮捕までされています。父耕次郎に劣らず、実にいい度胸をしているではありませんか。

戦後の珍彦は、国体護持の理論的支柱として神社本庁の設立に尽力します。その一方で左翼知識人とも分け隔てなく交流し、鶴見俊介、丸山真男、都留重人、竹内好らが集い進歩的知識人の牙城ともいわれた雑誌『思想の科学』（中央公論社）に寄稿までしています。また、論争相手でもあった橋川文三からは「開かれた国体論を追求し、伝統的右翼の水準を超えている」と評価されています。

葦津珍彦にとって、もはや右翼とか左翼といった区分が無意味になっていたのかもしれません。戦前の右翼についても、非常に冷静な分析をしています。例えば内田良平について、「内田的右翼の弱みは、あまりにも日本国を信頼しすぎ、日本人的自負に流れたところにある。この思想的特徴は、ひとり黒龍会のみのものではなく、日本右翼の歴史をつらぬいている」と総括しています。

いずれにせよ、頭山や葦津親子について考える時、そのスケールや覚悟において戦後の右翼とのあまりの差を思い知らされ愕然としてしまいます。

時代は大きく飛びますが、ルポライターでアナーキストの故竹中労は生前、「愛国というのは自国を好きだというだけじゃだめなんだ。中国人が中国を好きだ、フランス人がフランスを好きだ、それをわかることが愛国なんだ」と言っていました。

「愛国」を「民族主義」と置き換えてみると、そのままあてはまります。つまり、真の民族主義者は他国や他地域の民族主義を尊重するということです。にも関わらず、日本が一番エライ、他国は劣っているとか言いたがるエセ民族主義者がいっぱいいるんですね、今の日本には。でも、そんなのは民族主義でもなんでもない。ただの排外主義です。

生まれ育った郷土や国に親和感を持つのは人間にとって一種の普遍的属性です。普遍的属性だということは日本だけじゃないということであり、それを理解しない愛国心も民族主義もマガイモノだということです。

また、日本および日本人は最高だという偏狭なナショナリズムに陥ると、その素晴らしさを広め遅れた他国を教化しなければならないという倒錯した情熱が生まれる場合もあります。戦前の日本がまさにそうであり、天皇制を輸出しようとしました。そして最終的には日本が世界の盟主となる、そんなことを考えていた人間が戦前にはたくさんいました。まあ、かつてのソ連や現在のアメリカも同じようなものでしょう。頭山満や葦津親子のようにまともな民族主義者であれば、そんなことを絶対に考えるはずがありません。

さらにいえば、仮に非民主的な国で圧政下に人民が苦しんでいるとして、まず一義的にはその国の人民が立ち上がるべきなのです。真の民族主義者にとって、民族自決は大原則です。しかし、それでもやむにやまれぬ義憤を感じて当地の人民と連帯したいと思うなら、個人の資格で義勇軍として参加すべきです。いくらひどい国だとしても、国家として介入すると必ず国益がセットになり侵略となるのです。国家は正義なんかじゃ動きません。イラク戦争なんか、その典型例だといえるでしょう。

東アジアの中の日本

現在、日本と中国・韓国との関係は、戦後最悪ともいわれています。なぜそうした状況に陥ったかについては、いろいろな要因があげられるでしょう。

そもそも近現代史の中で両国（および北朝鮮）とも日本によって大きな災厄を被っているという基本要因はさておき、近年の反日ブームが続く理由のひとつとしてあげられるのは、日本の国力の相対的低下と中韓両国の国力の飛躍的な増大です。

戦後長らく日本と中韓両国における国力の差は歴然としていました。そのため、中国にしても韓国にしても、日本からの資本や技術の援助は必要不可欠だったことから、過激な反日行動を控えていたように思われます。しかし、今や両国は日本の援助を必要としないレベルまで国力を向上させたため、日本を叩くのに何の遠慮もなくなったというわけです。積年の恨みを晴らしたくなるのもわからないではありません。

また、「反日」は国民を政府への不満からそらすための政治的な道具としても利用されてきました。「反日」＝「愛国」。これほどわかりやすい図式はありません。特に中国では、江沢民主席時代に徹底した反日教育（愛国教育）が国家的規模で展開され、現在の習近平政権に引き継がれています。韓国でも事情は似たり寄ったりで、竹島、靖国、教科書、慰安婦をテーマに日本を叩けば支持率が上がることを、歴代の政権はよく知っていて政権維持のために利用してきました。

ただ、こうした月並みな分析による要因ではなく、戦後の日本、つまり我々自身の中に中韓両国を苛立たせる本質的な理由があるのではないかと私は思っています。

戦後歴代の政権は、確かに両国に対して援助も行い謝罪も繰り返してきました。しかし、それにはどこか形式的な、「ハイハイ、謝ればいいんでしょ」といったような空気感が漂っています。だからこそ、自民党の有力議員から断続的に「日本の侵出によってインフラが整備され、寄与した」

とか「あの戦争は自存自衛の戦争で仕方がなかった」といった失言が飛び出すわけです。そして、反発を受けるとすぐに「そういう意図で言ったわけじゃないけれど、不快にさせたなら謝る」とお決まりの釈明をする。「そういう意図」じゃなければどういう意図だというのか。失言じゃなくてホンネでしょう。また、自称保守派の論者はメディアで「侵略はなかった」とか「南京で虐殺はなかった」とか「良いこともずいぶんしたんだ」とか、本気で論じています。

振り返ってみると、戦後の日本は原爆と無差別空襲で数十万人の非戦闘員が殺されたにも関わらず常にアメリカにしか顔を向けていません。一方で、甚大な被害を与えた中国や韓国（北朝鮮）をはじめとするアジア各国に対しては市場としての対象としか認識せず、ほとんど無関心であり本気で向き合ったことはありませんでした。おかしなことです。

そして今、中国や韓国で反日キャンペーンが起こると、今度は単純に敵視し罵倒するだけです。つまり、戦後の日本はあの戦争をちゃんと総括できていないということです。

安倍首相は、戦後七十年談話で村山談話を踏襲しながらも、「日本では、戦後生まれの世代が今や人口の八割を超えています。あの戦争には何ら関わりのない私たちの子や孫、そしてその先の世代の子どもたちに、謝罪を続ける宿命を背負わせてはなりません」と付け加えています。しかし、せっかく謝罪をしているようにみせても、「私たちは世代的にあの戦争に関わりございません。謝れというから謝るけれど、謝るのはこれでオシマイよ」と言っているようなものです。これでは、靖国の英霊も浮かばれないでしょう。いつまで謝ればいいんだ、という気持ちはわからないでもありませんが、政治家それも一国の首相の発言としてはどうでしょうか。相手がどう捉えるかその心情を想像した上での発言とは思えません。外交とは、相手に対する想像力なしに成立するものではありません。

考えてもみてください。来てくれと頼んだわけでもないのに勝手に侵出してきて、軍隊を常駐させ、資源を簒奪する。中国では勝手に中国の国内に国をつくり、麻薬商売をし、人体実験をし、言論や抵抗運動を弾圧し、村を焼き、人民を殺す。朝鮮では創氏改名や日本語教育を強要し、天照大神を祀った神社を造り鳥居を建て、朝鮮人を二等国民として差別する。

そもそも、自称保守派が言うように良いことばかりしてきたのなら、ここまで嫌われるはずがないじゃないですか。

また、あの時代は帝国主義の時代であり現在の基準で評価するべきじゃない、欧米列強だってやったじゃないか、といった弁明は侵略された方からすると屁理屈にもなっていないでしょう。

日本のエセ保守派は誰も試みていないようですが、侵略された側の心情を正確に理解するのは簡単です。日本が逆に中国や韓国から同じことをされたらどうなのかと想像するだけでいいのです。

いずれにしても、アジア諸国に対する感受性の鈍さは現在の保守派に共通した点であり、彼らは真の民族主義者ではなく反天皇主義者という他ありません。

まあ、こんなことを述べると、ここぞとばかり自称保守派やネトウヨの連中から「自虐史観」だ、「裏切り者のエセ右翼」だ、「国賊」だと批判をされるでしょう。彼らの顔が目に浮かぶようです。けれども、残念ながら私にはマゾ趣味はありません。

彼らには理解できないようですが、「自虐」と「内省」はまったく異なります。事実を事実として認識するということは、自虐でも何でもありません。私たちがこれからの日本のかたちを構想する時、避けて通れない内的作業であり、通過儀礼です。自国が犯した過ちについて知らないふりをしたり、忘れたふりをしちゃだめです。昨今、日本人がやったことは何でも正しい、過ちを認める奴は非国民だ、なんてことを言う馬鹿な論者が多いのには閉口します。

確かに、近年の中国や韓国の反日キャンペーンはいささか度が過ぎているようにも思えます。また、戦後の左翼のように、あたかも日本人は悪人で中国人や朝鮮人はみんな善人だといわんばかりの日本バッシングには、どこか倒錯的なところがありました。中国や韓国だって、歴史の中でろくでもないことをずいぶんやっています。しかし、だからといって同じレベルで罵倒し合ってどうするんですか。日本は中国や韓国の批判を正面から受け止める横綱相撲をとればいいのです。何より、それほど遠くない過去に侵略したのは日本であり、されたのは中国や韓国（北朝鮮）であることを忘れちゃいけません。

ちなみに、今上天皇は二〇〇一年（平成十三年）の誕生日会見で、翌年に開かれる日韓合同ワールドカップに絡めて、次のような発言をされています。

「日本と韓国との人々の間には、古くから深い交流があったことは、日本書紀などに詳しく記されています。韓国から移住した人々や招聘された人々によって、様々な文化や技術が伝えられました。（中略）私自身としては、桓武天皇の生母が百済の武寧王の子孫であると、続日本紀に記されていることに、韓国とのゆかりを感じています。しかし、残念なことに、韓国との交流は、このような交流ばかりではありませんでした。このことを、私どもは忘れてはならないと思います」

ところで、私は尖閣諸島も竹島も日本の領土だともちろん思っています。

一般に、国家を構成する基本要素は国民、主権、そして領土だとされていますが、特に領土に関しては世界中いずれの国家も絶対に自国の主張を曲げることはありません。それ故に、往々にして領土をめぐる戦争が引き起こされるわけです。要するに、領土に関して国家間の主張が衝突する場合、最終的に決着をつけるには戦争しかないということです。

竹島にしても尖閣にしても、係争当事国が国家として領有権を放棄することは絶対にあり得ません。だからといって、さして魅力もない島嶼を自国の領土として確定させるために、本当に戦争をする肚《はら》があるのか。おそらく、ほとんどの日本人にとってその想像は悪夢に等しいはずです。では、どうするべきか。

ひとつ、例があります。鄧小平が主席の時代、尖閣に関して日中両国の政府は領有権についてひとまず棚上げをしようという取り決めをします。この取り決めが功を奏して、その後散発的に民間レベルで領有権の主張があったものの、大きな波風は起こりませんでした。緊張が一気に高まったのは、石原元都知事が尖閣の買収を公表し、それを阻止するために当時の野田政権が国有化した時です。私は、非常に稚拙な対応だったと思います。野田政権としては、不測の事態を避けるためにいったん国の管理下に置いたのでしょう。しかし、中国の側からすると国有化という既成事実は「棚上げ論」から大きく外れたものであり、日本から喧嘩を売られたように感じたはずです。

前にも述べましたが、この世界で起こる事象についての正否は白黒ではなくほとんど灰色であり、強引に白黒をつける必要がない場合が多々あるのです。その意味で、棚上げ論は、大人の政治的知恵ということができます。

戦後ある時期までは、中韓両国との間で何か問題が起きると相手側の要人とコネクションを持つ政治家がすぐに裏で話し合い、落としどころを決めて問題が拡大するのを防いでいました。つまるところ、政治とはこうした「大人の世界」の仕事であり、大衆受けだけを狙う子供じみた感性でできるような仕事ではないはずです。

私は、政治家は聖人君子である必要はまったくないと考える者です。下半身のスキャンダルや領収書がどうしたこうしたといった報道には正直なところうんざりします。女（男）好きであっても金に汚くても、結果として国民の安全を保障し福利厚生を向上させれば、それは良い政治家だと思うのです。また、身ぎれいで強権的な政治家よりも、金や女（男）にはだらしないけれど異論や反論に対して包容力のある政治家の方がずっといいと思っています。そして、メディアだってもっと骨太の報道をすべきだと思います。まあ、無理でしょうが。


中韓両国との間には、領土以外にほぼ定期的に燃え上がる火種があります。歴史教科書と靖国神社参拝です。

私はここまでいろいろ述べてきたような理由から、いわゆる「愛国教科書」は大嫌いです。大嫌いではありますが、中国や韓国にその内容について指導を受けるようなものではないとも思っています。教育は国の基本であり、教科書はそのための主たる道具です。ですから、あくまで自分たちで正しい教科書をつくればいいのです。憲法と同じく、他国の影響下にあるべきものではないでしょう。

教科書といえば最近の報道によると、来年（二〇一八年）四月から採用される小学校一年生用道徳の教科書検定で、文科省の指摘により「パン屋」の挿絵が和菓子屋に、公園のアスレチック遊具の写真が和楽器の写真に差し替えられたそうです。文科省の担当者によれば、「パン屋を和菓子屋に修正するよう指示したわけではなくあくまで出版社の判断に基づくものだ。指導要領にある「我が国や郷土の文化と生活に親しみ愛着をもつこと」という項目について充足していなかったため指摘したまで」と開き直っています。いったい何を言ってるんでしょうね、この木っ端役人は。現実に、挿絵や写真を入れ替えたらＯＫとしたわけじゃないですか。じゃあ、チョンマゲを結い、フンドシや腰巻をつけるよう教科書で奨励したら大絶賛というわけでしょうか。バカバカしいにもほどがあります。パンにしても公園のアスレチック遊具にしても、日本の社会に溶け込んだものです。それに難癖をつけるという感性は、戦前昭和の敵性語排斥の感性とまったく同じであり、教育行政の「森友」化という他ありません。自民党指導部とそのパシリと化した官僚たちの頭をかち割って中を覗いてみたいものです。我々が知らないうちに、この国はどんどん変チクリンなことになっているようです。恐ろしい話じゃないですか。

私は毎年八月十五日、靖国神社に参拝していました。しかし、近年では馬鹿右翼が大勢いて騒いでいるのに閉口し、日をずらして参拝しています。そして、ひとり静かに英霊に対して哀悼の意を表し、二度と戦争をしない国にしたいと祈っています。

靖国神社によると、「靖国」という社号は明治天皇によって命名されたもので、「祖国を平安にする」、「平和な国家を建設する」という願いが込められているそうです。そうした本来の意に反して、大東亜戦争という侵略戦争では多くの人々が戦場に駆り出されて戦死しました。しかし、そうした戦争も含めて日本の歴史なのであり、彼らの死を無視するということは歴史をなかったことにするということに他なりません。そして、彼らの死の上に現在の平和な日本があるという事実は、日本人として認識しておくべきだと私は思っています。

ただ、いわゆるA級戦犯が合祀されたことを知って以来、昭和天皇は靖国神社に参拝されていません。今上天皇もそれを踏襲されています。昭和天皇が参拝されなかった理由は、天皇の意思に反して戦争を進めた指導者に対する個人的な思いもあるでしょうが、それ以上に天皇という存在が公人中の公人であることを明確に自覚されていたからだと私は思っています。いうまでもなく、日本が始めた大東亜戦争はアジア諸国に大きな災厄をもたらしました。その戦争の指導者が祀られている神社に、最高の公人たる天皇が参拝できるはずもないと思われたのではないでしょうか。そして、今上天皇もそのことを深く認識されているのでしょう。

つまり、昭和天皇、今上天皇ともに、単なる私人である私たちとはまったく異なった視点から靖国を捉えているということです。そこらのチンピラ保守政治家など足元にも及ばないすごい方たちだと思います。

神道の最高神官であり戦没者慰霊を重要な務めとされる天皇が、靖国神社で祈ることができない。

その心中はいかばかりかと思います。

そうした天皇の深慮を理解できる能力があるのであれば、最高権力者であり天皇に次ぐ公人である首相は靖国参拝をするべきではない、参拝は職を辞してからすればいいのだと私は思っています。


先に触れたように、現在の中韓両国との関係は決して良好とはいえません。問題は、こうした憎悪を媒介とした負の関係が、これからも長期にわたって続きそうな気配があることです。当たり前のことではありますが、いくら仲の悪い隣人同士でも国が引っ越すというわけにはいかないのです。日本はこれからもずっとアメリカの冊封国として、東アジアで中韓両国と敵対しながら生きていくのでしょうか。それが本当の意味での「国益」なのでしょうか。

私は一部左翼の連中のように、時に事実を捏造してまでも日本を貶し、中国や韓国を持ち上げることによって自己陶酔し、「進歩的知識人」あるいは「正義の人」としての自分を確認する、といった変態的感性を持つ者ではありません。また、中韓両国の政府が日本を非難する時の声明は、常に小中学生のようなレトリックになりがちで、我が国の馬鹿右翼と同様、いただけないなあとも思います。もちろん、中国や韓国（および北朝鮮）が日本に比して立派な国だともまったく思いません。

しかし、私は今こそ中国や韓国を罵倒することによって鬱憤を晴らすという安易な愛国情緒に浸ることなく、天皇が体現されている新しい日本のかたちを思い描く時だと考えています。

いうまでもなく、中国と韓国（北朝鮮）は一衣帯水の隣国であると同時に日本とは古来より深い繋がりがある国です。

古代において、日本は先進国中国に遣隋使、遣唐使を派遣して仏教文化を学び、文字をはじめとする多くの文化や技術を提供されました。また朝鮮半島から伝えられたものも少なくありません。そうした恩恵を受けながら、長い歴史を有し誇り高い両国を近現代の日本は軍靴で踏みにじったのです。両国の人民が抱く日本の蛮行に対する思いは想像に難くありません。

当然のことながら、中国や韓国の人々の日本に対する怨恨が一朝一夕に氷解するとは思えません。中韓両国との和解には、誠意と時間が必要なのです。自虐だなどとケツの穴の小さなことを言わず、謝罪すべきところは何度でも謝罪すればいい、言うべきところは誠意をもって何度でも説明すればいいのです。

たとえ時間がかかろうとも中韓両国（および北朝鮮）とはどうしても和解しなければならない、それが真の「国益」だと私は考えています。

私は単純な反米主義者ではありませんが、現在のようなアメリカとの主従関係はどこかで修正しなければならないと思っています。いくら頑張って真似をしても日本はアメリカのような国にはなれないし、またなるべきでないとも思っています。

日本の進むべき道はアジアで、またアメリカを含む国際社会の中で、他国の民族的感性を理解し尊重しながら真の自立と協調を実現することだ、私は一民族主義者としてそのように考えている者です。

第三章　天皇と日本人

一　永きもの皇統

井上ひさし脅迫事件

ここまで、右翼や保守派についてあれこれ述べてきましたが、実をいうと私もえらそうなことを言う資格のないようなことを若い頃にはずいぶんとやってきました。

若い頃の私はとにかく単純な天皇第一主義者で、不敬な言動に対してはパブロフの犬のごとく、条件反射的に噛みつきまくっていました。

既にいろんなところで書いていますが、もう四十年あまりも前でしょうか、今思い返しても赤面するような思い出があります。

当時の電話は、今の電話のように相手の電話番号や非通知の表示が出ませんでした。つまり、嫌がらせや脅迫の電話はかけ放題だったわけです。その利点（？）に目をつけ、我々は天皇や天皇制を批判する左翼寄りの作家や評論家に嫌がらせや脅迫の電話をしょっちゅうかけていました。すると相手はふるえあがり、「すみません」とか「わかりました」とか言ってビビリまくります。それが面白くて我々は図に乗っていました。そもそも、自分たちは嫌がらせや脅迫の電話だなんて思っていません。国賊どもに対する正義の抗議行動であり、鉄槌だと思っているわけです。ホントに馬鹿ですねえ。安全なところから言いたい放題言っている今の右翼や俄か保守派を嗤えません。

さて、そうこうするうちに「よし、次は井上ひさしだ！　こいつも不敬な発言をしている許せない野郎だ」ということで、早速電話をかけることになりました。

井上ひさしは日本共産党のシンパとして知られ、護憲グループ『九条の会』の呼びかけ人でもあり、かつ天皇制の批判者でした。つまり、我々にとっては格好の「敵」だった。

というわけで、仲間の一人がいつも通り「この野郎！　馬鹿野郎！」といきなり怒鳴り始めたのですが、どうしたことか途中から口ごもり、最後は「うるせー」と言って電話を切っちゃいました。代わって次の奴が電話をかけると、やはり途中から黙り込み、あげくの果て「今ちょっと忙しいから。じゃ、また」と言って電話を切ります。何言ってんだこいつは、それに忙しくなんかねえだろう。思わず「不敬な奴らを脅すのがお前の仕事だろうが」と怒鳴ると、「じゃあ、鈴木さん代わってくださいよ」と言い返してきます。まったく、だらしない奴らだと思いながら、今度は自分自身で電話をかけると、井上本人が出ました。どうやら、逃げる気はないようです。そして「あっ、右翼の方ですか。毎日、運動ご苦労さんです」なんてとぼけたことを言います。こちらは初手からガックリと拍子抜けしてしまいますが、さらに続けてとんでもないことを言い出します。「私も天皇さんは好きですし、この国を愛しているつもりです。その証拠に、歴代の天皇さんの名前も全部言えますし、教育勅語も暗誦してます。右翼の人は当然、皆言えますよね。あっ、ちょうどよかった。今、言ってみますから、間違っていたら直してください。どっちからやりましょうか。歴代の天皇さんの名前から言いましょうか。えーと、神武、綏靖……」とやり始めるのです。私は、黙って電話を切りました。

完敗でした。考えてみれば、井上は歴代天皇の名前も教育勅語も暗誦させられた世代ですが、こっちは知らない。どうしようもありません。残った仲間に「じゃ、お前やれよ」と言ってはみましたが、「とても敵いません、ダメです」「嫌ですよ」と皆逃げます。

しかし、いくら何でも口惜しいので、それから数日後「よし、もう一回やろう」と思い直しました。でも皆「井上ひさしには敵わないよ」と逃げ腰です。私は「だから、奴がいない時を狙ってやる。女房や子供を脅す。本人が出たら切ればいい」と声を励まします。自分で言うのもナンですが、何とも姑息で卑怯千万なやり方ではありませんか。

ともあれ、私は「よし、復讐戦だ」と意気込んで電話をかけました。すると、都合よく奥さんが出ました。しかし、奥さんも井上に負けず劣らず曲者で、「毎日、ご苦労様です。今の世の中で自分の思想を訴え貫くなんて大変ですよね。立派ですよね」とおだてます。ホメ殺しかよ！　そして「だから私、前からとても興味を持ってたんです。一日中、街宣車で走ってるんですか。それで、朝は何時頃起きるんですか。朝食は何を食べるんですか。パンや牛乳は毛唐のものだから絶対に食べないんですよね」と、矢継ぎ早に質問してきます。参った。「うるせー、今忙しいんだ」と、姑息な脅迫者は電話を切ることになりました。次の奴も質問攻めに辟易して電話を切ります。「お前やれ」「やだよ」と、皆逃げ回る。

惨敗でした。以後、脅迫電話は一切止めることになりました。

それから十年くらい経ってパーティか何かで井上と会った時、「すみません。あの時の犯人は僕です。警察でもどこでも突き出して下さい」と白状しました。すると井上は「あっ、あの時のドジ、じゃなかった、右翼の人が鈴木さんでしたか」と笑っていました。「そうです。あの時のドジな右翼が僕です」と謝罪すると、井上は笑って許してくれました。それからは会うたびに謝っていましたが、ある時井上から「鈴木さんは、もう右翼じゃないですよ。言論の自由のために命がけで闘っているし、いい立ち位置にいますよ」と言われ、嬉しかったことを覚えています。私は死ぬまで謝罪し続けるつもりでしたが、残念なことに井上は二〇一〇年（平成二十二年）に亡くなってしまいました。

なぜ皇統は続くのか

恥ずかしい昔話を長々と述べましたが、ここで井上ひさしが諳《そら》んじていた歴代天皇の名をあげてみましょう。

第一代神武《じんむ》天皇　第二代綏靖《すいぜい》天皇　第三代安寧《あんねい》天皇　第四代懿徳《いとく》天皇　第五代孝昭《こうしょう》天皇　第六代孝安《こうあん》天皇　第七代孝霊《こうれい》天皇　第八代孝元《こうげん》天皇　第九代開化《かいか》天皇　第十代崇神《すじん》天皇　第十一代垂仁《すいにん》天皇　第十二代景行《けいこう》天皇　第十三代成務《せいむ》天皇　第十四代仲哀《ちゅうあい》天皇　第十五代応神《おうじん》天

皇　第十六代仁徳《にんとく》天皇　第十七代履中《りちゅう》天皇　第十八代反正《はんぜい》天皇　第十九代允恭《いんぎょう》天皇　第二十代安康《あんこう》天皇　第二十一代雄略《ゆうりゃく》天皇　第二十二代清寧《せいねい》天皇　第二十三代顕宗《げんぞう》天皇　第二十四代仁賢《にんけん》天皇　第二十五代武烈《ぶれつ》天皇　第二十六代継体《けいたい》天皇　第二十七代安閑《あんかん》天皇　第二十八代宣化《せんか》天皇　第二十九代欽明《きんめい》天皇　第三十代敏達《びだつ》天皇　第三十一代用明《ようめい》天皇　第三十二代崇峻《すしゅん》天皇　第三十三代推古《すいこ》天皇　第三十四代舒明《じょめい》天皇　第三十五代皇極《こうぎょく》天皇　第三十六代孝徳《こうとく》天皇　第三十七代斉明《さいめい》天皇　第三十八代天智《てんじ》天皇　第三十九代弘文《こうぶん》天皇　第四十代天武《てんむ》天皇　第四十一代持統《じとう》天皇　第四十二代文武《もんむ》天皇　第四十三代元明《げんめい》天皇　第四十四代元正《げんしょう》天皇　第四十五代聖武《しょうむ》天皇　第四十六代孝謙《こうけん》天皇　第四十七代淳仁《じゅんにん》天皇　第四十八代称徳《しょうとく》天皇　第四十九代光仁《こうにん》天皇　第五十代桓武《かんむ》天皇　第五十一代平城《へいぜい》天皇　第五十二代嵯峨《さが》天皇　第五十三代淳和《じゅんな》天皇　第五十四代仁明《にんみょう》天皇　第五十五代文徳《もんとく》天皇　第五十六代清和《せいわ》天皇　第五十七代陽成《ようぜい》天皇　第五十八代光孝《こうこう》天皇　第五十九代宇多《うだ》天皇　第六十代醍醐《だいご》天皇　第六十一代朱雀《すざく》天皇　第六十二代村上《むらかみ》天皇　第六十三代冷泉《れいぜい》天皇　第六十四代円融《えんゆう》天皇　第六十五代花山《かざん》天皇　第六十六代一条《いちじょう》天皇　第六十七代三条《さんじょう》天皇　第六十八代後一条《ごいちじょう》天皇　第六十九代後朱雀《ごすざく》天皇　第七十代後冷泉《ごれいぜい》天皇　第七十一代後三条《ごさんじょう》天皇　第七十二代白河《しらかわ》天皇　第七十三代堀河《ほりかわ》天皇　第七十四代鳥羽《とば》天皇　第七十五代崇徳《すとく》天皇　第七十六代近衛《このえ》天皇　第七十七代後白河《ごしらかわ》天皇　第七十八代二条《にじょう》天皇　第七十九代六条《ろくじょう》天皇　第八十代高倉《たかくら》天皇　第八十一代安徳《あんとく》天皇　第八十二代後鳥羽《ごとば》天皇　第八十三代土御門《つちみかど》天皇　第八十四代順徳《じゅんとく》天皇　第八十五代仲恭《ちゅうきょう》天皇　第八十六代後堀河《ごほりかわ》天皇　第八十七代四条《しじょう》天皇　第八十八代後嵯峨《ごさが》天皇　第八十九代後深草《ごふかくさ》天皇

第九十代亀山《かめやま》天皇　第九十一代後宇多《ごうだ》天皇　第九十二代伏見《ふしみ》天皇　第九十三代後伏見《ごふしみ》天皇　第九十四代後二条《ごにじょう》天皇　第九十五代花園《はなぞの》天皇　第九十六代後醍醐《ごだいご》天皇　第九十七代後村上《ごむらかみ》天皇
第九十八代長慶《ちょうけい》天皇　第九十九代後亀山《ごかめやま》天皇
北朝第一代光厳《こうごん》天皇　北朝第二代光明《こうみょう》天皇　北朝第三代崇光《すこう》天皇　北朝第四代後光厳《ごこうごん》天皇
北朝第五代後円融《ごえんゆう》天皇
第百代後小松《ごこまつ》天皇　第百一代称光《しょうこう》天皇　第百二代後花園《ごはなぞの》天皇　第百三代後土御門《ごつちみかど》天皇　第百四代後柏原《ごかしわばら》天皇　第百五代後奈良《ごなら》天皇　第百六代正親町《おおぎまち》天皇　第百七代後陽成《ごようぜい》天皇　第百八代後水尾《ごみずのお》天皇　第百九代明正《めいしょう》天皇　第百十代後光明《ごこうみょう》天皇　第百十一代後西《ごさい》天皇　第百十二代霊元《れいげん》天皇　第百十三代東山《ひがしやま》天皇　第百十四代中御門《なかみかど》天皇　第百十五代桜町《さくらまち》天皇　第百十六代桃園《ももぞの》天皇　第百十七代後桜町《ごさくらまち》天皇　第百十八代後桃園《ごももぞの》天皇　第百十九代光格《こうかく》天皇　第百二十代仁孝《にんこう》天皇　第百二十一代孝明《こうめい》天皇　第百二十二代明治《めいじ》天皇　第百二十三代大正《たいしょう》天皇　第百二十四代昭和《しょうわ》天皇

いやはや、「すごい」の一言です。今上天皇は、何と百二十五代目です。こうして天皇系図をあげてみると、天皇史はそのまま日本史に重なっていることが改めてわかります。言い方を変えるなら、天皇は常に日本人とともに在ったということです。

ただし、第一代神武天皇から第十四代仲哀天皇までは神話上の天皇であり、実在したことが確認されている最古の天皇は第二十一代雄略天皇です。また、当時はまだ天皇という呼称は使われず大《おお》王《きみ》と呼ばれていました。天皇号が最初に出てくるのは第三十三代天武天皇の時代です。しかし、それ以前の大王も皇統には違いありません。また、何もないところから天皇がポッと現れるはずもありません。天皇家が興る源となった当主はもちろんいたはずです。そういった意味からいうと、天皇家の最初の当主、神武天皇は存在したといってもいいのではないでしょうか。そして、仮に雄略天皇からカウントしても、皇統は千五百年を超えています。もちろん、世界でもこれほどの長さを維持した王朝はありません。

それでは、なぜ日本においてかくも永きにわたって皇統が続いてきたのでしょうか。

この問いは現在でも日本史研究における最大のテーマとされ諸説が発表されていますが、中でも説得力があり有力な説は「天皇不親政論」です。

不親政論の要旨は、古代と近代を除く皇統の大部分において天皇は親政を行っていない、つまり権力者として君臨したことはないというものです。歴代の天皇は政治に関わることなく「権威」として存在することにより権力闘争で倒されることがなかった。それ故に、持続できたというわけです。もっとも、古代では天皇（大王）は畿内豪族の代表と位置付けられその権力も一定の制約を受けていた、圧倒的な権力を持ったのは大化の改新を成功させた天智天皇（中大兄皇子）と大宝律令制定を命じた天武天皇くらいだったといわれています。また、近代についても法的な位置付けはさておき、天皇が実質的に権力を掌握していたとはいえないでしょう。

ただ、中世期に天皇が強力な親政を実現しようとしたことはありました。承久の乱の後鳥羽天皇と南北朝時代の後醍醐天皇です。どちらの天皇も倒幕に失敗し（後醍醐天皇は一度は成功する）隠岐へ島流しにまであっています。しかし、権力の保持者であった鎌倉幕府執権北条義時も室町幕府の足利尊氏も、天皇制を廃すことはありませんでした。したがって、単に天皇が権力を持とうとしなかったから皇統は続いたというわけでもなさそうです。

そこで皇統が続いたもう一つの有力な説として、天皇が「祈る人」、つまり司祭としての役割を担っていたからだという指摘があります。

確かに天皇は、古代の祭政一致の時代から、権力から切り離された「権威」として存在した時代を経て近現代に至るまで、一貫して「祈る人」でした。これは、海外の王朝と異なる皇室の大きな特色といえるでしょう。

現在とは比べものにならないほど、祭祀や呪術が民衆にとって大きな意味を持っていた時代、司祭としての天皇の権威は絶大なものだったと想像されます。そして、歴代の政権もそうした民衆の感性を共有し、その一方で権力の維持に利用してきたのではないでしょうか。権謀術数を駆使して天下統一を目指した戦国武将も、その最終目的地は京都でした。なぜなら、そこに天皇がいるからです。天皇から征夷大将軍その他の官位を授かり、自らの権力の正統性を担保するためです。

しかし、徳川政権が成立するとそれまでの朝幕関係は大きな修正を加えられます。

狸親父と俗称されるだけあって、徳川家康という人物はずば抜けた政治能力を持った権力者でした。家康は『禁中並公家諸法度』を発布し、史上初めて朝廷を法令によって厳格に規定します。そして、京都所司代を朝廷の監察機関としました。朝廷を完全に幕府の管理下に置くことによって、朝廷絡みの不測の事態が起きることを未然に防ごうとしたのでしょう。『禁中並公家諸法度』を根拠として、朝廷はあくまで徳川幕府の管理下において持続させるという家康の意思は幕末まで続くこととなります。

天皇を法治の中に位置付けるという家康の考え方は、ある意味で近現代における天皇の法的位置付けを先取りしたともいえるかもしれません。しかし、近現代の政府と違って家康およびその後の徳川幕府は、天皇に対する崇敬の念がほとんどなかった、あるいは冷淡であったようにも見受けられます。

例えば、二代将軍秀忠は五女和子《まさこ》を中宮（皇后）として入内《じゅだい》させますが、後水尾天皇の寵愛した女官四辻与津子が皇子と皇女を懐妊出産したことを知ると激怒し、入内を延期した上で与津子の兄弟や側近を流罪に処し、与津子と皇女は宮中から追放してしまいます。完全に天皇家を徳川家の下にみなしているわけで、不敬ここに極まるといった感があります。

また、三代将軍家光の時代には紫衣《しえ》事件が起きています。紫衣とは古来より高徳とされる僧や尼僧に天皇から下賜される紫色の法衣や袈裟のことですが、後水尾天皇は従来の慣例に従って、幕府に相談なく十数名の高僧に紫衣着用の勅許を与えました。しかし、法度では紫衣をみだりに（つまり幕府に諮ることなく）授けることを禁じていて、幕府からすると明確な法度違反です。幕府は勅許を無効とし、違反対象となった紫衣を取り上げるよう所司代に命じます。対して、朝廷と大徳寺住職沢庵をはじめとする高僧たちは強く抗議しましたが、幕府の対応は高僧たちを流罪に処すというものでした。要するに、勅許より法度が優先されるということを行動で示したわけですが、その背景には天皇と仏教勢力の間に楔《くさび》を打っておくという幕府の思惑があったと思われます。

こうして、徳川幕府は『武家諸法度』、『禁中並公家諸法度』、『寺院法度』という三大法度によって、武家のみならず朝廷と寺院という権威を完全に管理し、盤石の体制を築き上げました。

天皇は司法、行政、軍事はもちろん、宗教（仏教）からも切り離された存在となりますが、それでは何をしろと幕府は命じたか。それは宮中祭祀の他に学問に専念されたしというものでした。以降、歴代の天皇は現代に至るまで和歌その他、学問が必須の仕事となりました。これも、他国の王朝にみられない皇室の特徴ともいえます。

何かと皇室に対して上から目線の幕府ではありましたが、権威としての天皇を無視したわけではありません。そのいい例が東照宮です。幕府は家康の遺言により一六一六年（慶長二一年）、駿河（静岡県）の久能山に東照社を創建しますが、翌一六一七年に単なる神社である東照社に朝廷から「東照大権現」の神号を受け正一位を贈位され、併せて家康本人にも正一位が贈位されます。つまり、家康は「神」になっちゃったわけです。

史上最強の権力機構を完成させた家康ですが、さすがに自分で神になるわけにはいきません。どうしても天皇のお墨付きが必要だったのです。

このように、徳川時代においても天皇の「権威」は相変わらず持続しました。

ともあれ、時の政権と様々な確執がありながらも皇室は続きます。のみならず、代を重ねれば重ねるほど、天皇は空気のように普段は意識しないけれどなくてはならない存在となっていき、権力が天皇制を廃すためのハードルはどんどん高くなっていったのではないでしょうか。

そして、古きもの、長く続いたものに対する畏敬の念は日本人の中に流れる原初的感性なのではないか、「都に天子様がいらっしゃる」という思いが民衆にある種の慰藉を与え社会を安定させたのではないか、だからこそ皇統は続いてきたしこれからも続くのだ、と私は思うのです。

神道と記紀

あるアンケートによると、日本人の七割近くが無宗教だそうです。でも、葬式では坊さんを呼んで読経をしてもらうし、墓も建て墓参りもする。また、近所に神社や寺があればつい拝みたくなるというのが一般的な日本人なのではないでしょうか。ですから、決して日本人が宗教的感性をすべて失くしてしまったというわけではありません。

日本では、明治の一時期を除いて昔から「神」と「仏」が仲良く共存してきました。それどころか、戦後はクリスマスが国民的行事として定着します。つまり、キリストまで同居するようになりました。なんて素敵な国でしょう。

冗談はさておき、ことほどさように日本人は本来、呆れるほど宗教に対して寛容な民族なのです。しかし、一神教の外国人からすると、日本人の神仏混淆（＋キリスト）はまったく理解ができないようです。不真面目極まりない、いい加減な民だと思っているかもしれません。けれども、我々日本人からすると、ヨーロッパやアラブのように宗教間あるいは宗派間において血で血を洗うような争いをすることが全然理解できないわけです。

こうした日本人の宗教に対する感性は、神道の在り方に根差したものです。そもそも神道には開祖もいないし、仏典、聖書やコーランのような教典もありません。

神道の起源は古く縄文時代に起点を持ち、日本の風土や生活習慣の中から自然発生的に生まれた民俗信仰ですが、森羅万象に精霊（神）が宿るとする点で一種のアニミズムといえるでしょう。

その後この民俗信仰は、記紀（『古事記』、『日本書紀』）の編纂が始まった天武朝の時代に、王権（皇室）の出自と結びつけられ神道として成立します。そして、記紀の中で最高神天照大神が皇室の祖神とされます（出雲大社では大国主大神《おおくにぬしのおおかみ》を祭神としている）。

なお、特記すべきは神道が欽明天皇の時代に伝来した仏教から大きな影響を受けていることです。実際、伝来以後天皇は仏教を手厚く保護し、明治維新まで皇室では神事と併せて仏事も執り行うようになります。

そして、神道はさらに道教や儒教まで取り込みながら、徐々にそのかたちを整え現在まで連綿と続いています。

神道のこうした融通無碍な自由さと寛容さは、外来の文化を抵抗なく受け入れ咀嚼し、固有のものとする日本人本来の気質に見合っています。事実、仏教も日本に入ってくると変容し、インドや中国のそれとはかなり違った日本固有の仏教となりました。いずれにしても、我が日本では神と仏はよほど相性がよかったようで、明治初期を除いて現在に至るまで矛盾なく民衆に受け入れられています。

神道とは「惟神《かんながら》の道（神とともにある道）」ともいわれます。神々（自然）と祖霊に畏敬の念を抱きながら日々をあるがままに生きよとする神道は、厳しいながらも一方で豊かな恵みを与えてくれる自然環境の中で生きてきた日本人の感性と無縁ではありません。

先に述べたように、現在の神道は奈良時代に成立した『古事記』と『日本書紀』を聖典としています。古事記は神代から推古天皇まで、日本書紀は神代から持統天皇までの歴史を記述したものです。どちらも神話性の高い書物ですが、古事記は神話と伝説、日本書紀の方は正史として編まれたものです。

しかし、記紀の中に出てくる神々の話は実にユニークです。古事記も日本書紀も現代語訳で出版されているので、まだ読まれていない方はぜひ読んでみてください。古代の人々の想像力のダイナミズムに圧倒されるはずです。

なお、創世神話は世界各地にありますが、記紀の特異な点はそれが現実の権力である大和朝廷の成立史となっている点です。つまり、神話と地続きに大和朝廷がある、それ故に権威と権力を兼ね備えた祭政一致王朝の根拠とされたわけです。

ところで、記紀の中で描かれる神々は実に奔放です。恋愛あり、嫉妬あり、陰謀あり、暴力あり、殺しあり、まるで人間の世界と同じです。また、天祖である神々と同様、天皇に関する記述も善き帝ばかりでなく処刑マニアの雄略天皇や武烈天皇など、大悪天皇と呼ばれる天皇についても記述しています。

そもそも、皇統の正統性を示すために編纂された記紀に、大悪天皇なんて記述があること自体とても興味深いではありませんか。その真偽はさておき、なぜそんな記述を入れる必要があったのか。

おそらく、古代と現代では、善悪に対する価値観、権力と民衆の関係、権力者（王）に求められる像がまるで違っていたのでしょう。たとえ残虐であっても権力者（王）の持つスケールの大きさ、圧倒的な強さに対する畏怖や畏敬が当時の民衆にはあったのではないでしょうか。

ともあれ、当時の権力（皇室）が編纂した神話や正史の中に、聖人君子だけでなくとんでもない神々や悪天皇を登場させ、失敗や嫉妬など人間臭い逸話を記述している点は非常にユニークです。

さて、記紀とともにそれまでの原始宗教は神道として国教らしきものとなり、その最高神官として天皇が位置付けられます。つまり、天皇の宗教的権威が固められたわけです。

日本神話の中の神々（八百万の神々）は自然に対応した神々です。そこから自然への畏敬が信仰となり、また天孫降臨という皇祖伝説は民衆の祖霊信仰につながっていきます。

こうして記紀以降、天皇が権力を失ってからも「祈る人」としての権威は現在まで続くこととなりました。そして、天皇の存在は日本人の感性、国柄を決定づけていきます。

その間、室町時代くらいまで、皇室は権力をめぐって親子兄弟間で相争ったり、武家から権力を奪い返そうとして失敗したり、ずいぶんと人間臭い話が満載です。

それも当然です。昭和天皇が宣言されるまでもなく、天皇といえども人間なのですから。間違いだって犯すし、病気にもなるし、死にもします。

天皇は神ではありませんが、我々不信心者が健やかな生活を送れるように、世界が平和であるようにと、日々「祈る人」なのです。そしてそのために、人でありながら普通の人々が享受している自由を放棄し、非人間的な生活を強いられているのです。本当に有り難いなあ、と私はいつも思っています。

記紀と皇統に象徴され、天皇が体現されるものは何か。それは日本という国の歴史と信仰であり、その内実は自然への畏敬と祖先への敬意、そして外来の文化に対する寛容さである。私はそのように思う者です。

二　明治天皇と日本の青春

革命のシンボル明治天皇

明治維新は、それまでの国体を変えたという意味でまさしく革命でした。そして、この革命は武士階級が主導したとはいえ、他国から強制された一九四五年（昭和二十年）の「敗戦革命」と異なり、まぎれもなく日本人による革命です。

明治革命の肝は何といっても王政復古、つまり天皇親政の国にしたということです。ただし、後鳥羽天皇や後醍醐天皇の親政復活（どちらも失敗しましたが）と大きく異なるのは、立憲君主制という新しい装いを以て成し遂げられた点です。

歴史とは面白いもので、ある固有の時期に飛び抜けた人材がまとめて輩出されることがあります。幕末から明治維新にかけての日本がそうでした。西郷隆盛、大久保利通、桂小五郎（木戸孝允《たかよし》）、坂本龍馬、勝海舟等々、討幕派、佐幕派を問わず、綺羅星の如く英雄が一堂に集まった観がありま す。しかも、そのほとんどは二〇代、三〇代といった若さでした。また、彼らの周りにも伊藤博文や陸奥宗光をはじめ、特級の人材がひしめいていました。こうした人材によって日本は辛くも植民地になる運命を逃れたのです。

そして、一八五二年（嘉永五年）孝明天皇の第二皇子として生まれた明治天皇は、文字通り激動の時代を維新のヒーローたちとともに潜り抜けた、明治革命のシンボルともいえる存在でした。

現在を生きる私としては、当時の日本が実に幸運だったと思うのと同時に、つい明治の元勲とその後の日本の為政者を比べてしまいます。

余談ではありますが、明治天皇の西郷贔屓《びいき》はよく知られたところです。謹厳実直、質実剛健といったイメージがある明治天皇ですが、実は幼い頃は病弱でした。しかし、西郷たちの、日課に武術や乗馬を取り入れるといった努力により、天皇はみるみる間に壮健な体になられました。そんなこともあったせいか、天皇の西郷に対する信頼は極めて篤《あつ》いものでした。政府首脳の方針により心ならずも西南戦争が起きた時、天皇は公務に出ることなく、乗馬も勉学も拒否し、奥にひきこもって酒に気をまぎらわされていたといわれています。そして、西郷の死を知ると追悼の歌会まで開き、その後明治憲法発布時に名誉回復され正三位を贈位されています。賊軍の将たる西郷に対するこうした異例の扱いは、明治天皇がいかにその死を惜しまれたかという証左でしょう。

一八六七年（慶応三年）、弱冠十四歳で即位され、多感な年頃を幕末の動乱の中で過ごされた天皇でしたが、翌一八六八年新政府発足、明治への改元、東京への遷都、と立て続けに大きな変化を経験されます。そして、この年には新政府の基本方針として世に名高い『五箇条の御誓文』が発布されます。御誓文は木戸孝允が主導して作成されたものですが、参考までに次に現代表記で上げておきましょう。

一　広く会議を興し、万機公論に決すべし
一　上下心を一にして、さかんに経綸を行うべし
一　官武一途庶民にいたるまで、おのおのその志を遂げ、人心をして倦《う》まざらしめんことを要す
一　旧来の陋習を破り、天地の公道に基づくべし
一　智識を世界に求め、大いに皇基を振起すべし

この御誓文は京都御所の祭壇の前（神前）で誓われたものですが、現代の日本にも十分通用する内容です。さすがに、木戸のセンスはなかなかのものです。

また、御誓文は立憲君主制を骨子とした明治憲法にも大きな影響を与えています。

五箇条の御誓文の威力は絶大で、御誓文を合言葉に明治の政官民は一体となって欧米列強に追いつくべく殖産興業、富国強兵に邁進《まいしん》していきます。明治初期の立身出世、身を立て世に出るという当時の国民のエネルギーは、御誓文から生まれたのだと私は思っています。

国民国家の成立と文明開化

明治革命の発端は皆さんご存知の通り、ペリーの黒船来航を契機とした尊皇攘夷運動でした。しかし、幕末の尊皇攘夷の志士たちはそれほど時を経ず「力」による攘夷の無謀さを理解します。攘夷を国策とした雄藩、長州と薩摩はそれぞれ下関戦争、薩英戦争で列強の力を思い知りました。そして、尊皇攘夷の「攘夷」をとりあえず捨てて、まずは圧倒的な欧米先進国の技術を導入し力を蓄えようと方針転換を即断します。その間、独立を維持するためにとった方策は「力」による撃退ではなく、列強に日本を文明国だと認識させることでした。ただ、列強諸国にしても、薩摩や長州の蛮勇を目の当たりにしたことから、軍事力を背景にした強引な植民地化をためらったのかもしれません。確かに、日本は長きにわたって武士が統治した軍事国家であったともいえます。

いずれにせよ、このあたりの変わり身の早さは、良くも悪しくも日本人固有の性向だといえるでしょう。そして、一度決めたら一直線、大きな壁にぶちあたるまでトコトン突っ走るのも日本人の特徴です。

明治政府は、単に技術だけでなく何から何まで欧米に倣おうとしました。まったく、呆れるほど一直線です。

天皇を推戴した近代国家を設計するにあたって政府が範としたのは、同じく国王を戴く立憲君主制度を持つイギリスとプロシア（後のドイツ）でした。司法、行政、教育といった国家機構から軍事、工業、医療、建築等の技術まで、この両国から導入した知識は多岐にわたっています。

憲法制定にあたっては、政府の出自が尊皇攘夷の志士であったこともあるのでしょうが、先進的なイギリスの制度を嫌い、保守的（後進的）なプロシアの立憲君主制を参考にして、主権を有する元首として天皇の地位を定めました。

こうして、それまで藩（国）の連合体であった幕藩体制が解消され、天皇を中心とした中央集権型の国民国家が成立します。

また、キリスト教という国教を有する列強諸国を真似て、神道を国教（国家神道）とし、神仏分離、廃仏毀釈政策を進めます。しかし、この政策は早々と挫折します。当然の結果です。そもそも日本では古来、神道と仏教は不即不離の関係にあり、また皇室の伝統の中にも深く浸透していて、無理やり離そうとするのが間違いだったのです。

ともあれ、明治天皇が即位して以降、わずか四十年たらずの間に日本は大きな変貌を遂げます。廃藩置県、憲法発布、義務教育制度、鉄道敷設、郵便制度、産業の工業化、グレゴリオ暦採用等々、大プロジェクトが目白押しでした。いわゆる「文明開化」です。「散切り頭を叩いてみれば文明開化の音がする」時代でした。

とにかく、知らないことは教えてもらえばいいとばかり、外国の技術者や学者をどんどん高給で雇ってバキュームカーのように知識を吸収した時代でした。

その過程では脱亜入欧を掲げ、まずは「かたち」からと考えたのでしょうが、チョンマゲを切り、洋装、洋館、洋食などが大衆の間で流行ります。また、政府レベルでも鹿鳴館外交など、おかしなことがいろいろとありました。胴長短足の日本人が洋装でめかし込み社交ダンスを踊る様は、西洋人からすると、さぞかし珍奇に見えたことでしょう。でも、私はそこに、思い切り背伸びして一日でも早く列強に追いつき一等国になろうとする健気な新生日本の姿を想像し、当時の日本人に対する愛おしさが募ります。

明治という時代は、日本という国の青春ともいえる時代でした。国中の人々がいつかは他国に侮られない立派な国になろうとした時代でした。鹿鳴館外交にしても、幕府が結んだ屈辱的な不平等条約を解消するために、列強に対して日本が交渉相手に足る文明国だと思わせるためのものでした。実際一九一一年（明治四十四年）、粘り強い努力の末、不平等条約は解消されることになります。

このように、明治時代には信じられないようなスピードで日本の近代化が進められました。しかし、明治維新の最大の成果は、天皇の下に万民平等という理念だったと私は思っています。そして、教育の重視という政策は世界一高い国民の識字率を実現し、日本史上初めてすべての国民が身分によらず平等に、能力次第で立身ができる社会を実現しました。

ところで周知の通り、明治時代に日本は二つの大きな戦争を経験します。相手は清国とロシアという格上の大国でしたが、これらの戦争における勝利は文明開化抜きにはあり得なかったはずです。そして以後、自信をつけた日本は他の列強と同様、帝国主義的な戦略をとるようになり、琉球、台湾、韓国を併合することになります。

ただ、あまり知られていないことですが明治天皇は日清と日露、どちらの戦争にも反対でした。また、韓国併合は実際に併合されるまで知らされていませんでした。

明治天皇が怯懦であったわけではありません。天皇は徹底した平和主義者だったのです。

日露戦争の開戦時には、次の有名な御製を詠まれました。

よも（四方）の海　みなはらから（同胞）と　思う世に、など波風の　たちさわぐらむ

世界の人々は皆同胞なのにどうして対立し争わなければならないのであろう、と自らの思いを率直に表現された御製です。

威風堂々として威厳のある風貌から、とかく強面の印象を持たれがちの明治帝ですが、実際は後の天皇と同じく平和を強く希求されていたことがわかります。

なお、この御製は、対米戦争が決定された御前会議においても昭和天皇が引用して詠まれています。こうして考えると、少なくとも明治以降の歴代天皇は本質的に非戦平和論者であったと私は思っています。明治時代の元勲たちは、他の時代の権力と異なり天皇と同志的な強い絆で結ばれていましたが、天皇親政を掲げながらも立憲君主制を名分に、やはり天皇の意思とは異なる政策を強行したわけです。

また、明治憲法の中に入れられた天皇の「統治」、「総攬」、「統帥権」等の文言は、後々まで大きな禍根を残し、昭和の軍部官僚による無責任体制につながっていきます。

現在の視点からみれば、明治人も諸悪諸善を為し、過ちだってずいぶんとありました。けれども日本の近現代史を俯瞰した時、やはり明治という時代はいろんな意味で偉大な時代だったと私は思

うのです。

自由を体現した大正天皇

一八七九年（明治十二年）、明治天皇と典侍柳原愛子《なるこ》との間に第三皇子（嘉仁親王《よしひと》）として誕生された大正天皇は、大正天皇の研究で知られる政治学者原武史教授の言葉を借りると、まさしく「悲劇の天皇」だったといえます。

戦後になって流布された風説にいわゆる「遠眼鏡事件《とおめがね》」がありますが、おそらく一般の人々は大正天皇について、このエピソードくらいしか知らないのではないでしょうか。そして、大正天皇を「脳病の暗君」としか認識していないのではないでしょうか。実にひどい話です。

遠眼鏡事件とは、大正天皇が議会で詔書を丸めて望遠鏡のようにして議席を覗いたというものです。しかし大正天皇付の女官は、天皇は手先が不自由であったことからうまく詔書を巻けたか調べていたのが遠眼鏡のように議員席から見えたのだと証言しています。そもそも、この事件に関する正確な記録もなく、実際にあったのかどうかも怪しいところです。当時、天皇の病状が悪化しつつあったことから、精神薄弱説がまことしやかに噂されていましたが、侍医は「世間一般で噂されるような生まれながらの精神薄弱のお方では断じてなかった」と証言しています。

また、内大臣として仕え大正天皇と接することも多かった原敬（後の内閣総理大臣）は、日記に一般にいわれている大正天皇像とは大きく異なった、気さくで人情味あふれる天皇の実像を記録しています。

ともあれ、幾多の記録から推察される実際の大正天皇は、カリスマ性を持った明治天皇や昭和天皇とは異なった意味で、非常に魅力的な天皇でした。少なくとも私はそう思っています。

しかし、大正天皇が生来病弱であったことは事実です。幼少期に脳膜炎や腸チフスなど重い病気に罹り、その影響は即位されてから晩年にかけても及んでいます。常に様々な病気を持ち、後述する十年あまりの青年期を除き、完全に健康を回復するということはありませんでした。生涯病気に悩まされた人生ということもできるでしょう。とても労《いたわ》しいことです。

嘉仁親王は学習院に入学しますが、病弱だったことと生来の自由な気質に厳格な校風が合わなかったせいか学習院を中退し、以後家庭教師から勉学を学ぶことになります。勉学の中ではとりわけ漢詩に強い関心を持たれ、生涯に一三六七首も作詩されていますが、そのレベルは専門家からも非常に高く評価されています。大正天皇が本当に生まれながらの暗君であったなら、優れた漢詩など作れるはずもないでしょう。

なお、大正天皇には少年期の微笑ましいエピソードがひとつあります。学習院に入学した嘉仁親王は、侍従にせがんで兵隊が使う背嚢《はいのう》を背負って登校されたそうです。背嚢を背負って得意げに通学する少年皇子の姿が目に浮かぶようです。ちなみに、この「皇子の背嚢」から後のランドセルが生まれたということです。

幼少期のほとんどを病とともに過ごされた嘉仁親王でしたが、二十歳になられた頃から奇跡的な病状の回復がみられます。その背景には、東宮輔導に着任した有栖川宮威仁《ありすがわのみやたけひと》親王の存在と、九条節子《さだこ》との結婚がありました。嘉仁親王は十七歳年上の有栖川宮を兄のように慕ったといわれています。

有栖川宮が着任するまで、東宮の役人は病弱なため遅れをとっていた勉学を取り戻すべく、閉鎖的な環境で嘉仁親王に詰め込み教育を行っていました。つまり、教育重視の方針を以て嘉仁親王にあたっていたわけです。しかし、こうした環境は嘉仁親王の病状を悪化させ、結果的に勉学の進行も遅れるという状態に陥っていました。

対して、新任の有栖川宮はそれまでの方針を全面的に見直し、親王の健康と精神の回復を最重視する方針に切り換えます。そして、その方法として採用したのが、大規模な地方巡啓でした。この大胆な方針転換は、皇太子嘉仁親王の健康に劇的な効果をもたらしました。

有栖川宮が入念に計画した一九〇〇年（明治三十三年）の三重、奈良、京都への巡啓を皮切りに、同年の一カ月に及ぶ九州巡啓、一九〇二年（明治三十五年）の東北巡啓と、大規模な地方巡啓が即位するまでほぼ毎年のように続くことになります。結果的に、嘉仁親王は北海道から鹿児島まで沖縄県を除く全国を巡啓しました。まさに「旅する皇子」です。そして、巡啓先で連日元気に各地を回る皇太子の姿は、「病弱」、「神経衰弱」といったイメージからほど遠いものでした。

一方、巡啓が始まる年の結婚も皇太子の健康回復に大きな影響を及ぼしました。節子妃は、それまで女官がやっていた皇太子の身の回りの世話をほとんど一人でこなされますが、それも皇太子の健康回復に寄与したようです。

皇太子の兄弟は内親王を含め、そのほとんどが死産だったり夭逝したりしています。そして皇太子は、生まれてすぐに里子に出され、生母からも引き離されて育ったことから、家庭的な温かみを覚えることがない寂しい生活を強いられたのではないかと想像します。その反動からか、皇太子は側室を拒否し、節子妃（貞明皇后）をほとんどの巡啓に同伴しています。また、健康な四人の皇子にも恵まれ、家庭を非常に大切にする子煩悩な父親でもありました。

皇子たちとは一応別居でしたが、皇太子はしばしば禁を破って皇子たちがいる仮御所に出かけて一緒に遊んでいます。また、週に二度定期的に夕食を共にされています。皇子たちは、父である皇太子のことが大好きでした。

さて、巡啓では皇太子の希望で随行員は最小限に抑えられ、大げさな送迎はしないようにと各県の知事を通して伝えられました。移動はもっぱら列車であり、当地では華美な馬車に乗らず人力車でどこへでも行き、雨天でない限り幌もかけませんでした。そのため、人々は生身の皇太子に接することができたのです。また、写真が大嫌いだった明治天皇と違って、新聞社に撮影されることにもまったく抵抗がありませんでした。新聞には皇太子の写真と発言が掲載されるようになった点、明治天皇の行幸とは大きく異なります。当時、一般の人々は明治天皇の声や姿に接することはありませんでした。何しろ、昭和天皇の弟である秩父宮でさえ、その声を生涯聞いたことがないくらいです。

なお、皇太子嘉仁親王は巡啓した各地で人々の熱狂的な歓迎を受けていますが、その人柄を偲ばせる数々の逸話が残っています（原武史『可視化された帝国』みすず書房）。

その中から、当時の新聞に載ったいくつかのエピソードと発言を、要約して紹介しておきましょう。

京都帝国大学附属病院を訪問した際、患者に直接話しかけられ、当の患者はびっくりした後、感激のあまり涙を流した。

熊本で寒中水泳を見学された際、幼年生徒が泳ぐのを見て寒さを心配し中止させた。

福岡の警察署で武術試合を見学後、飛び入りで参加され「さあ、よいか」と言って木刀を振り回された。

新潟巡啓の際、宿泊施設となった県会議事堂を早朝抜け出され、一人で近くの公園を散策された。後から慌てて駆けつけた県知事と警部長の青ざめた顔を見て「なに、一人でこっそりと出てきたのだから心配には及ばない」と言われた。

新潟の高田中学校の英語授業を参観された際、同行した新潟県知事に「教授の英語は不完全と思うがどうか」と問われた。知事は恐縮しながら「西洋人を雇えば完全だと思うのですが」と釈明したところ、「それでは雇えばよいではないか」と言われた。

新潟の岩の原葡萄園で葡萄酒の醸造設備を見学された際、「日本人が個人の才覚でこれだけの事業を成したことは感心の極みだ」と言われたところ、経営者の川上善兵衛は感極まって号泣した。


ここにあげたのはほんの一部ですが、これだけでも大正天皇の権威や規制を嫌い、自由闊達で溌剌とした人間性がわかるはずです。

皇太子の関心は学校や工場、農村、漁村など市井の人々の生活全般に向けられ、時に直接声をかけられています。その眼差しは、とても温もりのあるものでした。

とにかく、相手の身分に関わらず誰にでも気軽に声をかける気さくな皇太子でした。こうした一般の人々の中に分け入る皇太子の振る舞いは、今でこそ不思議ではありませんが当時としては異例中の異例であり、お付きの者も困惑したといわれています。その点、「現人神《あらひとがみ》」として君臨した明治帝とは好対照だったといえるでしょう。

しかし、こうした皇太子の個性は、父である明治天皇や保守的な元老山縣有朋からは疎まれ、度々たしなめられていたそうです。また、皇太子がややもすると絶対君主として君臨することを拒否するようにみえたことを、重臣たちは苦々しく思っていたようです。

なお、一九〇七年（明治四十年）には伊藤博文や桂太郎を御供に従えて、皇太子として史上初の外遊をされています。訪問先は大韓帝国です。当地で皇太子は、皇帝純宗や皇太子李垠《りぎん》と会談しますが、どういうわけか当時十歳だった李垠をいたく気に入り、帰朝後は将来李垠が留学してくる時に備えて朝鮮語を学び始めたほどでした。既に朝鮮を差別する風潮があった当時の日本でしたが、皇太子はそうした差別感情をまったく持ち合わせていなかったようです。その後、皇太子は欧米への外遊も希望されましたが、これは明治天皇の反対で断念されています。

思えば、大正天皇にとって健康が回復し、家庭に恵まれ、一般の国民に愛された時代、皇太子であった二十代は最も幸せな時代だったといえるでしょう。

一九一二年（明治四十五年）、明治天皇の崩御にともない皇太子は即位します。そして、皇太子の運命は俄かに暗転します。

即位後、大正天皇の環境は激変しました。朝から晩まで連日の激務をこなし、しばしば夕食後の残業もありました。こうした激務と運動不足から、天皇の病状は徐々に悪化し始めます。

また、天皇の地方行幸はそれまでの巡啓とは大きく異なり、東京と指定された地を計画通り往復するだけのものとなりました。天皇は、それでも最初のうちは反発し、巡啓時代と同じようにすべてに簡素であること、時折ルートの変更があることを要求しますが、政府はそれを許しませんでした。即位した大正天皇に対して重臣たちは天皇としての資質なしと決めつけ、自分たちのコントロール下に置こうとします。

そうした状況への不満もあったせいか一九一七年（大正六年）には、原敬らの政党政治を嫌った保守派の筆頭である山縣有朋に反発し、枢密院議長の辞任を迫るという一幕もありましたが、寺内内閣によって抑えられました。

こうして、大正天皇のがんじがらめにされた新しい環境は、天皇の身体を蝕んでいくことになります。一九一八年（大正七年）には歩行が困難になり、一九一九年（大正八年）以後行幸はなくなります。そして、一九二〇年（大正九年）になると病状が悪化、発語が困難となり記憶障害も併発し、公務に支障をきたすようにまでなります。そのため一九二一年（大正十年）、皇太子裕仁親王が摂政に就任します。事実上の退位でした。以後、大正天皇は外部との接触を一切断たれ、病状は急ピッチで進行していきます。

なお、この年に天皇と親しかった原敬が暗殺されます。そして、それを待っていたかのように、原がそれまで伏せていた天皇の詳しい病状が五回にわたって公表されています。まるで、さらし者です。

山縣をはじめとする元老重臣たちは、明治天皇のような威厳のある天皇を求めていました。自由奔放な大正天皇は、彼らの求めていた天皇像ではなかった。そして、裕仁親王にそれを求めることになりました。

異例の病状公表は「執務のできなくなった天皇」という事実を国民に知らせることにより、皇太子の摂政就任を妥当なものだと受け入れさせるための素地づくりでもあったのでしょう。それはそれで、わからないでもありません。

しかし、この公表によって一般の国民の中に様々な風説が流布されていきます。そして、国民は皇太子時代の大正天皇を忘却し、徐々に「精神薄弱の暗君」というイメージが定着していくことになります。大衆とは残酷なものです。

一九二六年（大正十五年）、大正天皇は愛する皇后や皇太子の見守る中で、生母柳沢愛子に手を握られながら永眠されます。四十七歳でした。

大正天皇は「自由の人」でした。そして、大正天皇の明るく人情味のある気質は、大正という近代日本が束の間自由を享受した時代に見合ったものでした。

ある意味で、大正天皇は時代を先取りした天皇だったのかもしれません。もし、大正天皇が壮健な身体でもっと長生きされていたら、と想像するとちょっと楽しくなるではないですか。

三　皇太子裕仁親王

裕仁親王と帝王学

一九〇一年（明治三十四年）四月二十九日、激動の二十世紀が始まる年に昭和天皇は誕生します。その在位期間は神話上の天皇を除き歴代天皇の中で最長でしたが、明暗くっきりと分かれた時代を天皇として生き、誰よりも深く「戦争」と「平和」について考えられた方でした。

既に述べたように大正天皇自身は病弱ではありましたが、側室を持たないにも関わらず健康な皇子を四人も誕生させました。昭和天皇、秩父宮、高松宮、三笠宮です。このことだけでも、大正天皇は皇統に大きな寄与をした天皇だったといえます。明治帝や重臣たちは、これで皇統は万全だと小躍りするほど喜んだのではないかと想像します。

と同時に、大正天皇のようになってもらっては困るとばかり、裕仁親王（昭和天皇）には何が何でも本格的な帝王学を学ばせようとした気配があります。ともあれ、昭和天皇は「かくあるべし」天皇像を求められ、周囲の期待を一身に受けた天皇でした。

慣例に従って裕仁親王も里子に出されますが、里親の伯爵川村純義は、以下のような教育方針で臨みました。

一　心身の健康を第一とすること

二　天性を曲げぬこと

三　ものに恐れず、人を尊ぶ性格を養うこと
四　難事に耐える習慣をつけること
五　わがまま、気ままのくせをつけないこと

我々は帝王学と聞くと、さぞ特殊な学だろうと思いがちですが、実は人間としての理想像を説いたものだということがわかります。もちろん、昭和天皇の受けた帝王教育はこれだけではありませんが、基本はこの川村の教育方針に集約されています。幾多の資料の中で垣間見られる戦中戦後における昭和天皇の姿は、それを裏付けています。つまり、昭和天皇は帝王学をそのまま純粋に吸収された方でした。

さて、具体的な帝王教育が行われたのは、学習院と新たに設けられた東宮御学問所です。裕仁皇子は学習院の初等科を卒業すると、御学問所で七年間にわたる帝王教育を受けることになります。学習院の院長は陸軍大将乃木希典《まれすけ》、御学問所総裁は海軍元帥東郷平八郎。いうまでもなく、どちらも日露戦の英雄です。重臣たちの裕仁皇子の教育にかける意気込みがわかろうというものです。

乃木は自分にも厳しい人でしたが、教育者としても実に厳しい人でした。彼が裕仁親王に徹底して説いたのは、「質素倹約」と「質実剛健」です。

よく紹介される乃木と裕仁親王のエピソードとして、こんなのがあります。

寒いので親王が火鉢にあたっていると、乃木曰く「寒い時は火にあたるより、外に出て運動場を二、三周走ってはどうですか。すぐに暖かくなります」

親王が戦争ごっこなどで服に穴が開いた時、乃木曰く「穴が開いたまま着るのはよろしくないが、つぎはちっとも恥ではありません」

まあ、一事が万事このような感じだったようです。

ちなみに、学習院での乃木の訓示は次のようなものでした。軍人らしいというか、明治の人らしいというか、なかなか興味深いものがあります。

男子は男子らしくなくてはいかん。
決して贅沢をするな。贅沢ほど人間を馬鹿にするものはない。
人力車はなるべく乗るな。家で寄こしても乗らないで帰るぐらいにせよ。
寒中水で顔を洗う者は幾人いるか。湯で顔を洗うようではいかん。
寒い時は暑いと思い、暑い時は寒いと思え。
洋服や靴は大きく作れ。恰好などはかまうな。

厳しい。実に厳しいですね。当時、学習院は宮内省が管掌する皇族や華族の子弟のための官立学校でした。要するに上流階級のための学校だったわけです。しかし、日露戦争以降、華美や贅沢を好む風潮が校内にはびこるようになったことから、明治天皇は学習院の校風を変えるために乃木に白羽の矢をたてたわけです。その効果は抜群で、学習院の校風は明らかに刷新されました。

質素倹約、質実剛健という乃木の信条は、ひとり学習院にとどまらず大衆の中にも広まり、明治という時代固有の気風をつくっていったのではないでしょうか。私の祖父母を思い出してみても、やはりそうした明治人の気骨というか価値観のようなものを持っていたように思います。

また、乃木を尊敬していた昭和天皇は、生涯その教えを忘れることはありませんでした。

乃木に象徴される明治の人々のこうした価値観を今の人に押し付けても、おそらく冗談としか受け止められないでしょう。けれども、それは過ぎし日本のひとつの美風であった、私はそのように思うのです。

余談ではありますが、現在の日本ではコンビニやファーストフードチェーン等、つまりカウントできる分だけで一日に三百万人分の食料が廃棄されているそうです。これに家庭や食堂で残したものや農家で廃棄される食材を加えると、想像を絶する量の食べ物を日本人は捨てていることになります。その一方で、世界では約八億人の人々が飢餓状態にあり、栄養失調とされる人口はその数倍だとされています。そのうち日本人には天罰が下るのではないかと、私は本気で心配しています。

さて、学習院初等科を終えた裕仁親王が進むことになる東宮御学問所は、「東宮」と付いているように裕仁親王だけのために乃木の発案で高輪に設立された、いわば帝王学教習学校です。生徒は親王と選抜された五人の学友だけの小さな学校ですが、その教官には当代第一級の学者、知識人、軍人がラインナップされました。

カリキュラムは、倫理、国文、漢文、歴史、地理、数学、理化学、博物、フランス語、習字、美術史、法制経済、武課、体操、馬術、軍事講話と多岐にわたっていますが、武科（軍事教練）を重視したところは特徴的でした。そして、優秀な教授陣の中でも特筆されるのは、倫理学担当の杉浦重剛《じゅうごう》と歴史学担当の白鳥倉吉《くらきち》です。

杉浦重剛、この先生はまたものすごい人でした。バリバリの国粋主義者にして、古今東西、和漢洋の学に通じた博覧強記のスーパー知識人。戦後は、左翼＝インテリゲンチャ、右翼（国粋主義者）＝無学無教養のゴロツキ、といったステロタイプ的な認識が一般の人々にあるようですが、戦前の国粋主義者にはインテリもたくさんいたのです。中でも杉浦は別格でした。

彼の略歴をざっと紹介しておきましょう。一八五五年（安政二年）、滋賀県に生まれた杉浦は幼少時より神童と呼ばれ、藩（膳所《ぜぜ》藩）の推薦により大学南校（後の東京帝国大学）に学びますが、選ばれて明治天皇の御前講演で理化学の実験を披露するほどの秀才でした。その後イギリスに四年間の官費留学、農学や化学、物理などを学んで帰国します。帰国後、弱冠二十七歳で東大予備門（後の旧制一高）の校長に就任、さらに日本英語学校を設立、雑誌『日本人』創刊、東亜同文学院院長、国學院学監などを歴任、主として教育界で活躍をします。しかし、四十歳代になって重度のノイローゼにかかり、公職をすべて辞して長い療養生活に入ります。夏目漱石や芥川龍之介もそうでしたが、天才と呼ばれるような人はちょくちょくノイローゼになるようです。我々凡人と違って、きっと物事を深く詰めて考え過ぎるからでしょう。

ともあれ、そうして世間から忘れ去られようとしていた杉浦を御学問所の教官としてスカウトしたのは、若い頃からの知己であり彼の能力をよく理解していた東宮大夫濱尾新《はまおあらた》でした。

既に還暦を迎えようとしていた杉浦は考えた末、濱尾のオファーを受けることにしました。職を受けるからには全身全霊でとばかりに、杉浦はまず医者の健康診断を受け、靖国神社の神殿に自分で作成した教科書の草案を供えるという気合の入れようでした。相当の覚悟です。

杉浦の授業方針は、次のようなものでした。

一　三種の神器に則り皇道を体し給うべきこと
一　五箇条の御誓文を以て将来の標準と為し給うべきこと
一　教育勅語の御趣旨の貫徹を期し給うべきこと

杉浦の最初の授業のテーマは、国粋主義者らしく『三種の神器』でした。

神器である鏡、玉、剣はそれぞれ「知」、「仁」、「勇」を象徴し、歴代天皇の中では天智天皇が知、仁徳天皇が仁、神武天皇が勇に秀で、その三徳を併せ持つのが明治天皇だというものです。まあこれは「君主はかくあるべし」という帝王の倫理を説くための、杉浦独特の比喩だと思われます。

杉浦は、帝王が有すべき三徳の中でも特に「仁」、すなわち国民に対する愛情が最も重要だと言っています。すなわち、天皇が国民を愛さなければ、国民は天皇を慕うはずがないということです。

杉浦の担当は倫理ですが単なる狭義の倫理ではなく、皇道や国体はもちろんのこと他に思想、宗教、歴史、科学、世界情勢など、その範囲は多岐にわたっています。具体的なテーマは、即位、大嘗祭、五箇条の御誓文、万葉集といった基本的なもの以外にも、音楽、茶、桜、酒、そしてマルサスの人口論まで、博学の杉浦らしく多彩です。

なお、授業の中で登場する人物も、中大兄皇子、源為朝、上杉謙信、徳川家光、赤穂義士、四大国学者（荷田春満《かだのあずままろ》、賀茂真淵《かものまぶち》、本居宣長《もとおりのりなが》、平田篤胤《あつたね》）、四高僧（伝教大師、弘法大師、親鸞、日蓮）、他国では孔子、ワシントン、コロンブス、ピョートル大帝、ルソー、釈迦、キリスト、マホメットなど、バラエティに富んでいます。

杉浦は、裕仁親王が立派な君主になるよう心血を注ぎ、自分の持てる知識を惜しみなく裕仁親王に授けようとしました。博識で知られる昭和天皇ですが、そのベースにはこの杉浦の特別授業があったと思われます。私も、こんな先生の授業を受けてみたかった。

さて、一方の歴史担当の白鳥倉吉もユニークかつ優れた教官でした。白鳥もドイツへの留学を経験し、当時は東京帝国大学と学習院の教授を兼任していました。

彼はもちろん天皇を崇敬していましたが、その頃の歴史学者としては非常にリベラルな学者であり、天皇を「神」ではなく時に間違いを犯すこともある「人間」として捉えていました。歴史学の手法もヨーロッパ仕込みの客観的、分析的な方法論を採用しています。そのあたりは、戦前昭和の狂信的皇国史観を掲げた学者たちとまるで違っていました。

なお、白鳥は御学問所での国史の授業にあたって、神話と実際の歴史的事実はきちんと分けて教えるということを、あらかじめ乃木や東郷に了承させています。そして、後に「皇太子には神話は神話、本当の事実はこうだと申し上げた。それについて天地に恥じることはない」と周囲にもらしたそうですが、実に剛直な学者です。

実際の授業では、例えば記紀に記された神代の時代について「日本人の祖先が皇室についてどのような考えを有していたか、その思想信条を示したものだ」と教えています。

歴代の天皇を解説するにあたっても、極めて客観的なスタンスで臨んでいます。たとえば、後醍醐天皇の時代は、群盗がいたるところに出没し、海賊が横行するような乱世であったが、朝廷にそれを収める力はなかった。また、醍醐天皇は菅原道真のような優秀な官僚を大宰府に左遷したが、後で非常に後悔し名誉回復を行った。聖武天皇は仏教を保護し、その教えを広めることによって国家安寧を願ったが、朝廷に僧侶を近づけ過ぎたため、道鏡のような権力を私するような者が出ることになった。といったように、天皇といえども人間であり、間違いを犯すこともあるということを、冷静に教えました。

御学問所での杉浦、白鳥というまったく個性の異なる教師による授業は、昭和天皇の人格形成に大きな影響を与えたことは想像に難くありません。

もちろん生まれながらの資質もあるのでしょうが、質素倹約、質実剛健といった生活倫理観、あらゆる事象に対する客観的かつ冷静な眼差し、そして「祈る人」としての強い自覚を持った、君主としてほぼ完ぺきな昭和天皇の在り方は、乃木や御学問所の優れた教官たちの帝王教育抜きには考えられません。

帝王学とは、まことにすごいものです。

皇太子の婚約と欧州外遊

一九一八年（大正七年）、東宮妃に久邇宮邦彦《くにのみやくにひこ》王の長女良子《ながこ》女王が内定しました。選考にあたっては貞明皇后自ら何度も学習院女子部に足を運び、朗らかで健康そうな良子女王を目にとめられたそうです。大正天皇の体調が相変わらず思わしくない中で、宮廷にとっては久々の慶事でした。

ところが、婚約相手の良子女王をめぐって一騒動が起きます。いわゆる「宮中某重大事件」です。事の発端は、良子女王の母俔子《ちかこ》妃の家系に軽度の遺伝的色覚異常が認められることを元老山縣有朋が聞きつけたことです。久邇宮家では、もちろん事前に宮内省に報告済みであり、俔子妃も良子女王も色覚は正常です。しかし山縣は、わずかなりとも血統に瑕疵があれば親王の妃としてふさわしくないと、婚約解消を猛然と主張し始めます。そして、松方正義や西園寺公望らの元老も山縣に同調し、久邇宮邦彦王に辞意を迫りました。

ところが、久邇宮はひるみません。良子女王が東宮妃内定を受けるにあたっての手続きは遺漏なく行ったはずだとして、頑として応じないどころか貞明皇后に意見書まで出す始末です。こうした久邇宮の頑なな姿勢には、内閣総理大臣原敬も不快感を示していました。

そうこうするうち、久邇宮家には強力な援軍が登場します。頑固一徹で皇道原理主義者、御学問所の教官杉浦重剛老です。杉浦はその時、御学問所に辞表を出していますから、断然本気モードであり、宮内大臣に建白書を出すほどの気合の入れようでした。

杉浦が山縣らに反発する根拠は、裕仁親王に授けた帝王学の中の「綸言汗《りんげんかん》のごとし（一度発せられた天子の言葉は元に復すことはない）」という教えです。

こうと決めたら貫徹するというのが、どうやら杉浦の信条のようです。すぐさま杉浦は、これまた強力な仲間を引き入れます。なんと玄洋社の頭山満と黒龍会の内田良平です。類は友を呼ぶということでしょうか。彼らは連携して山縣の糾弾を図ります。また、杉浦に学んだ政治家古島《こじま》一雄は、国会で事件を暴露し原の政友会を倒そうという動きをみせます。さらに、玄洋社系の右翼たちは明治神宮で山縣糾弾の国民集会を開こうとしていました。

杉浦や頭山、内田は、とてもじゃないけれど山縣らが懐柔できるようなタマじゃありません。これには婚約を破棄させようとした元老たちや原も頭を抱えたことでしょう。

ここまできて、宮内省は事態の収拾を図り、「良子女王の皇太子妃内定に変更なし」と発表し、ようやく某重大事件は決着をみます。

山縣も杉浦も、共に「筋論」をかざして戦ったわけですが、結局気合の入り方が違っていたということでしょう。

ところで、この騒動を当の皇太子はどうみていたのでしょうか。記録としては残っていませんが、興味のあるところです。客観的にみると、山縣らにしても杉浦たちにしても皇太子（あるいは天皇）を生身の人間としてはみていないことがわかります。皇太子個人の考えはどうでもよく、未来の皇后である皇太子妃を決めるのは自分たちだと考えていたはずです。言い換えれば皇太子には、婚約や結婚というプライベートな事柄に関しても、まったく「私」はなく「公」しかないということです。まあ当時は、というより千年以上も前からそれは常識だったわけです。生涯の伴侶を選ぶにあたって、皇太子の意向がある程度反映されるようになるのは戦後になってからです。

先に述べたように、学習院や御学問所で帝王学を身に付けられた皇太子でしたが、幼少の頃より頭脳明晰、記憶力抜群といわれただけあって、教官たちの教えを砂地に水が浸み込むように吸収されました。

ただ、弟宮たちとも離され純粋培養のように育てられたことから外界との接触がなく、また杉浦からは帝王たる者は威厳を保つために言葉を謹むべき、つまりあまりしゃべるなということを繰り返ししつこく教え込まれていました。杉浦の頭には、多弁で思ったことをすぐに口に出す陽気な大正天皇のイメージがあったに違いありません。つまり、反面教師です。政府や元老たちも、同様に考えていました。要するに大正天皇のようになってもらっては困る、明治天皇のようになってほしいということです。

しかし、御学問所を卒業する頃の皇太子に接した政府首脳や重臣たちには、皇太子がまるでロボットのように感じられたようです。曰く、表情が乏しい、社交性がない、無口で石地蔵みたいだ、とまあ言いたい放題です。原敬なんかは、濱尾東宮大夫に「もっと国民の方を向くように教育できないのか」と苦情を言っています。裏を返せばそれだけ皇太子に対する周囲の期待は大きかったということです。

でも、それは酷というものでしょう。だって、重臣たちの総意で帝王学を学んだにも関らず、今度は社交性がないとか言われても困ってしまいます。威厳を保ってみだりにしゃべるなといわれたり、もっと国民の方を向けといわれたり、皇太子にしてみれば「どうすればいいのだ」と言いたくなるはずです。後年明らかになるように、本来の昭和天皇はユーモアを解し、社交性がないわけでもなく、常に国民の方を向いている方でした。思うに、皇太子裕仁親王は教官たちの教えを忠実に守り自我を抑え、意識的にロボットのように振舞おうとされていたのではないでしょうか。皇太子の心中を察すると労しいかぎりです。

ともあれ、そうした懸念を抱いた原は元老たちと図り、皇太子の欧州外遊を計画することになります。外に出て見聞を広めていただこうというわけです。

しかし、これには貞明皇后や東宮大夫など守旧派が強く反対します。天皇が病臥に伏せられているのに外遊などとんでもないというのがその理由でした。

一方、原たちには公務ができなくなった天皇に代わって皇太子を摂政にしなければならない、そのため帝王学の締めくくりとしての外遊を一刻も早く実現させたいという事情がありました。

こうして、提案されてから二年近く外遊をめぐる攻防があったのですが、結局皇后が折れ、一九二一年（大正十年）半年間にわたる皇太子の外遊が実現します。

外遊が計画された経緯はさておき、皇太子にとってこの外遊は非常に大きな収穫となりました。

昭和天皇自身、戦後になって記者会見でこの欧州外遊について繰り返し触れられています。記者に今まで最も印象に残る経験はと聞かれて、「いろいろ印象に残る思い出はあるが、若い頃ヨーロッパに旅行した時のことが強く印象に残っている」、「今でもあの時の経験が勉強になって役立ち、今日の私の行動がある」と述べられています。

さて、裕仁皇太子の外遊先に選ばれたのは、イギリス、フランス、ベルギー、イタリア、オランダでした。どの国でも歓待されましたが、特にイギリスとフランスの印象は強かったようです。

この外遊では、何といってもイギリスで国王ジョージ五世と親しく交われたことが大きかったようで、昭和天皇は戦後も繰り返しそのことについて語られています。国王は極東の島国からはるばる訪れた皇子を、自ら出迎え見送るほどの歓迎ぶりでした。当時の超大国であり、また日本にとって近代化の師ともいえる英国の国王の歓待に、若き皇太子がどれだけ感激したことか想像に難くありません。「ジョージ五世から立憲君主制について学んだことが終生私の考えの根本となった」と断言されているくらい、その体験は感銘深いものだったようです。

しかし、明治政府が参考とした憲法を持つドイツではなく、イギリスで国王から先進的立憲君主制について学ばれたということは興味深いところです。いずれにせよ、各種資料にみられるその後の昭和天皇の言動から推察すると、ジョージ五世から啓発されたイギリス型の立憲君主制を理想とされたと考えられます。

皇太子はケンブリッジ大学を訪問された時には気軽に日本人留学生に声をかけ、また在英日本人の茶会で写真撮影にも応じられるなど、日本にいる時とは別人のように自由闊達だったと記録に残っています。一方、日本に帰るとこうはいかないということを十分承知されていたと、送別会で同席した大使館員夫人の証言があります。

原や元老たちの杞憂とは裏腹に、皇太子は本来気さくで人見知りしない性格だったということがわかります。要するに、日本では周囲が求める皇太子像を演じていただけだったということです。

ちなみに、翌々年の一九二三年（大正十二年）、二十年あまり続いた日英同盟が破棄されます。

これには、アメリカの強い意向が働いていました。アメリカは新興軍事大国日本を警戒し、仮想敵国と見做していたと思われます。そう考えると、その後の日本人移民排斥、対日石油禁輸など、太平洋戦争に至る日米間の経緯はつじつまが合います。そして、対日戦争が現実になった場合、アメリカにとって最重要同盟国であるイギリスと日本の間に軍事同盟が存在するのはいかにもまずいということだったのでしょう。

記録には残っていませんが、すっかり英国贔屓になられた昭和天皇にとって帰国後の日英同盟の破棄は大きなショックだっただろうと想像します。

皇太子が次に訪問したのはフランスでした。フランスでも、皇太子は強い印象を受けています。当時、パリには駐在武官が数多くいました。日清、日露、そして第一次世界大戦と、皇軍の無敗神話に酔いしれていた当時の軍人たちの鼻息はずいぶんと荒かったようです。もっとも、第一次世界大戦では日本軍の損耗はほとんどなく、いってみれば火事場泥棒のようなものでしたが。

それはともかく、在仏武官たちも例外ではなく増上慢になっていて、「皇太子殿下は文化芸術に偏り、軍事に冷淡だ。こんなことでは大元帥（天皇）となられた時にどうにもならん。殿下を徹底的に軍人にする必要がある」とか不敬なことをいって大使館に強訴し、在仏中の視察日程を自分たちで決めてしまいます。

その結果、フランスでの日程は主として戦跡巡りや騎兵訓練、陸軍士官学校の参観といった武骨なものとなりました。視察した主な戦積や記念館の所在は、昔から独仏間の係争地であったアルザス・ロレーヌ地方でした。中でもヴェルダン要塞では第一次世界大戦で独仏併せて三十万人以上の戦死者を出しています。

しかし、軍人たちの思惑は大いに外れ、フランスでの視察を終えた皇太子の感想は「戦争が悲惨と不幸を人民にもたらすものだということは、今まで読んだり聞いたりして知ってはいたが、実際に目にすると予想以上の悲惨事、不幸事であると思い知った。戦争などというものは決してやってはならない」というものでした。

ヴェルダンでの印象はよほど強かったのでしょう、戦後の記者会見でも「昔、ヴェルダンの古戦場を訪れた時に、平和というものが非常に大切だということを感じました」と述べられています。

その他皇太子は、イタリアのローマではヴァチカンでベネディクト十五世に謁見しますが、その時ローマ法王の欧米各国に対する絶大な影響力を知ることになります。そして、後に第一次近衛内閣の外相広田弘毅に、また東条英機首相に終戦の仲介を法王庁に依頼してはどうかと提案されていますが、いずれも聞き流され実現はしませんでした。


皇太子は七月十八日ナポリより帰国の途につきますが、わずか半年とはいえ欧州外遊は青年皇太子にとって生涯忘れ得ぬ体験となりました。

帰国した後、皇太子は侍従長だった鈴木貫太郎に、欧州での体験を踏まえ、第一次大戦後に崩壊したロシア、ドイツ両帝国について次のような指摘をされています。

「ロシアロマノフ帝室は自己栄華のみ計り国民を思うことがなかった。ドイツ帝国ウィルヘルム二世はドイツのみを考え世界を思うことがなかった」

実に鋭い本質を衝いた指摘です。しかし、いくらそのような認識を持っていたとしても、日本の不完全な立憲君主制の下では軍部が暴走するとそれを君主が抑える手立てはないことを、後に昭和天皇は思い知ることになります。

さて、帰国後の皇太子を待ち受けていたのは、摂政就任でした。

裕仁親王の摂政就任と大正の終わり

帰国してそれほど間を置かず、政府や重臣たちの要請に従い病臥にある大正天皇に代わって公務を執るべく皇太子は摂政に就任します。

以後、皇太子は摂政宮として五年あまり、台湾、樺太の視察を含め多忙な日々を送りますが、その間は決して平穏とはいえないものでした。

まず、摂政就任の直前に原敬首相が東京駅構内で刺殺されます。犯人は十八歳の国鉄職員中岡艮《こん》一でした。その背景はわかりませんが、中岡は「国賊！」と叫んで突っ込んだそうですから、反政党勢力や国粋主義勢力と何らかの関わりがあったのかもしれません。

「平民宰相」と呼ばれ民衆に人気のあった原でしたが、周囲で度重なる疑獄事件が発生したり、政商や財閥との癒着が指摘されたりと、その評価は分かれるところです。ただ、原自身が私財を蓄えたという形跡はまったくありません。

原は反政党勢力の筆頭である山縣有朋とも正面からぶつかることを避け、うまく根回しをしながら本格的政党政治を確立させました。病床にあった山縣も原暗殺の報を聞きその死を嘆いたといわれます。いずれにせよ原の政治手腕は卓越していて、政治家としては一級の人物だったと私は思います。戦後でいえば、田中角栄のような政治家だったのではないでしょうか。以後敗戦まで、原に匹敵する能力を持った政治家は一人として出てきませんでした。

ちなみに犯人の中岡は無期懲役となりましたが、三度の恩赦を受け出獄しています。その後満州に渡り軍の仕事に就きますが、戦後まで生き延びて天寿を全うしています。今よりずっと刑法が厳しかった当時、一国の首相を殺害したにも関わらず異例ともいえる軽微な処罰です。不思議です。そういえば、アナーキスト大杉栄、伊藤野枝とその甥を殺害した憲兵甘粕正彦も短期刑で済み（三年）、満州で出世していますね。

さて皇太子摂政就任の翌々年、一九二三年（大正十二年）に関東大震災が起こります。東京をはじめ一府六県に及んだこの震災の被害は甚大でした。東京府と神奈川県だけで死者行方不明者併せて十万五千人にのぼり東京はほぼ壊滅状態で主要な施設もほとんど消失しました。

また震災直後には、風説の流布によって数千人の在日朝鮮人が自警団によって殺戮されるというおぞましい事件も起きています。

摂政宮は愛馬に乗って非公式に視察に出かけられますが、上野公園の高台から市街地一帯が消失しているのを見てその被害の大きさに絶句されたといわれています。そして、「今秋私の結婚が予定されているが延期したい。死傷者多く、これだけの国民の惨状を見て自分だけが幸せでいることはできない」と宮内相牧野伸顕《のぶあき》に告げました。牧野は皇太子自ら結婚の延期を決めたことに非常に感激したと日記に記しています。

さらにその年の暮、重大事件が発生します。十二月二十七日、帝国議会開院式に臨席するため摂政宮が自動車で移動中、虎ノ門交差点付近で銃撃された、いわゆる「虎ノ門事件」です。銃弾は窓ガラスを貫通しますが、摂政宮は無傷で同乗していた東宮侍従長入江為守《ためもり》が軽傷を負っただけで済みました。一歩間違えれば、皇太子暗殺という前代未聞の大事件となっていたところです。

なお、皇宮警察の始末書によると事件発生時、摂政宮は動ずることなく平然とされていたとあります。この件といい、ポツダム宣言受託の決断といい、また敗戦時のマッカーサーを訪問して表明された言葉といい、昭和天皇はギリギリの土壇場では実に肚の据わった方でした。

摂政宮は事件後離宮に戻って東宮大夫珍田捨巳《ちんだすてみ》と牧野を呼んで、次のように語られています。

「誠に残念な事が起こった。自分は日本における天皇と臣下の関係は、義においては君臣であるけれども、情においては親子だと考えている。このように自分は常に君臣の親愛ということに思いを致してきた。どうか自分のこの考えを徹底するようにしてもらいたい」

ところで、この狙撃事件の犯人は、無政府主義の影響を受けた難波大助という二十四歳の青年でした。難波の実家は皇室崇敬の念が強い山口県の素封家で、父作之進は衆議院議員でした。事件後の作之進は江戸時代の武士のように、裁判所に「廃家届け」を出し、自宅の門に青竹を打ち付けて閉門、自分は一室に蟄居して囚人のように暮らし、事件の二年後「憂死」しています。

大助は事件の翌年、判決の二日後に死刑執行されますが、法廷で「日本無産労働者、ロシア社会主義ソビエト共和国万歳！」と叫んだそうです。左右を問わず、命を懸けたテロリストたちには何というか、やりきれない「哀しさ」のようなものが常につきまとっている、そんな風に思う私です。

様々な事が起きた年ではありましたが、明けて翌一九二四年（大正十三年）、やっと良子女王（後の香淳《こうじゅん》皇后）との結婚が実現します。皇太子二十四歳、皇太子妃二十二歳。スッタモンダがあった婚約の年から既に三年も経っていました。しかし、この婚礼は摂政就任以後の皇太子にとって数少ない慶事だったといえるでしょう。

新婚生活は赤坂離宮（現在の迎賓館）で送られることになりますが、父である大正天皇と同様、皇太子と良子妃は仲睦まじく、二人で散策したり、ゴルフを楽しんだり、またフランス語の勉強も一緒でした。

一九二六年（大正十五年）十二月二十五日、大正天皇崩御。直ちに皇太子裕仁親王が即位します。

思えば、関東大震災をはじめとする皇太子が摂政に就任してからの厄災は、これから時代が暗転する凶兆であったようにも思われます。

第四章　戦争と昭和天皇

一　テロの季節

悩める賢帝

昭和という時代は、敗戦を境として明暗がくっきりと分かれる時代でした。つまり昭和天皇は、「戦争の時代」と「平和の時代」を天皇として自覚的に生きられた方でした。

戦争の時代、すなわち戦前昭和は軍人の時代でもありました。昭和元年から敗戦までの内閣総理大臣十六人のうち、実に九人が軍部出身です。また、文民首相も軍部の意向に逆らうことはできませんでした。なぜなら、軍部が気に入らない内閣を倒閣するのは簡単で、海相、陸相を出さなければ組閣さえできないからです。また、政党政治家には、少しでも反軍的な政策をとればテロリストに殺されるリスクも現実にありました。

戦前昭和は、軍部が行政、立法、司法という三権を牛耳るという異常な環境で暴走を重ねた時代ともいえます。そして、その大義名分は常に「天皇」です。少しでも軍部の利害に抵触する案が出されると、天皇の大権である「統帥権」を持ち出し、統帥権干犯だと騒ぎ立てる。「俺たちのバックには天皇がいるぜ」というわけです。もちろん、天皇の意思は彼らと真逆でした。軍首脳は、それをよく知っていたはずです。ちなみに、「統帥権干犯」とは、北一輝の造語ですが、北も罪なことをしたものです。いずれにせよ、統帥権は天皇の大権であり、あんたたちの権利じゃないだろうと言いたくなりますが、戦前昭和の軍部はそこまで増長していたというのが実状でした。まさに、反天皇主義者たちが跋扈した時代です。

ともあれ、昭和天皇は即位と同時に対外的には軍部の暴走、国内ではテロとクーデター騒ぎに悩まされることになります。なまじ図抜けた知性を有されたが故に、また立憲君主制における君主の在り方を真剣に考えられていたが故に、昭和天皇の苦悩は深いものでした。

戦前の昭和天皇はそのような時代に「天皇」であらねばならなかったのです。

即位されてから数カ月後一九二七年（昭和二年）、早くも軍は大陸で動き、山東省に三次にわたって派兵し戦闘を起こします。続いて一九二八年（昭和三年）、関東軍による張作霖爆殺事件。主犯は関東軍高級参謀河本大作大佐でしたが、もちろん彼一人が勝手にやったわけではなく、関東軍首脳の総意でした。関東軍と軍閥指導者張作霖はそれまで互いに利用し合う仲でしたが、張作霖が満州で力をつけるにしたがって邪魔になった。だから殺してしまおう。事件の背景を要約するとこうなります。

いずれにしても、この暗殺は明確な軍規違反であり、大元帥の統帥権干犯であり、通常ならば軍法会議で死刑に処せられるところですが、河本大佐以下、事件の関係者は軽い行政処分だけで終わりました。

この事件でわかることは、既にこの時点で関東軍は統帥権干犯どころか軍中央もコントロールできない「暴走軍団」になっていたということです。

張作霖爆殺以後、関東軍は数々の陰謀を企て実行しますが、すべて現地の独断で行われています。そして、その首謀者は処罰されるどころか出世するのですから話になりません。

では、本国の政府はどうだったか。当然と言えば当然ですが、当初田中義一首相は元老西園寺の言もあって、河本以下関東軍の事件関係者を軍法会議にかけ厳正に処分したい、と昭和天皇に上奏します。しかし、政権内部ではこの事件をうやむやにしてしまおうという声が支配的でした。ひとつには河本が、軍法会議なんかにかけられたら、これまでの日本軍の悪行（謀略）を全部ばらすぞ、と脅しをかましたこともあります。完全な開き直りです。何せ、その頃の関東軍には「満州では何をやっても許される」という空気があり、その脛《すね》は傷だらけでした。

まあ、そんなこんなで田中はノコノコと、「事件ウヤムヤ終結方針」を昭和天皇に上奏しに行くわけですが、昭和天皇は激怒して語気鋭く言い放たれます。

「この前言っていたことと違うではないか。辞表を出したらどうか」

天皇がここまで怒り心頭に達しているとは田中も思っていなかったのでしょうが、恐懼してスゴスゴと引き下がり、結局辞表を提出します。要するに、天皇の一言で内閣がふっとんだわけです。

この時の天皇の言動は、明治憲法にある「総攬」、「統帥権」といった文言の解釈によると微妙なところではありますが、少なくとも天皇の考えていた立憲君主制からは明確に外れたものでした。

昭和天皇自身それを認識されていたようで、後年この時のことを「あれは若気の至りだった。それ以後、内閣が上奏してきたものには意見は言うが、拒否はしないと決めた」（『昭和天皇独白録』文春文庫から要約引用。以下独白録と表記）と語られています。

しかしこの内閣総辞職では、久原房之助《くはらふさのすけ》逓信相など軍部寄りの政治家が「重臣ブロック」という言葉を造り、「宮中の陰謀」と騒ぎ立てます。いわゆる「君側の奸」というやつです。天皇を直接批判するわけにはいかないから、すべて側近が悪いという理屈です。以後、軍部および軍部に融和的な政治家たちは、自分たちの意に反し天皇の考えに同調する側近たちを目の敵にするようになり、二・二六事件の遠因になったともいわれています。

前述したように、昭和天皇は皇太子時代の外遊以来、立憲君主制について常に考え続けられていました。当時の立憲とはいうまでもなく、明治憲法です。そして、明治憲法では天皇が統治権と（軍の）統帥権を元首として総攬（掌握）する大権を有すると規定されています。昭和天皇は「君主」として一九四五年（昭和二十年）の玉音放送まで、この「大権」と「立憲」の間で悩み続けられることになります。昭和天皇の悲劇は、あまりにも聡明で状況を視通すことができ、立憲を信奉し、かつ平和を愛されたことにあります。

結局天皇は、文字通り「君臨すれども統治せず」というイギリス型の君主の在り方を選択され、二・二六事件時と終戦の聖断以外で自分の考えを強制されたことはありません。しかしその結果、「統治権」と「統帥権」は軍部にとって打ち出の小槌となり、破局へと突き進むこととなります。

さて、張作霖爆殺事件以降も軍の暴走は止まるどころか、ますますエスカレートしていきました。また、国内ではテロやクーデター騒ぎが横行します。戦前昭和の日本は、国内の矛盾を対外政策に転化し、かつ外交問題をすぐに武力を以て解決しようとする国でした。私は思うのですが、何でもかんでも武力によって国益、国権を拡大しようとする国、要するに軍部が権力を握っている国は、例外なく「後進国」ではないのかと。それは、現代世界でも同じです。ともあれ、やれ一等国だ、五大国だと浮かれてはいましたが、戦前昭和の日本は、常に武断、武断で何事も解決しようとするまぎれもない遅れた国でした。そして、そのことを誰よりもわかっていたのは、昭和天皇だったのではないでしょうか。

以下、一九二九年（昭和四年）から一九四〇（昭和十五年）年まで、国内外の主要な出来事をあげてみましょう。

一九二九年（昭和四年）、世界大恐慌。一九三〇年（昭和五年）、ロンドン海軍軍縮会議。一九三一年（昭和六年）、三月事件と十月事件、満州事変。一九三二年（昭和七年）、上海事変、満州国建国、血盟団事件、五・一五事件。一九三三年（昭和八年）、国際連盟脱退、皇太子誕生。一九三四年（昭和九年）、ワシントン軍縮条約破棄。一九三五年（昭和十年）、天皇機関説を軍部と右翼が総攻撃、永田鉄山軍務局長斬殺事件。一九三六年（昭和十一年）、二・二六事件。一九三七年（昭和十二年）、盧溝橋事件、支那事変勃発、南京事件。一九三八年（昭和十三年）、国民総動員法成立。一九三九年（昭和十四年）、ノモンハン事件、アメリカによる日米通商条約破棄。一九四〇年（昭和十五年）、日独伊三国同盟締結、大政翼賛会結成。

ざっと挙げただけでわかるように、昭和天皇が即位して以来、ほぼ切れ目なく毎年大きな事件や事変が起きています。まさに動乱の時代です。公表されているこの間の宮中関連資料を見ると、天皇の憂色が日ごと深まっていく様子がわかります。

立憲君主であろうとする限り実権を持つ軍部に何を言っても無駄だと知りながら、それでも折に触れ昭和天皇は自分の意思を表明されています。また、後年になって当時の心情を吐露されてもいます。それらによって、我々は昭和天皇の真の姿を知ることができるようになりました。

一九三〇年（昭和五年）のロンドン海軍軍縮会議は、列強間で艦船の保有比率を決めた会議でした。天皇の信頼する浜口雄幸《おさち》内閣（海相財部彪《たからべたけし》）は、対米比率で七割を主張しましたが、ほぼ妥当な結果となりました。しかし、海軍軍令部の加藤寛治軍令部長や末次信正次長は、猛反発します。つまり、海軍内部で財部ら海軍省と軍令部が対立していたわけです。そして、加藤は財部に諮らず直接天皇に辞表を出し、末次は天皇に直接強硬意見を述べる始末です。明らかに命令系統を逸脱した行為です。陸軍も海軍も、下剋上というか中堅幹部が勝手に滅茶苦茶なことをやっていました。明治の軍ではあり得なかったことです。

天皇は後年この時のことを振り返り「海軍省と軍令部の意見が相反していたのだから、財部はこの際断然軍令部長を更迭してしまえばよかったのを、ぐずぐずしていたから事が紛糾した」（独白録）と語られています。

一九三一年（昭和六年）は、柳条湖事件を発端とした満州事変が勃発した年です。柳条湖事件とは、奉天郊外の柳条湖付近、南満州鉄道の線路で爆発が起きた事件です。この事件も、陰謀マニアの巣窟であった関東軍の高級参謀、石原莞爾と板垣征四郎が仕組んだ謀略でした。要するに、関東軍は最初から本国の意向に関わらず満州全土の支配という独自の野望を持っていたわけです。その意味で、張作霖爆殺事件と柳条湖事件は地続きのものでした。

関東軍はこの事件は張学良（張作霖の息子）の東北軍による破壊工作と発表。これを契機とし、独断で越境してきた朝鮮軍（林銑十郎司令官）とともに軍を展開させ、全満州を席巻し、翌年傀儡政権による満州国建国を実現させます。

この頃になると、本国では例の「満蒙生命線」が流行語となり、軍中央も関東軍の行動を拘束しない方針を決定しています。政府（若槻禮次郎《わかつきれいじろう》首相、幣原喜重郎《しではらきじゅうろう》外相）は天皇の意思を尊重し、戦線不拡大、満州国建国反対、国際協調路線という方針でしたが、軍部による内閣打倒も辞さずという強硬な抗議を受け、総辞職に追い込まれます。

当時の天皇は、軍の動きに対して極めてナーバスになられています。「国際信義を重んじ世界平和に貢献する。それが国運の発展をもたらし、国民に真の幸福を約束するものだ。しかるに軍は事件拡大、武力で中華民国を圧倒しようとしている。国と国民を破滅に陥れるものだ。皇祖皇宗から継いだ祖国の運命が双肩にかかっていると思うと夜も眠れない」と侍従に語られています。

こうした天皇の話が漏れ伝わってくるのでしょう。謀略、侵略がことごとく成功し、鼻息が荒かった陸軍幹部の間では、天皇に対する中傷や反感が露骨になってきます。

「今の陛下は凡庸」、「参謀総長や陸軍大臣が御前に出ると、また来たかという顔をする」、「陛下はあまりにも平和論者だ」、「神経質過ぎる」、「側近や元老が悪い」等々。これが、日頃口を開けば皇道、皇統、尊皇を言う「朕の軍隊」の本音でした。

一九三二年（昭和七年）も荒れ模様の年でした。年明け早々の天皇暗殺未遂事件（桜田門事件）、上海事変、満州国建国と反発した中国（中華民国）の国連への提訴、それを受けた国連のリットン調査団が報告書を提出。血盟団事件と五・一五事件。昭和天皇は気の休まる暇もありません。

一月二十八日、上海で日中の武力衝突が起こります。第一次上海事変です。日本人僧侶二人と信徒三人が襲われた事件（僧侶一人が死亡）が発端ですが、これまた例によって関東軍参謀の板垣大佐が主導した謀略でした。中国人を買収して同胞を襲わせるなんて、まったく卑劣千万な所業ではありませんか。その後、海軍が陸戦隊を派遣し戦線は拡大する様相を示していましたが、上海派遣軍の司令官白河義則大将が陸軍中央の反対を押し切り停戦をします。これには裏があり、前月に行われた親補式（任命式）で天皇は白川に直接「条約尊重、列国協定を旨とせよ」と指示した上で「もう一つ頼みがある。上海から中国軍を撃退したら決して深追いしてはならない。何とか停戦してほしい。私はこれまで何度も（軍に）裏切られてきたがお前なら守ってくれると思っている」と依頼をされています（独白録）。これは天皇の裁可を受けて参謀総長が発令する命令ではなく、異例の指示でした。白川はそれを忠実に守ったわけで、陸軍では数少ない大元帥の意思を絶対とする将軍でした。なお、白川はこの翌月、天長節祝賀式典の最中に抗日武装組織『韓人愛国党』の刺客尹《いん》奉吉《ほうきち》が投擲した手榴弾によって死亡しています。

三月一日、満州国が独立を宣言します。それから間を置かず、満州事変および満州国建国に対する中国の提訴を受けて、国連では英米仏独伊の委員からなるリットン調査団が結成されました。調査団は約三カ月の調査を終えて報告書を提出しますが、その内容は柳条湖事件以後の日本軍の活動は自衛とはいえない、また満州国は地元民の自発的独立とはいえないとしながらも、満州における日本の権益にも配慮した穏当なものでした。

しかし、日本政府（軍部）は満州国の国際的承認にこだわり納得せず、リットン報告書が公表される前に満州国を承認します。報告書を読まれた天皇は「（報告書を）鵜呑みにしようと決心した」と言われていますが、西園寺の「政府が否定したものを陛下が御承認されるのは穏当でない」という意見によって仕方なく裁可されています。

昭和維新三部作

一九三二年（昭和七年）には国内でも大きな事件が続きました。

一月八日に起きた桜田門事件は、天皇が観兵式に臨席した帰り、馬車で桜田門付近の通りに差しかかった時、天皇を狙って手榴弾が投げつけられた事件です。犯人は朝鮮独立を目指す抗日武装組織、韓人愛国団（大韓僑民団）から派遣された刺客李奉昌《りほうしょう》でした。手榴弾は天皇の乗った車両ではなく宮内大臣一木喜徳郎《いちききとくろう》の馬車に投げつけられましたが、幸い近衛騎兵が軽傷を負っただけで大臣は無事でした。昭和天皇が命を狙われたのは「虎ノ門事件」に続いて二度目です。この時もやはり天皇は冷静沈着であったと報告されています。

二月から三月にかけては、政財界の要人および天皇の側近を狙った暗殺とそれに続くクーデターを計画した『血盟団事件』が起きます。首謀者は日蓮宗の僧侶である井上日召であり、井上の思想に感化された青年や東大七生社の四元義隆《よつもとよしたか》と血盟団を結成、海軍の藤井斉中尉（上海事変で戦死）、古賀清志中尉ら青年将校たちとも連携をとっていました。

彼らが具体的な標的としたのは、犬養毅、西園寺公望、幣原喜重郎、若槻禮次郎、団琢磨、鈴木喜三郎、井上準之助、牧野伸顕など錚々たる顔ぶれです。彼らが掲げたのは、特権階級と「君側の奸」を殺してしまえば、天皇中心のすばらしい新国体が実現できる、簡単にいうとそういうことです。その意味で、五・一五事件や二・二六事件と同様の革命理念（昭和維新）といえます。

また、北一輝や大川周明から強い影響を受けていたことも共通しています。血盟団結成の背景には、農村での娘の身売りや学生の就職難に象徴される貧困層の拡大、今でいうところの「格差問題」があり、その動機は非常に純粋なものだったと思います。

暗殺に際して、井上日召が指示したのは「一人一殺」、つまり暗殺実行者一人一人がそれぞれ一人の標的を決めて必ず仕留めるというものでした。そしてその通り、二月九日に小沼正が前蔵相井上準之助、菱沼五郎が三井財閥の総帥團琢磨の暗殺に成功します。他のメンバーも併行してそれぞれのターゲットを狙っていましたが、実行する前に井上をはじめ十四名の血盟団メンバーは一斉に逮捕されます。

しかし、彼らは一九四〇年（昭和十五年）に全員特赦で釈放されます。人を殺せば原則死刑という時代を考えれば、八年という刑期は極めて軽いものです。これが左翼であれば即死刑です。国粋主義や天皇親政を掲げた人殺しであれば刑は軽くなるという、この時代特有の司法の感性であったのかもしれません。

ところで、血盟団のメンバーは誰も自決していません。テロリストは自決するものだと思っている私には、そこが不思議です。ちなみに、血盟団の主要メンバーのほとんどは戦後も生き延び、実業家として成功したり政界に入ったりと、人並み以上の生活を送り天寿を全うしたというところは皮肉というべきでしょうか。四元などは実業界で成功した後、政界のフィクサーとなり歴代の自民党政権に少なからず影響を与えています。いうなれば、彼は戦後における影の特権階級ともいえるでしょう。

血盟団事件に続いて、昭和維新テロの第二部ともいえる事件が五月に起きます。五・一五事件です。これは、二・二六事件の海軍版ともいえる事件であり、首謀者は血盟団事件の藤井斉の遺志を継いだ古賀清志中尉、三上卓中尉ら海軍の青年将校です。参加したのは血盟団の残党、農本主義者橘孝三郎が主宰する愛郷塾の塾生からなる農民決死隊、陸軍士官候補生たちであり、武器を調達したのは大川周明でした。彼らの目的は、血盟団と同じようなもので、首都を混乱させ戒厳令が施行される状況に陥れ、それに乗じて政党を排除、天皇を戴いた軍事政権を打ち立てるというものです。主な襲撃対象は、首相官邸、内大臣官邸、警視庁、東京府内の変電所、立憲政友会、三菱銀行などでした。

この事件で殺害されたのは犬養首相と警備にあたっていた警察官一名です。内大臣牧野伸顕は難を逃れ、決起は時期尚早と反対したため暗殺の対象となった西田税は瀕死の重傷、その他は軽微な被害ですみました。なお、前日に来日していたチャップリンも、実は「日本に退廃文化を流した元凶」という滅茶苦茶な理由で暗殺対象となっていました。チャップリンはこの日犬養首相と面会する予定でしたが、たまたま相撲見物に出かけていて危うく難を逃れ事無きを得ています。もし暗殺されていたら、国際的な大問題となっていたところです。まったく何を考えているんでしょうね、この連中は。ちなみに、五・一五事件の実行グループも誰一人として自決せず、逮捕されたり憲兵隊に出頭したりしています。

そして、やはり刑期も一年から八年という軽いもので、犬養を射殺した三上に至っては六年で釈放、井上日召らと右翼団体を結成し近衛文麿のブレーンとなったり、大政翼賛会の幹部として活躍したりしています。不思議です。いずれにしても、この事件により実質的に政党政治は終焉します。自分の名を騙ったこうしたテロを、昭和天皇はどう思われていたでしょうか。犬養の後継首班を決めるにあたって、天皇は特に鈴木侍従長を通じて西園寺に「ファッショ的な思想を持つ人物は絶対にだめだ」と釘をさされています。

翌一九三三年（昭和八年）、国連総会における満州国承認をめぐる決議では、四十一対一（これは日本）という大差で満州の独立は否認されました。これを不服とする日本は、国際連盟を脱退し、世界の孤児となる道を選びました。ことあるごとに「国際協調」をと言われてきた天皇にとっては、本当にやり切れない思いだったのではないでしょうか。

なおこの年、戦前昭和で唯一の慶事ともいえる出来事がありました。待ち望まれた皇子（明仁親王。今上天皇）の誕生です。天皇もよほど嬉しかったのでしょう、三歳で別居するまで毎日のように皇子室に顔を見に通われたそうです。

一九三五年（昭和十年）、貴族院本会議で一つの批難演説がありました。陸軍あがりの菊池武夫議員による美濃部達吉の『天皇機関説』に対する批難です。菊池はこの学説は国体に背くもので、美濃部を学匪《がくひ》、謀叛人とまで罵っています。「学匪」とはまた、ものすごい表現ですね。それはともかく、美濃部は当時の法学界の重鎮であり、貴族院議員で東京帝大名誉教授でもありました。また、天皇機関説は、明治憲法における天皇の位置付けを解釈した学説ですが、当時の学界でもスタンダードなものでした。要約すれば、統治権は法人たる国家にあり、天皇はその最高機関として内閣および他の機関からの輔弼《ほひつ》を得ながら統治権を行使するという説です。曲がりなりにも「立憲」を基本とした明治憲法の解釈からしても、特に問題のある学説ではありません。

昭和天皇も、「機関説でいいではないか。君主主権は専制に陥りやすい。美濃部のことをかれこれ言うけれども、美濃部は決して不忠な者ではない。今日、美濃部ほどの人が一体何人日本にいるか。ああいう学者を葬ることはすこぶる惜しい」と侍従に語られたそうです。また、戦後当時を振り返り「国家を人体にたとえれば天皇は脳髄であり機関を器官に言い換えれば国体と天皇の関係は少しもおかしくないと本庄繁武官長に話し、真崎甚三郎教育総監に伝えさせた。真崎は判ったと言ったそうだ」、「本庄武官長が私を神と言うから、私は普通の人間と人体の構造が同じだから神ではない。そういう事を言われては迷惑だと言った」と語られています（独白録）。ちなみに、真崎は荒木貞夫元陸相とともに皇道派のボスで、二・二六事件で決起した将校たちのパトロンのような存在でした。

さて、菊池の批難演説からしばらくして、美濃部は議会で釈明のために天皇機関説の内容をわかりやすく説明したところ、議員たちから拍手が起こり当の菊池も「これなら問題なし」と納得したそうです。

しかし、菊池の美濃部弾劾を機に、軍部や右翼は美濃部を激しく攻撃します。彼らの主張の根拠は、美濃部の国家主権論に対する「天皇の統治権は絶対無限」とする天皇主権論でした。もっとも、民間右翼の中には天皇機関説の内容をよく理解していない者が多数いたようです。

一方軍部、特に皇道派はこの事件を奇貨として、政党政治を否定し自分たちの権力拡大に利用しようとしました。皇道派の親分真崎は、天皇の言葉を聞いているにも関わらず無視しています。それどころか、先頭に立って美濃部排撃を指揮する始末でした。要するに彼（彼に限りませんが）にとっては天皇の意思なんかどうでもよかったんですね。しかし、天皇が本当に怒るとどういうことになるか、真崎はそれほど間を置かず思い知ることになります。

ともあれ、美濃部は貴族院議員その他の公職をすべて辞し、翌年は右翼の暴漢に襲われ重傷を負い、彼の著書『憲法概要』他は発禁処分となり、内務省から不敬罪で告発され取り調べを受ける（不起訴）といったように、散々な目に合っています。

いずれにせよ、この天皇機関説事件を契機として「立憲制」や本来の意味での「政党政治」は息の根を止められました。とって代わったのは、狂信的皇国史観とそれを利用した軍部の独裁体制でした。

なお、この年は統制派のエースとされた永田鉄山陸軍軍務局長が、皇道派の相沢三郎陸軍中佐に陸軍省の執務室で斬殺された年でもあります。この相沢事件は、二・二六の皇道派将校にも大きな影響を与えることになりました。

さて、一九三六年（昭和十一年）は、昭和維新運動の決定版ともいえる二・二六事件が起きた年です。二月二十六日から二月二十九日にかけて起きたこのクーデター未遂事件は、血盟団事件、五・一五事件とはその規模、社会への影響力において比べものにならないほど大きな事件でした。そして二・二六が過去二つの事件と決定的に異なるのは、実際に武装した一四〇〇名もの兵が動いたこと、そして天皇が初めて自分の意思を軍に強制されたことです。

鎮圧せよ！

二・二六事件とは結局のところ何だったのか。私にとってこの問いは、日本という国のかたちについて考える時に避けて通れない内的な問いかけでした。なぜならこの事件には、天皇と国体について省察する際に必要なテーマが象徴的に含まれているからです。

二・二六事件はそれだけで一冊の本ができるほどの題材であり、たくさん本も出ているので詳細については述べませんが、概略だけざっとおさらいしておきましょう。

このクーデター計画を実行したのは安藤輝三大尉、村中孝次大尉、栗原安秀中尉、磯部浅一元一等主計（中尉）をはじめとする陸軍皇道派の若い隊付将校たちであり、標的とされたのは岡田啓介総理大臣、鈴木貫太郎侍従長、斉藤實内大臣、高橋是清大蔵大臣、牧野伸顕前内大臣、渡辺錠太郎陸軍教育総監、および元老西園寺公望です。実際に殺害されたのは、高橋是清、斉藤實、渡辺錠太郎、松尾伝蔵予備役陸軍大佐（岡田首相の義弟で秘書官。岡田と誤認されて被弾）、警備の警察官五名。瀕死の重症を負ったのは鈴木貫太郎侍従長。

事件を主導した皇道派将校たちが掲げたのは、血盟団事件や五・一五事件と同じく「尊皇討奸」、「天皇親政」による昭和維新の断行であり、二つの事件の延長線にあるものです。具体的には、天皇の重臣側近を皆殺しにして、粛軍の名の下に軍の主要部門から統制派を排除し、自分たちが信奉する真崎大将を首班とした維新政府を実現させるというものです。また、彼らの陸相への要望書には荒木大将を関東軍司令官にせよという項目もありました。

さて、二・二六事件というと必ず出てくるのが「皇道派」と「統制派」ですが、陸軍内におけるこの二つの派閥の違いはあまり明瞭ではありません。というのも、どちらの派閥もその戦略目標は同じだからです。「国体明徴《こくたいめいちょう》」を掲げ美濃部の天皇機関説を排撃しているのも同じです。すなわち、天皇主権という建前の下に、その実、政党政治を圧迫ないしは解消し軍部独裁体制を実現するというものです。

あえて違いをあげるなら、皇道派が非常手段を使ってでも一気に事をなそうとするのに対し、統制派は軍部の組織を総動員して合法的に政党に圧力をかけ軍部独裁を実現するという、まあ方法論の違いでしょう。そのあたりは、一九七〇年代に猖獗《しょうけつ》を極めた新左翼のセクト間における「内ゲバ」に似ていなくもありません。

先述したように、皇道派の頭目は荒木（元陸相）と真崎（元教育総監）です。この二人は、公表されている資料をみる限り、まるで双子のように考え方や身の処し方が似ています。まさに名（迷）コンビです。二・二六将校たちの悲劇は、このような親分たちを信用したことにありました。

犬養、斉藤両内閣で陸相を務めた荒木は、台湾に遣られていた真崎を参謀本部次長として中央に呼び戻し、陸軍部内の要職を側近で固め皇道派という派閥を形成します。しかし、統制派の巻き返しによって荒木は辞任し、教育総監となっていた真崎も更迭されます。真崎がその経緯を自分から皇道派の若手将校たちに話したことから、軍内部に統制派を批判する怪文書が出回ります。相沢による永田軍務局長斬殺事件は、この流れの中で起きた事件でした。

皇道派、統制派、それぞれもっともらしい理屈をつけてはいますが、結局のところは陸軍上層部による権力闘争に過ぎません。皇道派にしても事件後、幹部の誰一人として有罪にはなっていないし、もちろん自決もしていません。

ここで、荒木、真崎という皇道派のボスの人となりについて少し触れておきましょう。なかなか、興味深いものがあります。

荒木は、事件前にはさんざん反乱将校たちを持ち上げておきながら、いざ事件が起きるとうろたえ、真っ先に将兵の原隊復帰を呼びかけていました。事件のほとぼりが冷めた一九三八年（昭和十三年)、第一次近衛内閣の文部大臣に就任すると、皇道派の親分らしく「皇道教育」の強化を進め大学にも軍事教練を強制し、軍による思想弾圧を開始します。口を開けば「皇国」、「皇道」、よほど「皇」の字が好きらしく、国軍を「皇軍」と最初に称するようになったのも荒木だとされています。しかし、戦後の東京裁判で岡田啓介は、陸相時代に荒木は天皇を退位させ生後間もない皇太子を即位させようと画策していたと証言しています。もしその証言が本当なら、とんでもない「皇道派」です。荒木は戦後A級戦犯として巣鴨プリズンに収監されましたが、釈放されてからも明るく元気に暮らし八十九歳で天寿を全うしています。

一方のボス真崎も、荒木に負けず青年将校たちをおだてあげ、物心ともに彼らを支援していました。「ジジイ殺し」という言葉がありますが、さしずめ荒木や真崎は「青年殺し」といったところでしょうか。しかも実際に死なせているのですからシャレになりません。しかし、事件収束後に起訴され軍法会議にかけられた真崎は、事件との関わりを全面的に否認しています。真崎の主張は受け入れられ、判決は無罪となりました。これには盟友荒木でさえ「判決理由として、ひとつひとつ真崎の罪状をあげている。そして、とってつけたように主文は「無罪」。あんなおかしな判決文はない」と述べています。また、反乱将校の一人磯部浅一は証人として出廷していましたが、真崎の保身のための不様な弁明にはよほど幻滅したようで、手記では「真崎」と呼び捨てにして激しく非難しています。また、事件後は知らぬ顔の半兵衛を決め込む真崎や荒木らを「叛乱幇助罪」で告発しています。

なお、敗戦後A級戦犯と指定された東京裁判での尋問でも、真崎は真崎らしさをいかんなく発揮しています。その供述内容は東條ら統制派軍人や木戸幸一内相への責任転嫁と自己弁明に終始し、皇道派のボスとしての矜持や、反乱将校を死なせたことに対する自責の念の欠片《かけら》もありません。

現代史を専門とする歴史学者秦郁彦は、著書『軍ファシズム運動史』の中で真崎に触れ、戦前も戦後も一貫して「腹黒い野心家」、「青年将校を裏切った卑怯者」であり、「その本質は強きを助け、弱きを虐げる小心翼翼とした官僚型野心家」だったと酷評しています。

また、同じく歴史学者で米国立公文書館に保管されていた東京裁判関連の尋問調書を調査した粟屋憲太郎は、真崎が尋問中に繰り返した「中学時代から親米派だった」という供述や、二・二六事件に関する尋問で「返答に詰まると数珠を出して拝む」等の記録から、「これまで読んだ尋問調書のうち、真崎の調書は最も格調の低いものの一つであった」と断じています。

ちなみに真崎の遺稿には、尋問中「自分の欠点は他人に対して威張ることが極度に嫌いだったことだ」と述べると、アメリカ人検事が「それはリンカーンと同じです。あなたは日本的デモクラシーだ」と言って喜んだと記されています。そんな駄弁が功を奏したのか、真崎は「軍国主義者ではなく、二・二六事件では被害者」だったとされ不起訴となり、軍人の中では最も早く釈放されています。東京裁判とはつくづくいい加減な裁判だったのだなあ、と改めて思う私です。

真崎語録の中でもとびきりの言葉を最後にあげておきましょう。真崎が収監されていた一九四五年（昭和二十年）十二月二十三日の日記には、「今日は皇太子殿下の誕生日である。将来の天長節である。万歳を祈ると共に、殿下が大王学を修められ、父君陛下の如く奸臣に欺かれ国家を亡ぼすことなく、力強き新日本を建設せられんことを祈る」と記されています。つまり、日本を滅ばしたのは奸臣に騙された昭和天皇だ、と言っているわけです。戦争の結果責任を天皇に押し付けているわけです。開いた口がふさがりません。

荒木や真崎にとって、「皇道」だの「親政」だのといった言葉はいったい何だったのか。こうした一連の記述を目にする時、私は涙が出そうになります。これでは、銃殺された青年将校たちも浮かばれないでしょう。

さて、事件当初、陸軍首脳部の皇道派はもちろん統制派も決起将校たちに同情的、あるいはどっちつかずの態度でした。決起した当の将校たちも、楽観視していたようです。というのも、決起の前年から、磯部（元一級主計）や安藤大尉らは荒木、真崎、山下奉文少将、川島義之陸相ら複数の陸軍幹部と接触し、彼らの意向を探っていたからです。そして、陸軍上層部は自分たちの決起に理解を示していると判断しています。また、血盟団事件や五・一五事件の実行犯に対する緩い処罰も頭にあったと思われます。

真崎は資金援助を依頼に来た磯部に対してその手配を約束していますが、「何事か起こるなら何も言ってくれるな」とちゃっかり保険をかけておくことを忘れていません。その他山下少将は蹶起趣意書を読みながら黙って添削し、川島陸相はニコニコしながら酒をふるまっている。将校たちが「いける！」と考えたのも無理はありません。

事件後、獄中で記された磯部浅一の手記によると、二月二十六日、反乱将校が占拠している陸相官邸を訪れた真崎は、出迎えた磯部や香田清貞大尉らに「とうとうやったか、お前たちの心はヨォックわかっとる、ヨォッークわかっとる」と言ったと記されています。まったく、何が「ヨオックわかっとる」んだか。

しかし、二十六日の時点では陸軍中枢の空気は総じてこのようなものでした。おそらく、血盟団事件や五・一五事件の時のような収拾を考えていたのでしょう。真崎は反乱将校たちに対しては軽い処分にし、これを機に陸軍を皇道派の支配下に収め、軍部（陸軍）独裁体制を成立させようと考えていたようです。

真崎はオロオロしている川島陸相の尻を叩き、反乱将校たちの「趣意書」や「要望書」に沿ったかたちで、天皇による昭和維新断行の勅命を受けようとしていました。本当に馬鹿な大将です。

この日、陸相名で次のような告示文が出されています。

一、蹶起ノ趣旨ニ就テハ天聴ニ達セラレアリ
二、諸子ノ真意ハ国体顕現ノ至情ニ基クモノト認ム
三、国体ノ真姿顕現ノ現況（弊風ヲモ含ム）ニ就テハ恐懼ニ堪ヘズ
四、各軍事参議官モ一致シテ右ノ趣旨ニヨリ邁進スルコトヲ申合セタリ
五、之以外ハ一ツニ大御心ニ俟ツ

どう読んでもこの告示文は、「我々はみんな君たちの味方だよ〜」と言ってるようにしか受けとれません。反乱将校たちがガッツポーズをとっている様子が目に浮かぶようです。実際、反乱将校

たちの上官や同僚将校が続々と激励に訪れ、糧食も原隊から運び込まれるような有様でした。

一方、天皇の動きはどうだったか。天皇への事件の第一報は、襲撃された鈴木侍従長の妻からの電話でした。知らせを聞いた天皇の第一声は「とうとうやったか」、「まったく私の不徳のいたすところだ」というものでしたが、驚きはすぐ怒りに転じます。この時から天皇は決部隊を「賊軍」と呼んでいます。これまで積もりに積もった陸軍に対する天皇の不満は、ここにきて爆発しました。そして天皇は、最初から「断固鎮圧」という意思を固められていました。この日午前、拝謁にやってきた川島陸相は反乱軍の「蹶起趣意書」を読み上げて現状況を報告しますが、天皇は「どうしてそのようなものを読み聞かせるのか。速やかに鎮圧せよ」と厳しく命じられています。この時点で、既に天皇は趣意書など歯牙にもかけられていません。

しかし川島は生来鈍いのか、あるいは天皇をなめていたのか、その直後に前掲のような告示文を出しています。おそらく、川島というより陸軍首脳全体が事を穏便に収めようとしていたのでしょう。これまで、さんざんやりたい放題やって（やれて）きたので、大元帥の意思などほとんど気にしていなかったとしか思えません。

ところで、こうした状況の中で一人だけ、やけに張り切っていた軍人がいました。誰あろう、満州から戻っていた参謀本部作戦課長の石原莞爾大佐です。石原は皇道派でも統制派でもありませんが、天皇の意思を知ってか知らずか最初から反乱部隊を「断固討伐すべし」と考えていたようです。

この日、事件を知った石原は、ただちに反乱軍に占拠されていた陸軍省と参謀本部に向かっていきます。磯部浅一の手記によれば、参謀本部で立ちはだかった青年将校たちから「今日はお帰りください」と告げられて、石原は「何が維新だ、何も知らない下士官を巻き込みやがって。維新がやりたかったら自分たちだけでやれ！」と怒鳴り、将校たちはその剣幕に引き下がったそうです。その後、将校たちが執務室に入った石原に「大佐殿は、維新についてどう思われますか」と質問すると、「俺の考えは、軍備と国力を充実させればそれが維新になるというものだ」と答え、続いて「こんなことはただちにやめろ、やめないと軍旗をもって討伐するぞ！」と脅しつけています。若い将校たちにとって、相手は満州国をでっちあげた関東軍の名だたる謀略家、役者が違ったということでしょう。

石原は統制派ではありませんが、そもそも皇道派の親分連中を心底軽蔑していたふしがあります。同じくこの日、石原は陸相官邸に立ち寄った時、玄関に立っていた真崎大将に「お体はもうよいのですか。お体の悪い人がえらく早いご出勤ですね、ここまで来たのも自業自得ですよ」と皮肉を言っています。

また、陸軍省でたまたま遭遇した荒木大将には「バカ！　お前みたいなバカ大将がいるからこんなとんでもないことになるんだ！」と怒鳴りつけています。気色ばんだ荒木が「陸軍大将に向かってバカとはなんだ！　陸軍部内の規律と秩序を考えろ！」と言い返すと、石原は「この状況のどこに規律と秩序があるんですか！」とくってかかり、あやうく乱闘になりかけたそうです。恐れを知らない一匹狼、石原莞爾の面目躍如といったところでしょうか。

しかし、この石原という人物については、正直なところ私にはよく理解ができません。アジアの諸民族が差別なく暮らせる王道楽土を満州につくるという高邁な理想を掲げる一方で、石原は謀略の限りをつくしています。昭和天皇も戦後に「石原莞爾から討伐命令を出していただきたいと言ってきた。いったい石原という人間はどんな人間なのかよくわからない。満州事変の張本人でありながら、この時（二・二六事件時）の態度は正当なものであった」と語られています（独白録）。

ちなみに、この年関東軍は内蒙古の分離独立を画策していましたが、石原が中央の指示に従えと説得に行ったところ、現地参謀の武藤章中佐に「満州事変の時の石原閣下の行動を見習っているだけです」と軽くいなされています。因果はめぐるということでしょう。

さて、二十七日になると状況は俄かに変化します。その原因は、いうまでもなく天皇の激しい怒りでした。

この日、戒厳令の施行と同時に戒厳司令部が設立され、皇道派の香椎浩平中将（東京警備司令官）が戒厳司令官に、参謀本部作戦課長の石原莞爾大佐が戒厳参謀に任命されました。実はこの戒厳令施行は、石原が強く主張したものでした。

もっとも、戒厳令は維新体制を速やかに成立させるため、真崎や決起将校たちが望んでいたことでもありました。対して石原の思惑は、反乱部隊を戒厳司令官の指揮下に置いてまず命令系統を整理し、討伐をやりやすくするというものでした。このあたりの策謀は、石原の十八番とするところです。

しかし、戒厳司令官を含め、この期に及んでなお陸軍首脳たちはグズグズしていたことから、天皇の苛立ちは頂点に達します。事件発生後、天皇は鎮圧の進捗について本庄繁侍従武官長に毎日何度も詰問し、この日だけでも本庄は計十三回呼び出されています。

本庄は決起将校の心情だけでも何とか認めてやっていただけないかと天皇に奏上しますが、天皇は「自分が頼みとする重臣達を殺すとは。こんな凶暴な将校どもに許しを与える必要などない」と一蹴されています。さらに、天皇は前日に続いて拝謁に訪れた川島陸相に対して激怒し、「私が最も信頼する大臣達をことごとく倒すとは、真綿で我が首を締めるに等しい行為だ」、「陸軍が躊躇するなら、私自身が直接近衛師団を率いて反乱部隊の鎮圧に当たる。馬を用意せよ」と言い放たれています。普段の昭和天皇からは考えられない、すさまじい怒りでした。さらにこの日、殺されたと思われていた岡田首相が官邸内で救出されます。これで、内閣の輔弼を受けて出す命令、すなわち奉直命令をいつでも出せる状況が整ったわけで、事態は一気に変わります。

情勢の変化を感じ取った真崎は、反乱将校たちに対して必死に原隊復帰を懇願します。それを受けて野中大尉らは一旦了承しました。しかし、石原は真崎をまったく信用していなかったようで、その夜磯部と村中孝次大尉を呼びつけて「真崎の言うことは聞くな。もう終わりにしろ。昭和維新は俺たちがやってやる」と言っています。石原にも荒木や真崎に踊らされた青年将校たちに対して多少の同情心はあったのでしょう。

翌二十八日、ついに決起部隊を原隊に撤退させよという奉勅命令が戒厳司令官に下命されます。つまり、命令に従わなければ討伐するということです。決起将校たちに同情的だった香椎司令官は、この時点でもなお説得による解決を考えていたことから、奉勅命令の伝達は保留されていました。しかし、説得ではなく討伐をという杉山元参謀次長の強い主張により、やっと香椎も奉勅命令実施を決断します。その間、山下少将が奉勅命令の下達は時間の問題だと告げると、栗原安秀中尉が将校の自決と下士官および兵の原隊帰営、自決を見届ける勅使の派遣を要請します。それを川島陸相と山下少将が本庄武官長を通して上奏すると、天皇は「自殺するなら勝手にさせればよい。このような者共に勅使など論外だ」と厳しく言い放たれています。天皇は最初から最後まで、反乱将校たちに一片の情もかけられていません。ここまで徹底した怒りは、単に将校たちというより、皇道派、統制派を問わず、陸軍そのものに対する絶望的な不信感に根差したものだったと思われます。

さて、上奏の結果が将校たちに知らされると、安藤輝三大尉らは案の定激しく反発し、自決も帰順も白紙撤回します。しばらくして戒厳司令部は武力制圧を表明、反乱軍を包囲しますが、一方の反乱軍も迎撃態勢をとります。一触即発の状況でした。

二十九日朝、戒厳司令部は攻撃開始命令を下すのと同時に反乱軍に最後通牒を出します。有名な「勅命が発せられたのである。既に天皇陛下の御命令が発せられたのである。」から始まる放送『兵に告ぐ』です。また、飛行機から次のようなビラも散布されています。

下士官兵ニ告グ
一、今カラデモ遅クナイカラ原隊へ歸レ
二、抵抗スル者ハ全部逆賊デアルカラ射殺スル
三、オ前達ノ父母兄弟ハ國賊トナルノデ皆泣イテオルゾ
二月二十九日　　戒嚴司令部

最初に出された告示文とは、一八〇度異なる内容です。指揮した将校たちにとっては、まさに天国から地獄でしょう。陸軍首脳部も罪深いことをしたものです。

いずれにせよ、こうなるともう反乱将校たちには打つ手がありません。結局、直属上官たちの必死の説得もあり午後になって下士官および兵はそれぞれ原隊に帰順し、安藤大尉は自決を図るが失敗。残った将校たちは陸相官邸に集まり陸軍首脳と面会、調書をとられます。この時、首脳部は棺桶を三十ほど用意していました。まったく、手回しの良いことです。もちろん、棺桶を用意したのは彼らの自決を期待していたからです。クーデターが失敗した以上、首脳部にとって次善の結末は反乱将校たちが自ら死んでくれることでした。しかし、野中四郎大尉が自決ではなく法廷闘争を展開することを強く主張したことから、将校たちは逮捕を受け入れます。なお、野中自身はこの時に自決しています。四日間にわたって日本を震撼させた事件は、こうしてあっけない幕切れを迎えました。なお同日、国家社会主義者北一輝と西田税も逮捕されています。

ところで、『木戸日記』によると事件収束後、天皇は「事件の経済界に影響、特に海外為替が停止になると困ると考えていた。しかし、比較的早く事件が片づき、さしたる影響もなかった。本当によかった」と発言されています。天皇は、単に怒りに任せて事件の早期収拾を命じたのではありませんでした。事件が海外に及ぼす影響とそれによる日本経済にまで目を配っていたのは、大蔵官僚を除けば天皇くらいだったのではないでしょうか。

陸軍省は、ともかく事件の処理を急いでいました。事件後直ちに緊急勅令による特設軍法会議の設置を決定し、三月四日には東京陸軍軍法会議が設置されています。特設軍法会議とは、通常の軍法会議と異なり一審制、非公開で弁護人はいないという特殊な裁判です。とてもじゃないけれど、逮捕された将校たちが法廷闘争をできるような環境が保証された裁判ではありません。血盟団事件や五・一五事件の時とは打って変わって、「迅速」に「極刑」を、というのが当初から陸軍上層部の意志でした。死人に口なしというわけです。要するに、法廷闘争なんかされては困るのです。

二・二六事件の裏では、当然皇道派の将軍をはじめ多くの幹部軍人が関わっていたはずです。それが法廷ですべて明らかになると、陸軍に反感を持つ天皇や文民政治家、あるいは海軍から陸軍全体に批難が集中しかねません。皇道派、統制派を問わず、そうした事態は陸軍として絶対に避けなければならなかった。そこで、陸軍が描いた事件の構図は「血気にはやる青年将校が不逞の思想家に吹き込まれて暴走した」というものであり、実際そう公表されました。ここでいう不逞の思想家とは、もちろん北と西田のことです。そして、裁判自体の内容は何も公表されていません。密室裁判といってもいいでしょう。公判記録は、戦後になっても長らく公表されませんでした。

担当した吉田悳裁判長は「北一輝と西田税は事件に直接の責任はない。不起訴ないしは執行猶予付きの禁固刑が妥当」と主張しました。しかし川島陸相の後任寺内寿一陸相は、「両人は極刑にすべきである。両人は証拠の有無に関わらず黒幕である」と圧力をかけています。荒木や真崎を差し置いて北と西田を死刑にするなんて、まあ無茶苦茶といえば無茶苦茶な裁判です。しかし北や西田は、判決を従容として受け入れました。荒木や真崎とはえらい違いです。

結局、死刑になったのは自決した野中大尉を除き、香田清貞大尉、安藤輝三大尉、栗原安秀中尉、竹蔦継夫中尉、対馬勝雄中尉、中橋基明中尉、丹生誠忠中尉、坂井直中尉、田中勝中尉、中島莞爾少尉、安田優少尉、高橋太郎少尉、林八郎少尉、村中孝次大尉、磯部浅一元一等主計官、それに北一輝と西田税です。佐官以上の位階の軍人で有罪になった者は一人もいない、何とも後味の悪い裁判でした。

二・二六事件が問いかけるもの

ところで、明治憲法では国策を決定するには国務大臣の副署名が必要とされています。張作霖爆殺事件の収拾に関して田中義一首相を叱責したことで内閣が倒れたというトラウマが天皇にはあり、それ以来「立憲制下の君主」であることを頑なに自身に課せられていました。その意味では、二・二六事件時の天皇の鎮圧命令は明らかに立憲を逸脱したものでした。もっとも、天皇を輔弼すべき首相も内相も不在であり、天皇自ら指揮をとらざるを得ない非常事態であったことも事実です。また、立憲制の土台となる内閣の要人が襲撃されているのですから、立憲もクソもない状態だったということもできます。

ここで、最初にあげた問いに戻ります。二・二六事件とは何だったのか、と。事件そのものの構図は比較的単純です。要するに陸軍内の二大派閥による権力闘争であり、二・二六はたまたま皇道派が仕掛けたものだったというだけです。もっとも、皇道派の幹部たちは、これほど大きなことを反乱将校たちがしでかすとは思っていなかったふしもありますが。そもそも、皇道派も統制派も天皇の側近の影響力を削ぎ、政党政治を排して軍部独裁体制を確立し、対外的には武力による拡張政策をとるという戦略は同じです。そして、一部の例外を除き天皇の意思を無視するという点でも共通しています。したがって、仮にクーデターが成功して皇道派が権力を握り、真崎首班の政権ができていたとしても、その後の歴史的経緯は何ひとつ変わらなかったと私は思います。

私が二・二六事件を通して考えなければならなかったのは、こうした軍部高級官僚の思惑ではなく皇道派将校たちの行動に対する評価です。というのも、戦後の右翼、民族派活動家、さらにいえば私が強い影響を受けた三島由紀夫や野村秋介も、他ならぬこの二・二六将校たちに強いシンパシーを抱いていたからです。もちろん、若い頃の私もそうでした。

二・二六将校たちが掲げた昭和維新の核となっているのは「天皇親政」です。字義通り解釈すると、天皇が自ら国家の指揮をとるということになります。でも、明治維新だって「天皇親政」ですよね。どこが違うかというと、「立憲」という概念の有無です。そもそもテロによるクーデターそのものが立憲制度を破壊するものです。おそらく二・二六将校たちは、究極的には政党や議会は必要ないと考えていたのではないでしょうか。彼らが決起した背景には、現在の日本とは比較にならないほどの格差社会と、困窮を極めていた農民たちの存在がありました。そして、その元凶は天皇の側近や財閥をはじめとする資本家と癒着した政治家たちであり、これらを排除し（殺し）天皇が直接統治すれば社会の矛盾はなくなり正義の国体が顕現する、大雑把にいえば彼らの基本的考えはそのようなものでした。それは、天皇親政の下にアジア的農本主義とテロリズムが結びついたものといえなくもありません。

二・二六将校たちを特徴づけているのは、天皇への絶対帰依とその行動様式です。青年将校たちの動機はあくまで純粋であり、その行動はどこまでも命懸けの過激なものでした。

戦後の私を含む民族派活動家が、二・二六将校たちのイメージにどうしようもなく引き寄せられたのは、彼らが尊皇、社会正義の追求、直接行動といったシンプルなテーマを体現したからに他なりません。そして、二・二六将校の行動様式を、最も過激なかたちで戦後の日本において露出させたのは、三島由紀夫と野村秋介でした。

しかし、私にはこの事件を通してどうしても考えなければならないことがありました。それは、他ならぬ「天皇」の意味と直接行動（テロリズム）の意味についてです。我々日本人は天皇をどのように位置付ければいいのか。天皇が体現するものは何か。「自己の天皇像」を肯定するために「現実の天皇」を否定することは許されるのか。そして、自己の信念と異なる考えを持つ勢力ないしは個人に対して、直接行動による制裁を加えることは正当なことなのか。後述しますが、その内的作業は私にとって非常に辛いものでした。

ともあれ、現象的にはクーデターは失敗に終わり、陸軍から皇道派は一掃されます。しかし、陸軍の権力はこの事件で弱まるどころか益々増大していきます。政党政治は既に体をなしていませんでしたが、二・二六を契機に軍部は完全に権力を掌握することになります。軍部の意向に逆らうということは、死を覚悟しなければならないことだと誰しも考えるようになったわけです。その意味で、陸軍にとって二・二六将校たちは、結果的にではあれ非常に利用のしがいがあったということになります。

二　亡国戦争

どこまで続く泥濘《ぬかるみ》ぞ

一九三七年（昭和十二年）七月七日、七夕の夜に北京の近郊盧溝橋《ろこうきょう》付近で鳴り響いた銃声。盧溝橋事件です。夜間演習中の北支駐屯軍に国民政府の第二十九軍から発砲され、兵士一人が行方不明となったとされる事件です。兵士は下痢でたまたま隊を離れていて、後で戻って来たといわれていいます。ただ、誰が本当に撃ったかはいまだに不明です。中国共産党の陰謀だとか、いや日本軍の陰謀だとかいわれていますが、確証はありません。

ともあれ、日本軍も応戦し双方に若干の死者が出ましたが、とりあえず停戦協定が結ばれます。その後小競り合いがありますが、本国の近衛文麿内閣は対中強硬策を決定し、関東軍、朝鮮軍および内地から十万もの軍を北支に派遣します。

これに対して蔣介石も抗日方針を固め、事件は支那事変という戦争に昇格することになります。事件当初、参謀本部の作戦部長だった石原莞爾は戦線不拡大方針を立てていましたが、作戦課長であった武藤章がまたしても上司の石原に逆らい強硬策を主張し、また陸軍省の大勢も「南京政府膺《よう》懲《ちょう》」に傾いていました。翌一九三八年、近衛首相は「国民政府を相手とせず」という声明を出し、日中双方大使を召還します。和平の糸口は断たれました。

こうして日本軍は、「盧溝橋の銃撃」を契機に、一九四五年（昭和二十年）の敗戦まで続く中国との泥沼のような戦争に突入するわけです。

一方この時期、中国共産党の働きかけにより、蔣介石の国民党（南京政府）と毛沢東の共産党による統一戦線が形成されます。いわゆる第二次国共合作であり、中国軍はそれまでの内戦を停止し、「抗日」で意思統一された軍となったわけです。

戦線はさらに上海にも飛び火し、十二月には南京侵攻、そして広東、武漢の占領と、日本軍は個々の戦闘で勝利を重ねますが、陸軍首脳部の期待を裏切って中国軍は屈することなく徹底抗戦を続け、兵の士気は益々高まっていきます。それはそうでしょう。中国のような歴史を持つ国が、国を侵略されて黙って従うわけがありません。日本は中国の民族感情をなめていたのです。

ところで、支那事変に対して国際社会からの批難が高まっていたこの時期、天皇の失望と怒りは深いものでした。二・二六事件の処置によって、軍部は大人しくなるかと思いきや、益々権力を拡大し暴走していくわけですから天皇もたまりません。

対中国強硬派であった杉山陸相が「中国派兵は自衛行動、軍部に領土的野心はありません」と奏上したところ、二・二六事件で更迭された本庄の後任侍従武官長宇佐美興屋《おきいえ》を呼んで「（杉山が）そう言うなら、外国新聞の東京駐在員を呼んで大臣自ら日本は領土的野心はないと言ったらどうか」と皮肉られています。

また、杉山の後任板垣征四郎陸相と閑院宮《かんいんのみや》参謀総長を呼びつけ「この戦争は一時も早くやめなくちゃあならんと思うが、どうだ」とも言われています。

さらに怒りが収まらないのでしょう、満州事変の首謀者である板垣陸相に「そもそも陸軍のやり方はけしからん。満州事変の柳条湖の場合といい、今回の盧溝橋のやり方といい、中央の命令にはまったく服しないで、ただ出先の独断で朕の軍隊としてあるまじきような卑劣な方法を用いることもしばしばある。まことにけしからん話であると思う」、「今後は朕の命令なくして一兵たりとも動かすことはならん」とまで言い放たれています。

まったく、天皇にとって軍部、特に陸軍は「けしからん」ことばかりやる不忠の輩たちでした。しかし、カエルの面にションベン、何を言っても天皇の意思を尊重する気など軍部には毛頭ありません。あくまで憲法に従う立憲君主でありたいという思いと軍部の暴走という現実に引き裂かれ、天皇は苦悩の日々を送るしかありませんでした。

中国軍は、結局日本の敗戦まで抗日戦争を止めることはありませんでした。どんな精強な軍でも、戦争が長引けば戦いに倦み規律が弛緩してくるものです。攻めても攻めても屈服しない中国軍を相手にするうちに、「皇軍」は「蛮軍」に変容していきます。この頃、まともな将軍たちは異口同音に「皇軍の退廃」ということを言っています。

中国大陸で日本軍は数多の蛮行を働いていますが、特に上海と南京はひどい有様でした。上海総領事の外務省への報告には「掠奪、強姦、目もあてられぬ惨状」、「ああ、これが皇軍か。日本国民民心の退廃であろう」とあり、南京領事からは入城後の兵士たちの「掠奪、強姦、放火、虐殺」が数多くあったと報告されています。

現在、いわゆる「南京事件」で殺害された捕虜や一般市民の数については、三十万人、二十万人、三〜四万人と諸説ありますが（数えたんか！）、正確な数などわかるはずないじゃないですか。ただ、先の領事館の報告、当時南京に居留していた外国人や日本軍兵士たちの証言、そして何より司令官だった松井石根《いわね》大将の証言、後任の司令官畑俊六大将、岡村寧《やす》次《じ》大将が聞き及んだ証言等から、大量の中国人が殺害され、多くの掠奪や強姦があったことは間違いないはずです。それにもかかわらず、現在の保守論者の中には「南京事件なんてものはなかった。すべて中国のプロパガンダだ」、「南京で虐殺された中国人はゼロだった」と言い張る連中がいるのには困ったものです。いずれにせよ、「数」を問題にするのはナンセンスです。三万人しか殺さなかったから許されて、三十万人だったら許されないというわけでもないでしょう。

南京攻略時の司令官だった松井石根大将は、将兵たちに軍規厳守を申し渡していました。しかし、南京攻略の前に、陸軍省は梅津美治郎陸軍次官名で、捕虜の虐待を禁じたハーグ陸戦条約の「厳密遵守の必要なし」、「捕虜という名称もなるべく使わないように」、と現地軍に通達しています。要するに、捕虜を給養するのは効率が悪いから殺せということを暗に示唆しているわけです。これでは、将官たちが松井の命令を無視するのも無理はありません。

戦後、戦犯として処刑された松井に、巣鴨プリズンで面談した戦犯教誨師花山信勝は、松井が南京事件について師団長級の道徳的堕落を痛烈に批判して、次のような感慨をもらした、と著書に記しています。

「南京事件はお恥しい限りだ。南京入城の後、慰霊祭の時に、シナ人の死者も一緒にと私が申したところ、参謀長以下何もわからんから日本軍の士気に関わるでしょうと言った。私は日露戦争の時大尉として従軍したが、その当時の師団長と今度の師団長などを比べると問題にならんほど質が悪い。日露戦争の時はシナ人に対してはもちろんだがロシア人に対しても、捕虜の取扱いその他うまくいっていた。今度はそうはいかなかった。武士道とか人道とかいう点では、当時とはまったく変っていた。慰霊祭の直後、私は皆を集めて軍総司令官として泣いて怒った。(皇軍は)皇威を輝かしていたのに兵たちの暴行によって一挙にしてそれを落してしまった、と。ところが、この後で、皆が笑った。ある師団長などは「それくらい、当り前ですよ」とさえ言った。私だけでもこういう結果になる(処刑される)ということは、当時の軍人たちに一人でも多く深い反省を与えるという意味で大変に嬉しい。せっかくこうなったのだから、このまま往生したいと思っている」

松井の死刑判決には、主席検事ジョセフ・キーナンでさえ「馬鹿げた判決だ。松井の罪は部下の罪だ。終身刑で十分ではないか」と批判しています。陸軍にもまともな将軍はいたのです。

なお、一九三八年(昭和十三年)には国家総動員法が成立します。これは、戦争遂行のために国家の人的・物的資源を統制管理する法律であり、中国で展開している大規模な軍費の捻出が通常の経済システムでは困難となったことが背景にありました。

三国同盟とABCD包囲網

泥沼のような様相を呈している日中戦争の最中、一九三九年(昭和十四年)満州国とモンゴル人民共和国の国境付近でそれぞれの国境警備隊が交戦しますが、これがそれぞれの宗主国である日本とソ連の大規模な戦闘に発展します。結果は、相手を過小評価した日本軍がソ連の圧倒的物量の火力によって敗戦に近いかたちでの停戦となりました。

また、この年には明治政府が懸命の努力の末に不平等条項を改正した日米通商航海条約の破棄をアメリカから通告されます（翌年発効）。日本の中国における経済的利権の独占に不満を募らせていたアメリカは支那事変以降、蔣介石政権に東南アジアのいわゆる援蔣ルートを通じて軍事援助をしています。したがって、通商条約破棄は十分予想されたはずです。戦略物資の多くをアメリカに依存していた日本は、この通告に大きな衝撃を受けています。要するに、軍部は普通の戦略的想像力さえ持っていなかったのです。後述するように、そうした想像力を持っていたのは天皇と一部の海軍官僚だけでした。

外交面では孤立し、また日中戦争は解決の糸口さえ見つからない。にっちもさっちもいかない局面を打開するために、三国同盟締結、南方への武力侵出、大政翼賛会設立と、この時期の日本政府や軍部は泥縄式に政策を決定していきます。

三国同盟は、日独防共協定（一九三六年）、日独伊防共協定（一九三七年）の延長上にあるもので、防共協定より具体的な軍事同盟です。日本は外交上の孤立を打開するため、英米と対立していたドイツ、イタリアとの同盟で打開を図ろうとしました。敵の敵は味方というわけです。一九三九年（昭和十四年）、同盟締結にのめり込んでいた駐独大使大島浩、駐伊大使白鳥敏夫は同盟案に参戦条項を盛り込むべきと主張し、あろうことかそれぞれ独断で独伊政府に両国が第三国と交戦となった場合日本は参戦の用意があると伝えています。

これには天皇も相当腹を立てられたようで、「出先の両大使がなんら自分と関係なく参戦の意を表したことは、天皇の大権を犯したものではないか」と苦言を呈されています。「参戦は絶対に不同意なり」、これが天皇の意思でした。そもそも天皇は、三国同盟に強く反対されていました。理由は、アメリカを刺激することを恐れたからです。

平沼騏一郎首相や板垣陸相ら陸軍主流は同盟を強く推しますが、天皇や米内光政《よないみつまさ》海相、海軍次官山本五十六ら英米協調派の反対、そしてノモンハン事件の最中に独ソ不可侵条約が締結されたことにより、同盟締結は頓挫します。天皇は、三国同盟の交渉打ち切りを「海軍がよくやってくれたおかげで日本の国は救われた」と喜ばれました。よほど、この同盟が嫌だったのでしょう。英国贔屓の天皇です、無理もありません。

しかし、翌一九四〇年（昭和十五年）になると情勢は大きく変化します。ヒトラーの電撃作戦によりフランスとオランダが降伏し、イギリスも苦しい戦いを強いられます。ドイツの快進撃に第二次近衛内閣と陸軍は俄然色めき立ち、「バスに乗り遅れるな」とばかり三国同盟締結および南方（東南アジア）への武力侵攻を決定します。このように、三国同盟と武力南進はリンクしたものであり、英仏蘭がドイツによって弱体化されているうちに南方の資源をかっぱらってしまおう、わかりやすくいえばそういうことです。これに対して天皇は「（国益の為なら手段を選ばぬという）マキャベリズムのようなことはしたくないね」と語られています。

一九四一年（昭和十六年）三国同盟が締結されると、天皇は失望すると同時に静かな怒りを顕わにされます。近衛首相が同盟締結を上奏すると、「ドイツやイタリアのごとき国家とそのような緊密な同盟を結ばねばならぬようなことで、この国の前途はどうなるか。私の代はよろしいが私の子孫の代が思いやられる」、「この条約（三国同盟）は非常に重大な条約で、このためアメリカは日本に対してすぐにも石油や屑鉄の輸出を停止するだろう。そうなったら、日本の自立はどうなるのか。この後長年月にわたって大変な苦境と暗黒のうちに置かれることになるかもしれない。その覚悟がお前（近衛首相）にあるか」と難詰されています。残念ながら、天皇の絶望的予測はことごとく当たってしまいます。

一九四〇年（昭和十五年）から一九四二（昭和十七年）年にかけて実行された南方作戦の最初の侵攻は、北部仏領インドシナでした（一九四〇年）。続いて間を置かず南部仏領インドシナに進駐します（一九四一年）。

天皇は欧州で英仏がドイツに苦しめられている間に、彼らの植民地を奪おうという軍部の方針に対して「自分としては主義として相手方の弱りたるに乗じ要求を為すが如き、いわゆる火事場泥棒式のことは好まない」と再び批判されています。

一方、この時点でアメリカは日本の仏領インドシナへの進駐を、ヨーロッパにおけるドイツの侵攻作戦と連携したものと捉え、石油の対日全面禁輸を実行します。この禁輸は、帝国陸海軍にとって想定外だったようで大きな衝撃を受けています。しかし、アメリカは日本軍と戦っている蔣介石政権を支援し、ドイツと戦っているイギリスを支援しているのです。天皇以外、政府も軍部もこうした事態が起こることを想像しなかったのが不思議でなりません。当時、日本は石油の約六割をアメリカ、約三割をオランダ領東インドに依存していました。そして、日本の石油備蓄量は一年半分。つまり、アメリカからの輸入によって日本は中国での戦争を継続していたということであり、論理的に大きな矛盾を抱えていたわけです。いずれにせよ、この時点で大東亜戦争は負けていたのです。

ともあれ、アメリカがダメなら南方があるさ、という泥縄式の発想で日本は南方作戦を展開します。この大掛かりな作戦の対象は、フランス領インドシナ（ベトナム、ラオス、カンボジア）、オランダ領東インド（インドネシア）、イギリス領ボルネオ、マレー（マレーシア、シンガポール）、ビルマ（ミャンマー）、タイ、ほぼ東南アジア全域でした。目的は植民地化による石油をはじめとする資源の獲得と援蔣ルートの遮断です。

ちなみに、陸軍内の異端分子であった石原莞爾は、「日米開戦となれば資源のない日本は必然的に南方の資源に頼らなければならない。しかし、南方との長い補給線を長期にわたって維持することは困難であり、輸送船は撃沈され、その結果日本の資源は枯渇する。したがって勝敗の帰結は自ずから明らかである」と断言し、南進戦略には勝算がなく、たとえ屈辱的であろうがアメリカとの戦争は絶対に不可だと主張しています。

この南方作戦は、ＡＢＣＤ（米英中蘭）包囲網に対抗する自存自衛、「大東亜新秩序の建設」のための聖戦と喧伝されました。

確かに大東亜戦争は、ＡＢＣＤ包囲網に対抗する自存自衛の戦いだったのでしょう。戦後の右翼や保守派もそう言っています。しかし、「自存自衛」の内実は中国における満州の植民地化、東南アジア諸国の植民地化、つまり日本の掠奪に横槍を入れてくる欧米からの自衛です。また、「大東亜共栄圏」、「アジアの植民地解放」という名目も実に正しく気高い標語だと思います。けれども「解放」の内実は、掠奪、強姦、放火、虐殺を伴った侵略でした。昭和天皇の意思にことごとく反する反天皇主義、反知性主義、帝国主義的攘夷主義の現実的発露でした。結論をいえば、大東亜戦争はまったく「義」のない戦争だった。無論、欧米に「義」があったなどと言うつもりは毛頭ありません。欧米からみた大東亜戦争の基本構図は、アジアは欧米列強の縄張りなのに、生意気にも縄張り荒らしをする極東の新興ギャング日本は許せん、懲罰を与えよう、わかりやすく言うとそういうことです。ただ、「自存自衛の戦争」を実行した日本の指導層は、アジア諸国の民族感情に一片の配慮もしない連中であり、植木枝盛、葦津親子、そして北一輝のような民族主義者でも、アジア主義者でも、そして天皇主義者でもなかったということは指摘しておきたいと思います。

さて、必然的帰結というべきか、一九四一年（昭和十六年）十二月八日未明、帝国海軍は真珠湾奇襲攻撃を実行、日本の運命を決定付けた対米戦争の火蓋が切って落とされます。

日本は、中長期にわたる戦争遂行を可能にする資源を用意せず、中国、東南アジア、太平洋においてヤケクソともいえる三正面作戦を強行することになります。さらにいえば、潜在的敵国であるソ連をも牽制しながらの戦争でした。

御前会議

「いわゆる御前会議というものは、おかしなものである。枢密院議長を除く他の出席者は、全部既に閣議または連絡会議において意見一致の上で出席しているので、議案に対し反対意見を開陳し得る立場の者は枢密院議長ただ一人であって、多勢に無勢、いかんともなしがたい。まったく形式的なもので、天皇には会議の空気を支配する決定権はない」（独白録）

対英米開戦まで、御前会議は七月二日、九月六日、十一月五日、そして十二月一日、都合四回開かれています。出席メンバーは、原則として首相、枢密院議長、国務大臣、内大臣、陸軍参謀総長、海軍軍令部総長です。

七月二日の会議では、南方進出と対ソ戦の準備、およびアメリカの参戦を防ぐため外交努力をするが万一の場合対英米戦を辞さずという方針が決められました。九月六日の会議ではアメリカの石油全面禁輸を受けて対英米戦を決意、十一月五日の会議で南方作戦と対米英蘭の武力発動を十二月初旬と決定し、十二月一日の会議で英米蘭との開戦が裁可され開戦日を十二月八日とすることが最終決定されました。

しかし、アメリカとの開戦方針がすんなり決まったわけではありません。開戦までの五か月間の間には、紆余曲折がありました。海軍と陸軍の省益をめぐる対立、現状打開にあたって外交を主とするか武断を主とするか、それぞれの思惑が交差します。そんな中、天皇は最初から最後まで和平を望まれていました。

ただ、アメリカとの戦争は当初、内大臣や外相はもちろん陸海軍も望んではいませんでした。そのため、コーデル・ハル国務長官と野村吉三郎大使との間で交渉が続けられます。七月の会議以前にハルが提示した交渉の前提となる条件は次のようなものでした。

1　すべての国の領土と主権尊重

2　他国への内政不干渉を原則とすること

3　通商上の機会均等を含む平等の原則を守ること
4　平和的手段によって変更される場合を除き太平洋の現状維持

アメリカの提案の核心は、中国からの撤兵と三国同盟の死文化でした。しかし、松岡外相はハル提案に対して逆に三原則を提示します。その内容は、

1　支那事変への貢献
2　三国同盟に抵触しないこと
3　国際信義を破らない

というものですが、1は蔣介石政権にアメリカが圧力をかけ日中戦争を解決する、2は三国同盟を承認せよ、3の国際信義とはドイツへの信義という意味であり、アメリカの意図とは真反対の提案です。

ともあれ、日本側は近衛ルーズベルトの首脳会談の提案など、それなりの努力はしましたが、南部フランス領インドシナに日本軍が進駐するとアメリカは硬化し、石油の全面禁輸に踏み切ったことは前述の通りです。

こうして、アメリカとの戦争が避けられないという空気が強まる中、九月六日の御前会議の前日、天皇は杉山元参謀総長と永野修身軍令部総長を呼んでいます。そして杉山総長に「日米に事が起き

た場合、陸軍はどれくらいの期間を考えているか」と問うたところ、杉山総長は「南洋方面は三カ月くらいで片づけるつもりであります」と答えました。すると天皇は、「お前は支那事変当時の陸相だったが、事変は一カ月くらいで片づくと言ったように記憶する。しかし、四カ年も経つのにまだ片づかないではないか」と難詰されます。杉山が恐懼して「支那は奥地が広く予定通りに作戦が進まない云々」とくどくど弁明するのに対して、天皇は声を荒げ「支那の奥地が広いと言うなら、太平洋はもっと広いぞ。いかなる確信があって三カ月と言うか」と叱りつけられています。

翌日の御前会議では、通常は発言をされない天皇が突如、明治天皇が日露戦開戦にあたって詠まれた御製を読み上げられます。

四方の海　みなはらからと思ふ世に　など波風の立ちさわぐらむ

続けて「私は常にこの御製を拝唱して、故大帝の平和愛好の御精神を紹述せんと努めているものである」と発言されています。

そもそも、天皇家では神宮は平和の神であるとされています。日清戦争の時も、宮内相が神宮に勅使を出す相談を明治天皇にしたところ、「政府がこの戦争はどうしても避けられない戦争だと言うから裁可したのだ。勅使を出すなどとんでもないことだ」と激怒されています。

しかし、例によって天皇の意思は入れられることなく、原案通り十月上旬になっても交渉がまとまらない場合は開戦ということに決定しました。

東條英機の変心

ところで陸軍、特に東條陸相は中国からの「撤兵」は絶対に受け入れられないという考えであり、対英米超強硬派でした。天皇の意を受け撤兵も止む無しと考えていた近衛に激怒して、「撤兵は心臓である。これまで、譲歩、譲歩、譲歩と譲歩を重ね、この上心臓まで譲る必要がどこにあるか。これでは外交ではなく降伏だ」と罵倒しているくらいです。

近衛は、天皇をはじめとする和平派と陸軍の間で揺れ動き、結局のところ政権を投げ出してしまいます。第三次近衛内閣が組閣されて、わずか三カ月のことでした。

しかし、それから間を置かず、実に興味深いことが起こります。他ならぬ東條の変節です。これは、緊迫した五カ月間にわたる対米交渉の中で、ハイライトともいえることでした。

近衛の後継については、混乱した状況の中で、宮家であり東條を含む陸軍にも受けのいい東久邇宮でまとまりかけました。しかしここで、木戸幸一内大臣が東條首班という奇策を繰り出します。天皇の意を受けた和平派の木戸が強硬派の東條を推薦する、これには周囲も驚いたようです。木戸の目論見は、東條なら陸軍を抑えられる、そして何より東條は天皇への絶対的忠誠心を持った軍人である、したがって対米交渉を和平に持っていくには東條首班しかない、というものでした。そして、木戸の目論見は成功します。

組閣の大命を下すにあたって、天皇は東條に憲法を遵守し、九月六日の御前会議の決定を白紙に戻し対米戦争を回避するよう極力尽力してくれ、と伝えられています。

東條はその日、「和平だ、和平だ、聖慮は和平にあらせられるぞ」と叫びながら陸軍省の廊下を歩いて執務室に入ったといわれています。

これまでの強硬姿勢が嘘だったかのように、東條は馬車馬のように和平に向けて働き始めます。外相に有能で英米協調派の東郷茂徳を据え、さらに栗栖三郎を特命全権大使に任命し野村大使を補佐させるといった念の入れようです。栗栖は、陸軍中枢に栗栖の乗った飛行機が堕ちるよう祈った者までいるといわれるくらい親英米派の外交官でした。

また、首相就任の直前、武藤軍務局長ら対米強硬派が「どんなことがあってもフランス領インドシナから撤兵すべきではない」と文書で東條陸相に進言した際には、「君達の名文は拝見しましたが、私は天子様がこうだとおっしゃったら、はいと言って引き退ります」と言って文書をつき返したそうです。

ちなみに、東條はそれまで陸軍部内で「勤皇には狭義と広義二種類がある。狭義は君命に愚直に従う。和平せよとの勅命があれば直ちに従う。広義は国家永遠のことを考え、たとえ勅命があってもまず諫め、度々諫言しても聴き入れられなければ陛下を強制してでも初心を断行する。私は後者だ」と訓示していました。言っていることとやっていることがまるで違います。頭ではそう考えていても、心はどうしても天皇に寄り添ってしまうということでしょう。私が思うに、東條は本当に昭和天皇のことが好きで好きで仕方なかったのではないでしょうか。まさしく承詔《しょうしょう》必謹《ひっきん》、臣東條英機といったところです。

話はちょっとそれますが、ここで東條英機という人物についてもう少し述べてみたいと思います。

戦後、東條はA級戦犯の筆頭として、軍国主義の権化のような独裁者といったイメージが主として左翼によって流布されています。また、皇道派命の戦後の右翼や民族主義者の間でも、統制派東條の評判はよくありませんでした。しかし、東條は哀しいほどに「天皇絶対」の人でした。天皇原理主義者といってもいいでしょう。先述のように、自説を曲げてでも天皇に従う忠臣でした。天皇親政を掲げた皇道派の親分連中とはえらい違いです。昭和天皇も戦後、東條について木下道雄侍従次長に「彼ほど私の意見を直ちに実行に移したものはいない」と語られています。

確かに、生来の狭量な性格からか、あるいは関東軍憲兵司令官だったという経歴からか、首相になってからの東條は自分への批判を許さず、憲兵を使って言論を封殺し国内に閉塞感を蔓延させます。自分を批判した新聞記者を懲罰徴集し、最前線に送り込むといったことまでやっています。

また、政治家あるいは軍人としての能力はまったく評価されていません。特に陸相時代に東條の名で出された『戦陣訓』は、全将兵に死を強制する通達として悪名高いものでした。「生きて虜囚の辱めを受けず、死して罪過の汚名を残すことなかれ」というその内容は、玉砕戦法につながっていきます。玉砕というのは最悪の戦法です。不利と見極めれば退却し生きてゲリラ戦を展開する、あるいは捕虜になったら命がけで脱出をはかり、できる限り反撃を試みるというのが軍人の使命というものでしょう。敵の機関銃の前に白兵戦を挑むという自殺行為は、国家に貢献することでも何でもありません。単なる無駄死にです。この戦陣訓については、東條の天敵である石原莞爾も徹底的にこきおろしています。

もっとも、東條と石原の確執はずっと以前から続いていました。石原の悪いクセですが、中国での戦線不拡大論と満州国の満州人による統治構想を理解できない東條を、石原は徹底的に馬鹿にして、陰で「東條上等兵」と呼んでみたり、「憲兵しか使えない女々しい奴」などとひどいことを言っています。また、戦後の東京裁判で証人として出廷した際、検事から「証人は当時の東條首相と意見が対立していたといわれているが」と質問され、「私は自分の意見を持っていたが、東條にはそもそも思想や意見などない。意見を持たない人間と意見を持った私の考えが対立することなどあり得ない」と威張って答えたそうです。まったく、どこまでも性格の悪い石原莞爾ではありました。しかし、陸軍内での政争では石原は東條に破れ、左遷に次ぐ左遷の末、日米開戦直前に予備役に編入されています。

ともあれ、東條は官僚としては能吏だったのでしょうが、石原の言う通り大局観に欠けたところがあったのは事実です。戦後の東京裁判で東條は、毅然として「日本の臣民が陛下の御意思に反してかれこれするということはあり得ぬことである」と証言していますが、これには日本政府が慌てています。東條としては、自分の心情をストレートに堂々と答えたつもりなのでしょうが、天皇の戦争責任につながる発言ではあります。東條という人には、そういった想像力が決定的に欠けていたのです。

木戸らに悪意があったとは思いませんが、東條を首相に指名した時から、結果的に戦争責任を東條一人に押し付けた格好になりました。また、戦後は東條をスケープゴートに仕立て、天皇を守ろうとしています。天皇を守るために東條を犠牲にする。その論理はわからないでもありませんが、東條の一途な忠心を思うと何だか切なくなるではありませんか。

「生きて虜囚の辱めを受けず」の戦陣訓通り、東條は逮捕直前に自宅でピストル自殺を図りますが、GHQの手厚い治療によって九死に一生を得ます。GHQは東條の処刑を既に決めていましたが、あくまで裁判を受けさせた上で殺そうというわけです。死にかけた東條を無理やり生き返らせてから改めて殺す。このあたりの欧米の論理は合理的にみえて、非常に残酷だなあと私は思います。少なくとも日本の武士道精神とはかけ離れています。

ところで、当時の新聞は東條の治療経過を「東條大将順調な経過」といった見出しを付けて逐一報道しますが、阿南惟幾《あなみこれちか》をはじめとする他の自決した陸軍高官たちと東條を比べ、批判的な論調が目立ちます。自殺が未遂に終わったことに対する新聞や文化人の批判は熾烈でした。掌返しとはこういうことをいうのでしょう。また、国民大衆の中には「とにかく東條が悪い」といった感情的な空気が急速に広まります。米軍高官の見舞いはあっても、日本人の見舞客は家族を除いてほとんどなかったそうです。

まあ、最高権力者だった時の東條の不徳といえば不徳なのですが、それでも私などからすると、日本人のこの豹変ぶりは嫌だなあと思います。緒戦において連戦連勝していた時、東條を国民的ヒーローとして世間は大絶賛していたわけですから。東條の強権政治を庇うつもりはありませんが、日本人であれば惻隠の情というものがあるだろう、そんな風に私は思うのです。

一九四八年（昭和二十三年）十二月二十三日、東條は処刑されます。その日、木下侍従次長は天皇の泣き腫らした顔を目撃しています。

さて、日米開戦の前に話を戻しましょう。

東條が天皇の意を汲んで和平に奔走していた頃、朝日新聞は「国民の覚悟は出来ている。ひじきの塩漬で国難に処せんとする決意はすでに立っている。待つところは「進め」の大号令のみ」なんて記事で政府や国民を煽っています。その他の新聞の論調も同じようなものでした。彼我の国力の差など何も知らない国民の熱狂は、仮にアメリカに譲歩した和平案が承認されでもしたら暴動が起きかねないような状況にまでなっていました。前に述べた東條宅へ開戦を促す脅迫状が山ほど来たのもこの頃です。実際、石原莞爾のようなへそ曲がりを除けば陸海軍首脳の大半は対米開戦派だったことを考えると、クーデターが起きても不思議ではなかったでしょう。そして、天皇を押し込め、側近と東條を排除した可能性は十分にありました。

十一月五日の御前会議では対米開戦と南方作戦が決定されますが、世間の開戦ムードにも関わらず、この期に及んでも東條はまだ和平の道を模索していました。また、東郷外相も開戦を忌避するために必死の交渉を続けていました。

しかし、十一月二十六日、ハル国務長官は中国からの段階的撤兵という日本の妥協案を拒否し、栗栖特命全権大使と野村大使にいわゆる『ハル・ノート』を提示します。その内容は、次のようなものでした。

1　最初に提示した四原則の無条件承認

2　中国およびフランス領インドシナからの即時全面撤兵

3　国民政府（日本の傀儡政権である）汪兆銘政権の否認
4　三国同盟の空文化

ただ、「ノート」とあるように、これは機密文書で回答期限もない覚書のようなものともいえます。したがって、交渉の余地が皆無であったわけではありませんでした。

しかし、東郷外相も含めて日本側はこれをアメリカの最後通牒と受け止めます。また、当時の日本社会の感性としてはハル・ノートの内容は受け入れ難いものでした。それでも和平が実現するなら、と考えたのはおそらく昭和天皇くらいだったのではないでしょうか。

開戦が具体的に決定された十二月一日の御前会議では天皇は無言でした。

十二月八日未明、日米戦争が勃発したその時、東條は開戦を避けられなかったことを恥じ、皇居に向かって号泣したという話は有名です。

破滅への道程

アメリカと開戦してからの経緯は多くの本で解説され、皆さんよくご存じだと思うので個々の作戦については詳述しません。結局、この戦争は即物的な面からいうと、昭和天皇も戦後述懐されている通り、油で始まって油で終わった戦争です。中国戦線を維持するためには石油をはじめとする膨大な資源を必要としますが、アメリカの石油、屑鉄の全面禁輸によって資源を断たれた日本は必然的に南方にその代替資源を求めます。しかし、英米蘭はそれを許しません。アメリカによる石油供給の引替案は中国からの即時撤兵でした。対して日本は、中国の権益を手離すつもりは毛頭ありません。というわけで、開戦です。日本は一時的に南方の資源獲得に成功しますが、戦争が長引くにつれて南方からの資源補給ルートを断たれ、石油その他の資源が枯渇して悲惨な結末を迎えます。へそ曲がりの石原莞爾が言った通りになりました。

しかし、開戦直後から一年半くらいまでの日本軍、特に山本五十六大将に率いられた海軍の戦果は、実に華々しいものでした。南太平洋の拠点となる島々、東南アジアのほぼ全域まで日本はその版図を広げます。連戦連勝、破竹の勢いでした。

これには天皇も「あまりに早く戦果があがりすぎるよ」と、破顔一笑されたといわれています。天皇だって人間であり、しかも日本人なのです。いったん戦争に突入すれば、勝利を祈念するのは日本人としてあたりまえのことです。ただ、天皇は連日勝利の報がもたらされる最中にも、「人類平和の為にも、いたずらに戦争が長引いて惨害の拡大していくのは好ましくない」と東條に戦争の早期終結を訴えられています。

しかし、版図が予想以上に広がったことにより戦線は延びきっていました。そして石原が予想した通り、連合軍の通商破壊作戦により輸送船舶の多くを失い、燃料の補給が断たれることになります。海軍のこの戦争に対する見立ては、一年半から二年くらいは何とかなるというものでした。裏を返せば、それ以降はまったく自信がないということです。その根拠は、石油備蓄量でした。ちなみに、当時の原油生産量の日米比は一対七〇〇です。つまり、長引くと必敗の戦争であることは初めからわかっていたわけです。一定の戦績をあげたところで、日本に有利な和平案を結ぶというのが海軍の基本戦略でした。しかし、周知の通りそうはなりませんでした。翌年のミッドウェー海戦での敗北が転換点となり、ソロモン沖、ガダルカナルでの敗北、一九四三年（昭和十八年）にはアッツ島玉砕、一九四四年（昭和十九年）にインパールで大敗、マリアナ沖、レイテ沖での敗北、フィリピンからの敗走、そしてグアム、テニアン、サイパンを奪還され、これらの島の基地から日本本土への空襲が本格化していきます。サイパンはB29爆撃機の出撃基地となり、本土の主要製油所はすべて爆撃を受けます。また、南方からの資源補給線も輸送船が破壊され切断されます。要するに「油切れ」です。日本軍は、既に戦える状態ではありませんでした。

サイパンを失った責任をとり、東條内閣は総辞職。後継は小磯國昭陸軍大将となります。

絶対国防圏とされたフィリピン、サイパンが奪還され、敗色濃厚となった一九四五年（昭和二十年）、軍首脳は本土決戦、一億総玉砕という戦略ともいえない無謀な方針を立てていました。台湾、朝鮮を含む一億の国民を無理心中させようというものです。讀賣新聞の一面に掲載された年頭の小磯首相の談話は、「陸海軍の特攻隊に続き、一億国民も全員、特攻隊として闘魂を鉄火と滾《たぎ》らし、戦局を挽回しよう」というものでした。

日本軍が末期症状を呈していた一九四四年（昭和十九年）十月二十一日、大西瀧治郎少佐によって実施された神風特別攻撃隊の第一陣二十四機が出撃しました。以後、零戦に爆弾を積んで体当たりするというこの作戦は、終戦間際まで続けられます。出撃したら生還はできない、文字通り片道切符の作戦でした。第一陣の指揮官に指名されたのは関行男大尉でしたが、彼は同年の五月に結婚したばかりでした。

関は遺書を書いた後、報道班員に次のように語っています。

「報道班員、日本もおしまいだよ。僕のような優秀なパイロットを殺すなんて。僕なら体当たりせずとも、敵空母の飛行甲板に五〇番（五百キロ爆弾）を命中させる自信がある。僕は天皇陛下のためとか、大日本帝国のためとかで行くんじゃない。最愛のＫＡ（海軍の隠語で妻）のために行くんだ。命令とあらば止むを得まい。日本が敗けたらＫＡがアメ公に強姦されるかもしれない。僕は彼女を護るために死ぬんだ。最愛の者のために死ぬ。どうだ。素晴らしいだろう」

神風だけでなく、他の陸海軍特攻隊員の心情は関の言葉に尽きると思います。彼らは既にこの戦争に勝てるなどと思ってはいなかったはずです。特攻は純軍事的には非合理極まりない作戦でした。陸海軍併せて三千名にのぼる特攻隊員のほとんどが未熟な新兵であったという事実からしても、この作戦がいかに自暴自棄の作戦であったかがわかります。特攻は、隊員たちにとっては純粋に自国防衛のための断末魔のような攻撃でした。若く前途有為な青少年隊員たちの脳裏に浮かんだのは故郷の愛する人々の顔であり、自分の命を散らすことによって少しでもそれらの人々を守ろうという素朴で純粋な思いであったのではないでしょうか。

神風特別攻撃隊の報告を受けた天皇は、言葉少なに「そのようにまでせねばならなかったか、しかしよくやった」と語られました。理知的な天皇は、神風特攻が決して合理的な作戦ではないことをわかっていたはずです。けれども、特攻に志願した隊員たちの心情に心を寄せ、敢えて「よくやった」と言われたのでしょう。

神風特攻の責任者であった大西は敗戦の翌日、死んでいった隊員やその遺族に自らの死をもって謝すことをしたためた遺書を残し、割腹によって自決しました。

一九四五年（昭和二十年）二月クリミア半島のヤルタで、ルーズベルト、チャーチル、スターリンによる秘密会議が行われます。戦後の領土分割と国際秩序についての会談でした（ヤルタ会談）。口惜しいことに、この時点で彼らは勝利を前提にその後の利権調整をしているわけです。

しかし、この期に及んでも東條は超強気で、天皇へ「知識階級の敗戦必至論はまことに遺憾であります」と徹底抗戦を上奏しています。さらに、「敵は開戦前四週間で日本を屈服させることができると豪語していましたが、四年後の今日ようやく硫黄島にとりつくことができたといえようかと存じます。空爆の程度もドイツと比べれば、ほんの序の口であります」、「アメリカ国内では既に厭戦気分が蔓延し、本土空襲はいずれ弱まるでしょう」、「ソ連の参戦の可能性はほとんどありません」とまで言っています。客観的状況を無視し、見たくない事実は見ない、東條は軍人としても政治家としてもとことん無能な人でした。陸軍のトップがこれでは、終戦工作が迷走するわけです。

同じ頃、沖縄戦の前哨戦として硫黄島で約一カ月にわたる激戦が繰り広げられ、両軍合わせて五万人の死傷者が出ました。総司令官栗林忠道陸軍中将はよく戦いましたが、最後の総攻撃の後に自決しています。当初、米軍は五日間での攻略、死傷者千五百名と見積もっていましたが、実際には日本軍を上回る犠牲者を出しています。

硫黄島の戦いから間を置かず、米軍は沖縄攻略に取りかかります。三カ月に及ぶこの沖縄戦は日米間における最大規模の激戦で、かつ最後の組織的戦闘となりました。死傷者は両軍および民間人を合わせて約二十万人、その内訳は日本軍九万六千人、民間人九万人、米軍の死傷者は一万四千人。また、沖縄決戦のために出撃した虎の子の戦艦大和は撃沈され、前年のフィリピン戦から編成された神風特別攻撃隊の沖縄戦における戦死者は約千三百名にのぼっています。

現地司令部はこの沖縄戦を「捨石作戦」と称し、本土防衛の準備のための時間稼ぎと位置付けていました。捨石とは、もちろん沖縄のことです。自国の領土と国民を意図的に犠牲にする、そしてそれが沖縄だったということです。次章でも触れますが、島津侵略以来現在に至るまで、沖縄は日本の汚物処理場のような扱いを受けてきました。

ともあれ、硫黄島戦と沖縄戦の悲惨な記録をみるだけでも、昭和天皇が皇太子時代にフランスの戦跡視察の後で語られたように、勝っても負けても「戦争などというものはやってはならない」と思わずにはいられません。

一方、沖縄が本土防衛の捨石とされるのに先立つ三月十日、B29爆撃機による東京大空襲が実施され、一夜にして十万人の市民が犠牲になっています。これでは、本土防衛もクソもありません。既に制空権を奪われていて、爆弾は落とし放題でした。

軍部はいったい何を防衛しようとしていたのでしょうか。

以後、全国の主要都市はことごとく爆撃を受け、甚大な被害を受けています。

この頃から、講和に向けた動きが急となります。天皇は、沖縄戦は最後の決戦だと認識されていました。そして、天皇の強い希望により、四月に終戦処理内閣ともいえる鈴木貫太郎内閣が成立します。鈴木首相は五月に首相、外相、陸相、海相、参謀総長、軍令部総長の六人だけで、秘密裡に最高戦争指導者会議を開き、①ソ連の参戦防止、②ソ連の好意的中立の獲得、③戦争終結のためソ連による仲介、という三点を決めています。しかし、これはライオン（アメリカ）との和平の仲介をハイエナ（ソ連）に頼むようなものでした。当時の日本にソ連以外頼れる国がなかったというのが悲しいではないですか。

沖縄での敗北以降、日本はいよいよ絶望的な状況となっています。中国では米軍が攻めてくると勝てないという報告を、強気で鳴る梅津参謀総長がしています。また、米内海相の命を受けて国内の軍需生産設備を視察した長谷川清海軍大将の報告も絶望的なもので、一日五十本の魚雷を製造していた工場が一本しか作れない、敵が落とした爆弾の鉄を使ってシャベルを作るといった有様でした。この頃、婦女子には本土決戦に備えて竹槍の訓練が奨励されています。末期症状です。ちなみに、皇道派の荒木大将は文部大臣時代に「竹槍三百万論」なる珍妙な論（？）を唱えています。要するに、日本本土に竹槍を三百万本配備すれば本土防衛は可能だという主張です。ああ、これが皇軍の大将かと思うと、情けなくて泣きたくなります。

三　聖断

天皇の決意

天皇は、既に戦争終結の意志を固められていました。六月八日、御前会議が開かれますが、天皇は「この会議は実に変なものであった」と回想されています（独白録）。というのも、皆各方面からの報告で既に戦える状態ではないことを知っていて、だからこそ五月の秘密会議でソ連への仲介依頼を決めているわけです。それにも関わらず、御前会議では豊田副武海軍軍令部総長や出張中の梅津参謀総長に代わって出席した河辺虎四郎参謀次長らは、勝利疑いなしとして戦争継続を主張したからです。結局この御前会議では何となく戦争継続という結論になりましたが、腹の中では講和なのに発言は強硬論、国運がかかっているというのにこれでは子供の会議です。しかし、天皇の意思は揺らぐことはありませんでした。これ以後、天皇は頑なに守られてきた立憲君主の立場を捨て、自ら積極的に終戦に向けて動き出されます。

まず、東郷外相に速やかに戦争を終結するよう指示し、続いて六月二十二日に最高戦争指導者会議の六人を呼んで「六月八日の会議では戦争を継続すると決定したが、この際いままでの経緯に捉われず戦争終結に向けて努力せよ」と、これまでのしきたりを破って異例の発言をされています。天皇の意思を受けて、鈴木内閣はソ連を仲介とした和平工作にとりかかります。

日本側の工作に対してソ連は、のらりくらりと返事を遅らせ七月上旬になっても返事がありません。あげくの果て、ポツダムでの会議が終わってから返事をすると回答しています。そうこうするうち、日本に対して最後通告がなされます。ポツダム宣言です。

一九四五年（昭和二十年）七月十七日から八月二日にかけて、既に五月に降伏していたドイツのベルリン郊外ポツダムで、アメリカのトルーマン大統領、イギリスのチャーチル首相、ソ連のスターリン書記長による戦後処理に関する三者会談が行われました（ポツダム会談）。そして会談中の七月二十六日には、日本に対する無条件降伏、全軍の武装解除、保証占領、戦犯処罰等からなる十三カ条の要求が出されました。いわゆるポツダム宣言です。この宣言には米英中（中華民国）が署名しています（ソ連は日ソ中立条約があるので署名はしていない）。

翌二十七日、日本政府は論評なしでポツダム宣言を公表しますが、軍部の提灯持ちだった大手新聞の紙面には「笑止、対日降伏条件」、「笑止！　米英蔣（蔣介石）共同宣言、自惚れを撃破せん、聖戦飽くまで完遂」、「白昼夢　錯覚を露呈」といった見出しが踊り、また宣言を無視することを公表せよという陸軍の強硬な要求によって、鈴木首相は「政府としては重大な価値あるものとは認めず黙殺し断固戦争完遂に邁進する」と記者会見で述べざるを得ませんでした。もっとも、トルーマン大統領は日本政府が宣言を拒否することを確信していて、宣言に加え原爆使用、ソ連参戦による相乗効果を狙い、戦争終結を早めるつもりでした。実際、八月六日広島、八月九日長崎に原爆が投下され、同日ソ連は日ソ中立条約を破棄し、満州、北朝鮮、南樺太、千島列島に攻撃を開始しました。日本政府はソ連の攻撃を予想していましたが関東軍参謀本部はまったく楽観していたことと、主力を南方に移動させていたことから、一気に潰走することになりました。

トルーマンの目論見通り、やはり原爆の投下は転機となりました。八月八日、天皇は東郷に「この種の武器が使用された以上、戦争継続はいよいよ不可能になった。有利な条件を得ようとして戦争終結の時期を逸することはよくない」と語られています。

ここにきて、やっと日本政府はポツダム宣言を受諾することを決め、八月九日に最高指導者会議と御前会議が開かれます。出席者は鈴木首相、東郷外相、米内海相、阿南陸相、豊田軍令部総長、梅津参謀総長、平沼枢密院議長でした。しかし、その内容をめぐってさらに紛糾します。ポイントは、国体護持、武装解除および保証占領、戦争犯罪人処罰でした。鈴木、東郷、米内、平沼は国体護持以外はすべて受け入れるという意見でしたが、阿南、梅津、豊田は保証占領（協定が履行されるまでの期間一部ないしは全部の領域を占領すること）は行わない、武装解除と戦犯処罰は日本によって行うという条件付き受託を主張しました。特に武装解除と戦犯処罰は、軍部にとって自らのアイデンティティに関わることであり、阿南らは連合国側とまだ交渉の余地があると強く主張しました。阿南は、この期に及んでも戦争継続論者でした。対して鈴木らは交渉をする余裕は最早ないと主張します。結局、一致した結論を出すことができず、議長である鈴木は天皇に最終決断を求めます。それを受けて天皇は御前会議で「戦争の継続は不可と思う。参謀総長の話では、犬吠埼と九十九里海岸の防備はまだできていない、また陸相は関東地方の決戦師団は九月に入らないと武装が完了しないという。かかる状況でどうして帝都が守れるか、どうして戦争ができるか、私には了解できない。もちろん、忠勇なる軍隊の武装解除や戦争責任者の処罰など、それらの者は忠誠を尽くした人々でそれを思うと実に忍び難いものがある。しかし、今日は忍び難きを偲ばねばならないと思う。自分は涙をのんで外務大臣の案（ポツダム宣言受諾）に賛成する」と情理を尽くして述べられました。これが第一回目の「聖断」です。ポツダム宣言受諾は、翌日直ちに連合国側に伝えられました。

翌十日、天皇は近衛、平沼、岡田、広田、東條、小磯といった重臣を集め、御前会議の決定を説明されます。案の定というべきか、戦争継続論者の東條、小磯は既に聖断が下った以上は止むを得ないとしつつ、不満をもらしています。東條は、「国体護持を可能にするには武装解除をしてはなりません」と上奏しています。

日本政府は連合国側に国体護持（天皇制）が保証されるならポツダム宣言を受諾すると伝えましたが、八月十二日、連合国側の回答は日本政府による国体護持の要請に対して、「保障占領の期間における天皇および日本政府の国家統治の権限は連合国最高司令官に従う（subject to）ものとする」、そして「日本政府の形態は日本国民の自由意志によって決められるべき」というものでした。要するに「主権在民」です。

外務省はこの「subject to」という文章を「制限の下に置かれる」と苦し紛れに訳し終戦を進めようとしましたが、陸軍省では「隷属する」と解釈し天皇の地位が保証されていないことを理由に戦争続行という強硬意見が大半を占めていました。

しかし、軍部の「共和制になる可能性がある」という主張に、天皇は「たとえ連合国側が天皇統治を認めても、人民が離反したのでは仕方がない。人民の自由意志によって決めてもらって少しも差し支えない。国民が未来を選ぶべきだ」と答えられています。本当に立派な方だなあと、私はつくづく思います。

なおこの時期、天皇の母貞明皇太后が軽井沢に疎開されることになっていましたが、天皇は「我が身も最早どうなるか知れない。その前に今生の別れとして、ぜひとも一目なりとも母君にお会いしておきたい」と語られています。昭和天皇は、敗戦によって自分の死をも覚悟されていたのでした。

終戦前夜

さて、聖断が下ったこの時点でも先のような理由から海軍省を除いた陸海軍の内部には不満が鬱積していました。

御前会議の決定を知った陸軍省の中堅将校たちは、東條のところにクーデターに同意を求めてやってきていますが、東條は「絶対に陛下の命令に背いてはならぬ」と叱っています。さらに不穏な動きを感じた東條は近衛師団に行って娘婿の古賀秀正少佐に「軍人たる者、いかなることがあっても陛下のご命令通りに動くべきだぞ」と念を押しています。東條の勘は鋭く、この後古賀は宮城事件（録音盤奪取事件）に加わり自決しています。

ともあれ、軍部がポツダム宣言断固拒否という姿勢を崩さず、政権中枢がこのように混乱した状態では戦争終結が遅れると懸念した天皇は、異例なことながら自ら八月十四日に御前会議を招集されます。

既にポツダム宣言受諾を国体護持という条件付きながら連合国側に伝えているにも関わらず、御前会議の前の閣議（十二日）、最高戦争指導者会議（十三日）は議論が紛糾し、戦争継続派と戦争終結派に分裂していました。阿南、東條は、それぞれ木戸内相を通して天皇に戦争続行を哀願する有様でした。さらに、御前会議の直前、軍部は畑俊六（第二総軍司令官）、杉山元（第一総軍司令官）、永野修身（元軍令部総長）という三人の元帥の話を天皇に聞いてほしいと要望します。当然のことながら、様々な理由を述べながら三人ともポツダム宣言を拒否すべきだという意見でした。

しかし、天皇の決意が変わろうはずもありません。三人の元帥に対して、「私がもし受諾しなければ、日本は一度受諾を申し入れながら、これを否定することになり、国際信義を失うことになるではないか」と諭されています。

御前会議の席上、最後までポツダム宣言受諾に反対する阿南陸相、梅津陸軍参謀総長、豊田海軍軍令部総長の三人に対して、天皇は大要次のように述べられています。

「陸海軍の将兵にとって武装解除や保障占領というようなことは実に耐え難いことだと思う。その心持ちは私にもよくわかる。しかし、自分はいかになろうとも、万民の生命を助けたい。このまま戦争を続けると、結局わが国がまったくの焦土となる。万民にこれ以上苦悩をなめさせることは私として実に忍び難い。祖宗の霊にお応えできない。日本がまったく無くなるという結果に比べて、少しでも種子が残りさえすればさらにまた復興という光明も考えられる」

天皇の言葉は穏やかながら、有無をいわせないものでした。明治憲法では宣戦および講和の決定は天皇の大権として定められています。八月十四日、この最後の御前会議で、天皇は最初にして最後、本当の意味でこの大権を行使されたのです。

八月十四日午後十一時半、天皇のラジオ放送で国民に伝えるメッセージ（玉音放送）が宮内省で録音され金庫に保管されました。

一方、陸軍省では徹底抗戦を主張していた将校たちが、八月九日の御前会議の決定と十二日の連合国の回答に激しく反発していました。天皇が何を言おうが聞く耳を持たないというわけです。そして、八月十四日深夜から十五日にかけて、陸軍省および近衛師団の中堅将校たちによってクーデター未遂事件が起こります。いわゆる宮城事件（玉音放送録音盤奪取事件）です。

陸軍省の軍事課長荒尾興功《おきかつ》大佐、同課員稲葉正夫中佐、同課員井田正孝中佐、軍務課員竹下正彦中佐（阿南陸相の義弟）、同課員椎崎二郎中佐、同課員畑中健二少佐、近衛第一師団参謀古賀秀正少佐（東條の娘婿）らは、「兵力使用計画」と題したクーデター計画を作成します。その内容は東部軍と近衛第一師団によって宮城を占拠すると同時に、鈴木首相、木戸内大臣、東郷外相、米内海相らの政府要人を拘束して戒厳令を発布し、国体護持を連合国側が承認するまで戦争を継続するというものでした。最後の御前会議の前に計画を知らされた阿南陸相は梅津参謀総長と協議の上これに反対しています。こうして、陸軍全体が動くクーデターは回避されましたが、将校たちは第二案を作成し、なおも終戦を阻止しようとします。まず、田中静壱東部軍管区司令官にクーデターの同意を求めますが、即座に拒否されます。続いて近衛第一師団長森赳中将にクーデターへの参加を強要しますが、森師団長はこれを拒否したため、同席していた義弟白石通教中佐とともに畑中少佐らに殺害されます。殺害後、彼らは命令書を偽造して近衛師団参謀長水谷一生大佐と荒尾興功軍事課長の連名で出し、皇居を占拠します。宮内省の電話線は切断され、皇宮警察は武装解除されます。また、古賀少佐は玉音盤の捜索を命じましたが、見つけることはできませんでした。

十五日の早朝、クーデター発生を報告された天皇は、「私の切ない気持ちがどうして、あの者たちにはわからないのであろうか。私が出て行って直に兵を諭そう。私の心を言って聞かせよう」と述べられていますが、ちょうどその頃、阿南陸相は陸相官邸で自刃しています。

一方、田中東部軍司令官は直ちに近衛第一師団司令部に出向き、偽造命令に従って部隊を展開させようとしていた近衛歩兵第一連隊を撤収させせます。こうして、クーデター計画は未遂に終わり、正午過ぎに玉音放送は無事放送されることになりました。

最後まで諦めきれなかった椎崎中佐と畑中少佐は、皇居の近くでビラを撒き決起を呼びかけていますが、玉音放送が流れる前に皇居の前で自決しました。また、古賀少佐は玉音放送の放送中に、近衛第一師団司令部に安置された上司である森師団長の遺体の前で自決しています。

事件後、天皇は田中東部軍司令官に、「今日の時局は真に重大で、いろいろの事件の起こることはもとより覚悟している。非常に困難のあることはよく知っている。しかし、せねばならぬのである」と、今後起こるであろう混乱に立ち向かう決意を語られています。

ちなみに、クーデターを防いだ功労者田中司令官は、八月二十四日の夜、空襲による明治神宮や明治宮殿が焼失、および帝都防空の責任をとって執務室で自決しています。一方、事件に関わったその他の将校は、敗戦に伴う混乱により軍事裁判にかけられることも刑事責任に問われることもありませんでした。

大東亜戦争における天皇のジレンマ

さて、ここまで戦前昭和の二十年間を駆け足で述べてきましたが、改めてこの時代を俯瞰してみると、戦前昭和はまさしく戦争とテロの時代であったことがわかります。この血生臭い時代を、昭和天皇は国民とともに潜り抜けてこられたのです。

戦後になって公表された様々な資料から浮かび上がってくるのは、終始一貫して戦争とテロと謀略を嫌った昭和天皇の姿です。支那事変も、三国同盟も、大東亜戦争も、昭和天皇は反対だったことは、幾多の資料によって明らかになっています。そして、天皇の意思とは真反対な方向に突き進んでいったのが、戦前昭和の日本でした。したがって、元首であり統治、統帥の大権を有すると規定された形式的責任はともかく、昭和天皇に実質的な戦争責任がないことは明白です。しかも、昭和天皇は日本が破滅に向かって進んで行くのをただ手をこまねいて見られていたわけではなく、大きな節目でその都度自らの意思を政府や軍部の首脳に表明されています。ただ、無視されただけです。

あくまで立憲下の君主であろうとする一方で、国家は自分の意思とまったく異なる方向へ突き進んでいく。その間の天皇の苦悩はいかばかりだったでしょうか。普通の人間であれば、気が狂ってもおかしくありません。しかし、昭和天皇には知的で穏やかという外面的な印象からは想像できない精神的な膂力《りょりょく》のようなものが備わっていたように思います。それは、戦後マッカーサーと対峙した時の天皇の立ち振る舞いからもわかります。つまり昭和天皇は、最終的には自ら責任をとって戦争を終わらせる覚悟をされていた。私は、そのように思っています。

ところで、天皇は終戦の際に自らの言葉によって全軍が武装解除するほどの絶大な影響力を保持しているのに、開戦にあたってなぜその影響力を行使しなかったのか、という素朴な疑問は現在に至るまでよく見受けられます。しかし、コトはそう単純なものではありませんでした。昭和天皇は、戦後そのあたりのことを次にように語られています。

「陸海軍の兵力が極度に弱った終戦の時においてすらクーデターのようなものが起きたぐらいだから、もし開戦の閣議決定に対し私が拒否権を行使したとしたら、いったいどうなったであろうか。

（中略）私がもし開戦の決定に対して拒否権を行使したとしよう。国内は必ず大内乱となり、私の信頼する周囲の者は殺され、私の生命も保証の限りではない。それはよいとしても結局凶暴な戦争が展開され、今次の戦争に数倍する悲惨事が行われ、果ては終戦もできかねる始末となり、日本は滅びることになったであろうと思う」（独白録）

さすがに天皇が暗殺されるようなことはなかっただろうと思いますが、退位の強制などによって軟禁状態にされた可能性は十分あり得たと考えられます。開戦当時の日本社会は、軍部とメディアと大衆が一体化して熱狂するある種の「躁状態」に陥っていました。天皇の意思によって動いていた外務省のトップ、海軍首脳の一部、そして内相などの側近は、例の「君側の奸」という理屈で血気にはやる若手将校によって暗殺された可能性も当然あったでしょう。そして、歯止めを失った国全体の戦争に対する熱狂は、責任者不在の中でレミングの行進よろしく国民を文字通り一億総玉砕に向かって突き進ませただろうという天皇の予測には極めてリアリティがあります。親の心子知らずと申します。赤子である国民には天皇の意思など知るすべはありませんでした。

木戸幸一内相が述べているように、「今上天皇（昭和天皇）は科学者で、かつ極めて平和主義者であり自由主義者」であったこと、そして皇太子時代の外遊以来一貫して立憲君主であろうとされていたことが、その言動からはっきりとわかります。さらにいえば、戦後の「人間宣言」を待つまでもなく、昭和天皇は当時から周囲の自分に対する神格化に不快感さえ覚えられていたこともわかっています。確かに、天皇は「神」ではなく「神に祈る人」であり、それを誰よりも認識されていた昭和天皇でした。そして、日本および世界を視通す明晰さを持つ一方で、近代科学主義とは別次元の価値体系、すなわち「神」および「神に祈ること」の意味とそれを護る家系としての皇統の意義をよく認識されてもいました。敗色濃厚となり空襲が激しくなった頃、昭和天皇は三種の神器をどう守るかについて心をくだかれています。三種の神器はいうまでもなく皇統の象徴であり、昭和天皇は戦争の混乱の中でそれを絶対に守ろうと決意されています。「伊勢の熱田の神器は結局自分の身近に御移しして御守りするのが一番よいと思う。万一の場合には自分が御守りして運命を共にする外ないと思う」とまで木戸に語られています。

思うに、昭和天皇は昭和天皇なりに、新しい天皇の在り方（国体）を模索されていたのではないでしょうか。あくまで憲法を遵守しながら現実の事象には科学的態度で臨み、かつ神々（自然）や祖霊への畏敬という日本的価値観を護る最高神官としての役割を全うする、それが天皇の責任だと考えられていたのは間違いないように思われます。

一方、天皇を輔弼すべき戦前昭和の権力はどうであったか。これまで述べたように、戦前昭和の日本を動かしたのは軍部であり、それを支持したメディアや大衆でした。もちろん、軍人の中にも立派な人はたくさんいました。しかし、「軍部」という巨大官僚組織を形成すると暴走を始めます。武力装置としての側面を持つが故に始末が悪い権力です。

軍部首脳は、もちろん天皇の意思をわかっていたはずです。それにも関わらず、それを知らないふりをして、やりたい放題をしたのが戦前昭和の軍部です。軍部の反対者に対しては、統帥権という天皇大権をかざして潰しにかかり、政軍一体の独裁権力を形成する。そして、個々の悪事に関しては軍全体で隠そうとするから誰が本当の責任者かわからない。日本の官僚機構独特の無責任体制です。いずれにせよ、軍部が権力を持つ国家など、ろくでもない国家だと私は思います。その点、明治の軍人は軍人としての分をわきまえ、常に政府の方針に従っていました。また、国際条約を愚直なまでに守ってもいました。

天皇絶対を吹聴しながら、自らは反天皇主義に走る。こうした、日本における立憲君主としての天皇と権力機構の関係については、次章で触れてみたいと思います。

第五章　新しい国体

一　マッカーサーの時代

八月の青い空

一九四五年（昭和二十年）八月十五日、日本各地は北海道と東北地方の一部を除き快晴で、抜けるような青い空が広がっていました。

同日正午、前日録音された昭和天皇の国民に向けたメッセージがラジオから流れました。終戦の詔書（大東亜戦争終結ノ詔書）、いわゆる「玉音放送」です。ただ、放送環境が劣悪だったため音質が極めて悪く、加えて詔書の言い回しが難解であったことから、放送内容がわからなかった人が多かったといわれています。しかし、アナウンサーの要約を聞いて事情を理解していた人もいて、人々はすぐに「日本が負けた」ということを理解することになりました。膝をついて泣き崩れる人、肩を抱き合って泣く人、呆然と佇む人、その対応は様々でした。戦争は終わった！　当時の人たちに聞くと、悔しさや悲しさと同時に、もう空襲はないのだという安堵感をも感じたといいます。一億総玉砕を覚悟し、緊張を強いられた日々が突然終わったその日、人々は何ともいえない虚脱感を覚えたのではないでしょうか。以下、玉音放送で流れた天皇の言葉を現代表記であげておきます。

朕深く世界の大勢と帝国の現状とに鑑み、非常の措置を以て時局を収拾せんと欲し、ここに忠良なる汝ら臣民に告ぐ

朕は帝国政府をして米英支ソ四国に対し、その共同宣言を受諾する旨通告せしめたり

そもそも帝国臣民の康寧を図り万邦共栄の楽を共にするは、皇祖皇宗の遺範にして朕の拳拳措かざるところ

先に米英二国に宣戦せる所以もまた、実に帝国の自存と東亜の安定とを庶幾するに出でて、他国の主権を排し領土を侵すが如きは固より朕が志にあらず

しかるに交戦既に四年を閲し、朕が陸海将兵の勇戦、朕が百僚有司の励精、朕が一億衆庶の奉公、各々最善を尽くせるに拘わらず、戦局必ずしも好転せず世界の大勢また我に利あらず

かの敵は新たに残虐なる爆弾を使用してしきりに無辜を殺傷し、惨害の及ぶところ真に測るべからざるに至る

しかもなお交戦を継続せんが、ついに我が民族の滅亡を招来するのみならず、ひいて人類の文明をも破却すべし

この如くは、朕何を以てか億兆の赤子を保し皇祖皇宗の神霊に謝せんや

これ朕が帝国政府をして共同宣言に応ぜしむるに至る所以なり

朕は帝国と共に終始東亜の解放に協力せる諸盟邦に対し遺憾の意を表せざるを得ず
帝国臣民にして戦陣に死し、職域に殉じ、非命に斃れたる者及びその遺族に想いを致せば五内為に裂く
かつ戦傷を負い、災禍を被り、家業を失いたる者の厚生に至りては朕の深く軫念《しんねん》するところなり
思うに今後帝国の受くべき苦難は固より尋常にあらず
汝ら臣民の衷情も朕よくこれを知る　然れども朕は時運の赴くところ、耐え難きを耐え、忍び難きを忍び、以て万世のために太平を開かんと欲す
朕はここに国体を護持し得て、忠良なる汝ら臣民の赤誠に信倚《しんい》し、常に汝ら臣民と共に在り
もしそれ情の激するところ、みだりに事端を滋《しげ》くし、あるいは同胞排せい互いに乱れ、為に大道を誤り信義を世界に失うが如きは、朕最もこれを戒む
よろしく挙国一家子孫相伝え、固く神州の不滅を信じ、任重くして道遠きを思い、総力を将来の建設に傾け、道義を篤くし志操を固くし、誓って国体の精華を発揚し、世界の進運に遅れざらんことを期すべし
汝ら臣民、それよく朕が意を体せよ

この玉音放送の言葉は、難解に過ぎる言い回しという点を除けば、内容はよく練られたものだったと私は思います。というのも、昨日まで「神国日本の皇軍不敗」という建前の下に戦争を続けて

きた軍部首脳、前線の兵士、そして一般大衆の誇りを損なわないよう気を配りながらも自然に「仕方がない」と思わせるよう、慎重に言葉を選んであるからです。この時期、一部の玉砕派を除き、軍首脳から大衆までほとんどの日本人は、建前はともかく本音では誰かにこの戦争を終わらせてほしいと思っていたのではないでしょうか。そして、その誰かとは当然のことながら天皇しかいませんでした。

ところでこの頃、学習院初等科六年、満十一歳の明仁皇太子は日光に疎開されていましたが、父母（天皇皇后）から次のような手紙が届いています（『人間昭和天皇下』・高橋紘著・講談社）。とても興味深いのでここに引用します。

母からの手紙（現代表記）

ごきげんよう　日々　きびしい暑さですが　おさわりもなく　お元気におすごしのこと　おめでたく　およろこびします　長い間　おたずねしませんでした　この度は天皇陛下のおみ声をおうかがいになったことと思いますが　皆　国民一同　涙をながして伺い　恐れ入ったことと思います

おもうさま（お父さま）　日々　大そうご心配遊ばしましたが　残念なことでしたが　これで　日本は　永遠に救われたのです

二重橋には毎日　大勢の人が　お礼やら　おわびやら　涙をながしては　大きな声で申しあげています　東宮さんも　日々米英撃滅ですごしていらしたでしょうから　どんなにかどんな

にかご残念なことと思いますが　しかし　ここが　辛抱のしどころで　大詔に仰せになったことをよくよく頭に入れてまちがいのないように　しのぶべからざることを　よくよくしのんで　なお一層一生懸命に勉強をし　体を丈夫にして　わざわいを福にかえて　りっぱなりっぱな国家をつくりあげなければなりません

東宮さんも　このたびは東宮職が出来て　大夫はじめが　そろって　おつとめするようになったことを　心からおよろこびします

穂積はご承知でしょうが　東宮さんのお生まれになる前から　毎週一度ずつ　いろいろのおはなしをして　きかせてもらっていました　いいおはなしをいろいろしてもらったらいいでしょう

このごろは奥日光の方でまた　変わったところでおすごしですね　学生とも一緒にいろいろしていらっしゃるのでしょう　沼津の時のようなのでしょう

おひるねも　ありますか　昨年はできないで　おこまりでしたね

こちらは毎日　B29や艦上爆撃機　戦闘機などが縦横むじんに大きな音をたてて朝から晩まで飛びまわっています　B29は残念ながらりっぱです

お文庫の机で　この手紙を書きながら頭をあげて外を見るだけで　何台　大きいのがとおったかわかりません　ひっきりなしです

ではくれぐれもお大事に　さようなら

三十日午前九時半

東宮へ

父からの手紙

手紙をありがとう　しっかりした精神をもって　元気で居ることを聞いて　喜んで居ます
国家は多事であるが　私は丈夫で居るから安心してください　今度のような決心をしなければならない事情を早く話せばよかったけれど　(学校の)　先生とあまりにちがったことをいうことになるので　ひかえて居ったことを　ゆるしてくれ　敗因について一言いわせてくれ
我が国人が　あまりに皇国を信じ過ぎて　英米をあなどったことである
我が軍人は　精神に重きをおきすぎて　科学をわすれたことである　明治天皇の時には山縣(有朋)　大山(巌)　山本(権兵衛)　等の如き陸海軍の名将があったが　今度の時は　あたかも第一次世界大戦の独国の如く　軍人がバッコ(跋扈)して大局を考えず　進むを知って　退くことを知らなかったからです
戦争をつづければ　三種神器を守ることも出来ず　国民をも殺さなければならなくなったので　涙をのんで　国民の種をのこすべくつとめたのである
穂積大夫は常識の高い人であるから　わからない所があったら　きいてくれ
寒くなるから　心体を大切に勉強なさい
九月九日　父より
明仁へ

人間となった天皇

一九四六年（昭和二十一年）元旦、翌年の新憲法発布に先立ち、官報によって詔書が発布されました。詔書には、特に題は付けられていませんでしたが非常に重要な詔書でした。なぜなら、この詔書で昭和天皇自ら現人神であることを否定されたからです。いわゆる天皇の「人間宣言」です。国体が変わったのです。

背景には、当然のことながらＧＨＱの意向がありました。ＧＨＱの大方針は、日本の非武装化と民主化でした（もっとも非武装化はあっという間にアメリカの都合で撤回されますが）。戦時中、皇軍の特攻、バンザイ突撃による玉砕戦法などを目の当たりにしたアメリカは、日本の軍国主義、超国家主義の元凶が国家神道にあると考えていました。そのため、民間情報教育局（ＣＩＥ）は「神道指令」を出し神道に対する国家支援を禁止します。ただ、宮中祭祀に関しては私的な行事として禁止することはありませんでした。まあ、当然といえば当然でしょう。実は、この宮中祭祀こそ、神道の核心なのですが。また、ＧＨＱは神格化された天皇を戴く大和民族は他民族に優越するという教育も禁じました。そうした流れの中で、ＧＨＱは神道の最高神官である天皇自身によって神格化を否定することを非公式に要請したわけです。

しかし、そもそも昭和天皇は自らを神格化されたことは一度もありません。それどころか皇太子時代、ヨーロッパ外遊から帰国した時、「皇室の祖先が真に神であり、現在の天皇が現人神であるなどと信ずるべくもない。国体は国体として現状を維持すべきだが、天皇が神として国民と遊離すべきではない。英国の王室と同様、国家国民との関係は君臨すれども統治せず、といった程度がよい」と奈良武官長に語られているほどです。したがって、天皇は神格化の否定などまったく気にもとめられませんでしたが、ひとつだけ注文をつけられています。それは、詔書の冒頭に五箇条の御誓文を入れるということでした。後年、昭和天皇は記者会見でこの時のことを、次のように語られています。

「それ（五箇条の誓文を引用する事）が実は、あの詔書の一番の目的であって、神格とかそういうことは二の次の問題でした。当時はアメリカその他諸外国の勢力が強く、日本が圧倒される心配があったので、民主主義を採用されたのは明治天皇であって、日本の民主主義は決して輸入のものではないということを示す必要があった。日本の国民が誇りを忘れては非常に具合が悪いと思って、誇りを忘れさせないためにあの宣言を考えたのです。初めの案では、『五箇條ノ御誓文』は日本人ならだれでも知っているので、あんまり詳しく入れる必要はないと思ったが、幣原総理を通じてマッカーサー元帥に示したところ、元帥が非常に称賛され、全文を発表してもらいたいと希望されたので、国民及び外国に示すことにしました」

敗戦に打ちのめされた人々に勇気と誇り、日本人としての矜持を思い起こさせるために、あえて五箇条の御誓文を詔書の冒頭に入れる。やはり、昭和天皇は偉い方だなあと改めて思います。確かに、御誓文は簡潔にしてあるべき国家の理念をすべて含んでいます。御誓文があれば、憲法はいらないくらいです。

天皇の「人間宣言」は海外では好意的に受け止められましたが、マスコミを除き日本の一般大衆にはそれほどの衝撃はなかったようです。天皇と同様、普通の日本人にとってそんなことはわかりきったことだったのかもしれません。ただ、超国家主義者、神道原理主義者には甚だ不評でした。また、これも後述しますが、三島由紀夫は天皇が「人間」になったことに激しく憤っています。

さらに、CIEは強制ではありませんが、天皇に地方巡幸を提案します。これは人間宣言に連なるものでした。CIEの思惑は、天皇が直接話しかけることにより、日本の民衆に神ではない「人間裕仁」を認識させることがひとつ、もうひとつは荒廃した国土で慢性的な食糧不足など苦しい生活を強いられている人々に慰藉を与え人心を安定させ、占領統治をやりやすくすることでした。しかし、昭和天皇はこの提案をことの外歓迎し、すぐに実施計画の作成を木下侍従次長に命じられています。ある時期からは、天皇自らスケジュールを作成されるほど意欲的でした。

天皇の地方行啓は戦前にもありましたが、主として軍事演習の視察が中心で、そのついでに産業施設や学校を訪れるといったものでした。また、いでたちも大元帥の軍装で、時に白馬に乗って視察するという仰々しいものでした。

それに比べ、敗戦間もない一九四六年（昭和二十一年）二月から開始された巡幸は趣きがずいぶん異なり、どうにか稼働し始めた工場、病院、農村、あるいは闇市にまで出かけられています。

また、服装は仕立てこそ良いものなのでしょうが、古くて心なしかくたびれた感じの背広とソフト帽でした。侍従の入江相政が目にあまって「米国人も見ていますので」と背広を新調するようにすすめると、「米国は戦争に勝って裕福なんだからいい洋服を着ても当たり前なのだ。日本は戦争に負けて国民は着るものにも不自由しているのだからいらない」と断られたそうです。

当初、側近たちは石でも投げられるのではないかと心配していましたが、どこに行っても大歓迎であり、徒歩の時は大群衆に囲まれ、しばしば動きがとれず護衛のMP（米軍憲兵）が威嚇発砲するほどでした。原爆が落とされた広島市では、五万人もの群衆が押し寄せたといいます。

当時の新聞社の世論調査では、実に九割以上の国民が天皇および天皇制を支持していました。巡幸は、九年にわたって断続的に行われ、米軍の直接施政下にあった沖縄県を除き全都道府県にわたっています。昭和天皇は決して器用な人ではなく、今でいうパフォーマンスは得意ではありませんでした。巡幸先で天皇は帽子をとり、民衆に向かってぎこちなく手を振って挨拶するというスタイルが定着します。また、農民や労働者に直に語りかけられ、相手の返事に「あっ、そう」とにこやかに応えられるのが口癖でした。しかし、民衆は天皇のこうした不器用さを愛し、「あっ、そう」は流行語になったくらいです。

行く先々で民衆は天皇の姿を見て喜び、涙する人も少なくありませんでした。こうした状況を観察して、英紙『オブザーバー』の記者は「占領されているにも関わらず、天皇の声望は少しも衰えていない。何もかも破壊されてしまった日本においては、天皇が唯一の安定要因となっている」と記しています。

同じ天皇ではありますが、戦前の天皇は政府によって演出され神格化された天皇であり、国民にとっては親しみではなくどこまでも畏敬の対象でした。対して、敗戦後の「人間天皇」に国民は同じく畏敬の念を抱きつつも極めて強い親愛の情を持つようになったのではないでしょうか。新しい天皇像の始まりです。

ともあれ、結果的に天皇の巡幸は、ＧＨＱにとっても天皇にとっても、そして国民にとっても予想以上の大成功でした。

青い目の君主

一九四五年（昭和二十年）八月三十日午後二時五分、厚木飛行場に着陸したダグラスC54『バターン号』から、サングラスをかけコーンパイプを咥《くわ》えた一人の大柄な軍人が、周囲を睥睨《へいげい》しながら丸腰で降り立ちました。まるで映画のワンシーンのようなカッコいい場面を演じたのは、良くも悪しくも戦後日本の骨格をつくった連合国軍最高司令官、ダグラス・マッカーサー元帥です。記録映画や報道写真でお馴染みの、タラップから悠然と下りて来るこの新しい「君主」の姿は、皇后の言葉を借りるなら「残念ながらりっぱ」でした。

占領した日本においてマッカーサーに与えられた権限は、米国史上例をみない空前絶後といってもいいほど絶大なものであり、アメリカ本国における大統領の権力をはるかに陵駕するものでした。「天皇と日本政府の統治権はマッカーサーに隷属しており、その権力を思う通りに行使できる。出した命令は武力行使も含め必要と思う方法で実施せよ」

これがトルーマン大統領から付与された権限でした。まさにもう一人の天皇、いや戦前の天皇の比ではない専制君主のごとき権力をマッカーサー一人が握ったわけです。そしてマッカーサーという人物は、その権力の行使に躊躇するようなタマではありませんでした。

実際、マッカーサーは解任されるまで六年たらずの間に、武装解除、戦犯摘発と東京裁判開廷、新憲法の発布、日本軍と軍事産業の解体、農地改革、教育改革、婦人参政権の確立、財閥解体、政財官界における旧支配層の公職追放等々、「革命」に等しい重要な政策を矢継ぎ早に実行していきました。マッカーサー自身、自ら命令した一連の施策を「上からの革命」と言っています。

その一方で、マッカーサーは強力な言論統制（プレスコード）を敷きます。連合国軍のすべての行為（原爆投下、無差別爆撃、米兵による婦女暴行等を含む）に関する批判的記述、軍国主義や国粋主義につながる表現、そして何よりマッカーサー個人に対する批判は、一切許されませんでした。完全な植民地統治体制です。まあ、戦時中の日本も同じようなことをしていましたが。

さらに、連合国軍最高司令官総司令部（ＧＨＱ）は、映画や新聞で戦時中の日本軍がいかに悪逆非道であったかというドキュメントを流させ、その一方で焼け野原を写したり占領軍による支配を想起させるような場面を報道することを厳しく禁じました。その他、日章旗掲揚の禁止、国家神道の禁止、武道の禁止、チャンバラ映画の禁止等々、細部にわたって封建的、愛国的と思われる表現、行動を規制しています。また、ハリウッド映画の配給やアメリカンポップスの放送を大々的に奨励することによって、アメリカに対する日本国民の憧憬を助長させる数々の施策を実行しています。もちろん、マッカーサーがいかに偉大な「君主」であるかアピールするための演出は最優先されました。マッカーサーは、本国においても占領地日本においても自分の人気を非常に気にし、常に脚光を浴びていたいという人物でした。

しかし、こうしたＧＨＱの諸政策の中には、ずいぶんと陳腐なものもありました。例えば、紙芝居の定番『黄金バット』の主人公を金髪碧眼のスーパーマンもどきに変えさせたり、日本語には漢字が多いため識字率が上がらず民主化が進まないとの理由から、すべてローマ字表記に変えさせるという馬鹿みたいな計画が立てられたりしました。もっとも、識字率に関しては調査の過程で、ほぼ一〇〇%であり世界一であることが判明しています。

また、熱心なキリスト教徒であるマッカーサーは、日本の民主化にはキリスト教が必要だと思い込み、日本人のキリスト教徒化を計画しますが不調に終わります。当たり前です。

以上述べたように、GHQは日本の社会システムのみならず、日本人の思考様式そのものを変えようとする、いわば「大洗脳プロジェクト」を展開したわけです。そして、このプロジェクトは概ね成功します。大成功といっても過言ではないでしょう。

事実、当時のマッカーサー人気はものすごいものでした。今ではちょっと考えられませんが、共産党までマッカーサーを支持していたほどです。総司令部には連日、マッカーサーを称える手紙が山ほど送られてきましたが、その大部分は同時に天皇を擁護する内容を含み、血書や血判付きのものもありました。中には「天皇に指一本でも触れると殺す」といった物騒なものもあったようです。また、女性からは「あなたの子供を産みたい」といった内容の手紙も相当数送られてきたそうです。

このマックフィーバーは、マッカーサーが総司令官の職を解かれ離日する直前まで続き、帰国の際には吉田茂首相をはじめ、衆参両議会、経団連などから決議や感謝状が贈られています。朝日新聞や毎日新聞等大手マスコミも、マッカーサーを称える記事を掲載していました。次の文章は、毎日新聞の記事です。

「ああマッカーサー元帥、日本を混迷と飢餓からすくい上げてくれた元帥、元帥！　その窓から、あおい麦が風にそよいでいるのをご覧になりましたか。今年もみのりは豊かでしょう。それはみな元帥の五年八ヶ月にわたる努力の賜《たまもの》であり、同時に日本国民の感謝のしるしでもあるのです。元帥！　どうか、おからだをお大事に」

うーむ、まるで恋文じゃないか。気恥ずかしくて赤面しそうになります。しかし、そのメンタリティの本質は、戦前「鬼畜米英」、「撃ちてし止まん」とやってた頃と何ら変わるところがありません。日本のマスコミは、どうしてこうなのでしょうか。

なお、空港に向かう沿道には見送りに二十万人もの群衆が詰めかけましたが、後にマッカーサーは『マッカーサー回想記』の中で「沿道には二百万人もの日本人が並び手を振った」と記していますす。どうもこの人物には一のことを十にして表現する癖があるようです。

ところで、GHQからの要請があったにも関わらず、天皇はマッカーサーを見送りには行っていません。天皇に何か含むところがあったわけではないでしょう。総司令官を解任された一元帥を、天皇自ら見送りに行くことなどあり得ないという極めて常識的な対処でした。

思うに、上から下まで国中がマック熱にうかされていた時、ひとり天皇だけは冷静でした。天皇は連合国軍総司令官の持つ権力とマッカーサーという人物を冷徹に見定め、日本を護るために自分がどう行動すればよいか考えられたのだと私は思います。

今振り返ってみれば、昭和天皇は戦前の「戦争熱」にも戦後の「民主主義熱」にも無縁な人でした。周囲がいくら熱狂していても生起する事象の本質をひとり視通し、付和雷同されるようなことは決してなく、その立ち位置は生涯を通し終始一貫してぶれることはありませんでした。

ちなみに、よく知られた話ではありますが、マッカーサーは帰国後に上院の聴聞会で、「現代文明の尺度から測ると、アメリカやドイツが四十五歳だとすれば日本は十二歳の少年」と発言しています。マッカーサーに悪気は毛頭なく、「ドイツは確信犯の悪党だが、日本は物事を知らない子供のようなもので、ちょっと道を踏み外しただけだ。これから成長する余地が十分にある覚えの早い優等生だ。自分の統治で良い国になったから大丈夫だ」てなことを好意的に表現したつもりなのでしょう。しかし、日本人としては馬鹿にされたとしか思えず、大いに誇りを傷つけられました。自分たちが一番と思い込んでいるアメリカ人特有の無神経でがさつな発言ではあります。この十二歳発言はすぐさま日本に伝えられ、新聞各紙に大々的に掲載されます。その結果、政府が計画していた「終身国賓待遇の贈呈」は先送り、「マッカーサー記念館の建設」は白紙撤回となり、国民のマック熱は一気に冷めます。「熱しやすく冷めやすい」というのは、確かに日本人の属性なのかもしれません。

いずれにせよ、マッカーサーが統治した五年八カ月の間に、戦前までの日本社会が有していた諸悪諸善は徹底的に破壊され、それに代わってやけに陽気な相貌をしたアメリカ的諸悪諸善が日本を覆いつくすことになります。そして、この「アメリカ的なるもの」はその後の日本人の血肉の一部となり、現在まで潜在し続けることになるわけです。

しかし、「日本の種子」はかろうじて残りました。昭和天皇は、終戦の聖断を下した御前会議で戦争貫徹を主張する東條らに、「(日本の民衆という)種子さえ残れば復興という光明も考えられる」と諭されましたが、残った「種子」とは他ならぬ天皇自身ではなかったか。天皇が残ったからこそ「日本」はかろうじて救われたのだ、私はそのように考える者です。

そして皮肉なことに、「種子」を残すのに決定的な役割を果たしたのは、日本人の伝統的価値観、精神性を根こそぎ踏みつぶしたデストロイヤー、マッカーサーその人でした。

昭和天皇とマッカーサー

一九四五年（昭和二十年）九月二十七日午前十時、昭和天皇を乗せた車がアメリカ大使館公邸に到着します。天皇は当時外相だった吉田茂を通して、マッカーサーに会見を申し込まれていました。出迎えたのは、マッカーサーの副官二人。マッカーサーは勝者としての立場を天皇に思い知らせるため、出迎えと見送りはしないと決めていました。その意思は、部屋に招き入れられてすぐに撮影された例の有名なツーショット写真にも表れています。

大人と子供ぐらいの差がある身長、モーニングの正装で直立不動の天皇とノーネクタイの開襟シャツで腰に手をやりゆったりと立つマッカーサー。勝者と敗者のイメージが明確に表れた写真でした。この写真は新聞社に提供されますが、内務省は不敬にあたるとしてその掲載を禁じます。しかしGHQはあっさりと禁じることを禁じ、全国民が天皇とマッカーサーが並んで写っている写真を目にすることになります。この悪意に満ちた不敬極まりない写真を見て、国民は今誰が日本の元首であるかということを改めて思い知らされたのではないでしょうか。

ちなみに、作家の高見順は「かかる写真は誠に古今未曾有」と怒り、歌人斎藤茂吉は日記の中で「ウヌ！　マッカーサーノ野郎」と罵っています。私だって腹が立ちます。

それはともかく、撮影が終わってすぐに会談は始まります。時間にして三十七分、その時部屋にいたのは天皇とマッカーサー、そして通訳である外務省参事官奥村勝蔵、三人だけでした。この日を含めて天皇とマッカーサーの会談は計十一回行われていますが、日米政府ともに公表しなかったため、政府首脳を含めてその内容を誰も知りませんでした。

しかし、それから十年後の一九五五年（昭和三十年）、ダレス国務長官と会談するために渡米した外相重光葵がマッカーサーを訪問した際に、マッカーサー自身の口から聞いた話として讀賣新聞に寄稿したことから、初回の会談の内容が明らかになります。

重光は、マッカーサーは天皇の発言について、

「陛下はまず戦争責在の開題を自ら持ち出され、次のようにおっしゃいました。これには実にびっくりさせられました。すなわち「私は日本の戦争遂行に伴ういかなることにも、また事件にも全責任をとります。また私は日本の名においてなされたすべての軍事指揮官、軍人および政治家の行為に対しても直接に責任を負います。自分自身の運命について、貴下の判断が如何様のものであろうとも、それは自分にとって問題でない。構わずに総ての事を進めていただきたい」私は、これを聞いて、興奮の余り、陛下にキスしようとした位です。もし国の罪を贖うことが出来れば進んで絞首台に上がることを申し出るという、この日本の元首に対する占領軍の司令官としての私の尊敬の念は、その後ますます高まるばかりでした。陛下は御自身に対して、いまだかつて恩恵を私に要請したことはありませんでした。とともに決して、その尊厳を傷つけた行為に出たこともありませんでした。どうか日本にお帰りの上は、自分の温かいご挨拶と親しみの情を陛下にお伝え下さい。その

際、自分の心からなる尊敬の念をも同時に捧げて下さい」

と語ったと書いています。いやはや、天皇もあんな大男にキスなんかされなくて幸いでした。

ところで、第一回の会見に随行した一人で行幸主務官だった筧素彦《かけいもとひこ》はこの寄稿を読み、「十年来の疑問が一瞬に氷解した」と記しています。というのも、それまでふんぞり返って尊大な態度だったマッカーサーが、当初予定していなかったにも関わらず、天皇が帰る時にはいそいそと寄り添うようにして玄関まで見送ったことを目撃していたからです。なぜマッカーサーは態度を豹変させたのか、重光の寄稿を読んで初めてわかったというわけです。

重光の寄稿からさらに九年後に出版された『マッカーサー回想記』や、近年になって次々と発掘された日米両国の資料によって、天皇が戦争責任についてすべて自分一人で負うとマッカーサーに述べたのは間違いないことがわかっています。

この天皇の捨て身の申し出を、自己保身のための計算された大芝居だと言う論者もいます。けれども、そんな姑息な手段を、乃木や杉浦から帝王学を徹底的に仕込まれた昭和天皇が使うことなどあり得ないと私は確信しています。自分の感性をもって天皇の感性を忖度すべきではないでしょう。確かに天皇は人間であり判断を誤ることもあるでしょうが、こと「責任」という概念については一般の国民と別次元の認識を持たれていたと思います。

実際、当時のアメリカの世論は厳しく、終戦直前に実施された世論調査では、天皇に対して処刑や終身刑を含む厳しい処罰を望む意見が六割にのぼっています。また、イギリス、オーストラリア、オランダ、中国（中華人民共和国）の政府は、天皇の処罰と天皇制の廃止を強く主張していました。

たのです。

まさに四面楚歌、そんな状況の中で、天皇は死をも覚悟して連合国軍最高司令官との会見に臨まれたのです。

当時、連合国の国内では昭和天皇がヒトラーやムッソリーニと同様の独裁者だと認識されていました。まあ、近年になるまで日本人だって戦時中における昭和天皇の発言を知らなかったのですから、交戦国であった国の人々がそう思うのも無理はないかもしれません。

しかし、アメリカなどのマスコミの論調を知り、さすがに昭和天皇も口惜しかったのでしょう。「自分があたかもファシズムを信奉するかのように思われることが最も耐え難い」と周囲に真情を吐露されています。そもそも、独裁者は議会を軽視しますが、天皇は政府首脳に自らの懸念を表明されながらも、常に議会の決定を尊重されてきました。あまりに立憲的であろうとされたことによって、戦争を止められなかったというのが事実です。

なお、天皇はマッカーサーに自らの戦争責任以外に、「私の一身はどうなろうとかまわないが、どうか国民が生活に困らぬよう連合国の援助をお願いしたい」とも要望されています。

その背景には、餓死者が出る恐れさえあるほど、戦時中よりもはるかに悪化した食糧事情がありました。事実、天皇はその年の十二月、当時の農相松村謙三に「多数の餓死者を出すようなことはどうしても自分には耐えがたい」と言われて皇室の御物の目録を渡し、「これを代償としてアメリカに渡し、食糧に替えて国民の飢餓を一日でもしのぐようにしたい」と依頼されました。

天皇の要望を受け、幣原首相がマッカーサーを訪ねて御物の目録を差し出すと、マッカーサーはまたしても感動します。そして、「自分が現在の任務についている以上は、絶対に日本の国民の中に餓死者を出すようなことはさせない。必ず食糧を本国から移入する措置をとる」と約束したといわれています。

ともあれ、マッカーサーが昭和天皇に通常の好意以上の感情を抱いたのは確かでした。

ただ、当然といえば当然ですが、好意だけで天皇を温存したわけではありません。戦前から日本に関する研究をしていた軍事秘書のボナ・フェラーズ准将の進言もあり、マッカーサーは当初から占領統治を円滑に行うために天皇の威光を利用しようと決めていました。天皇の一言により、内外に散開する英雄的かつ好戦的な七百万もの皇軍が一斉に武装解除するのをみて、ますますその意を強くしたのではないでしょうか。

アメリカ本国では天皇に対する議論が続けられていました。アメリカ政府は、マッカーサーに天皇の戦争責任に関する証拠を収集せよと打電しています。それに対して、マッカーサーはアイゼンハワー陸軍参謀総長に次のような回答書を送っています。

「過去十年間、天皇は日本の政治決断に大きく関与した明白な証拠となるものはなかった。天皇は日本国民を統合する象徴である。天皇制を破壊すれば日本も崩壊する。(もし天皇を裁けば)行政は停止し、ゲリラ戦が各地で起こり共産主義の組織的活動が生まれる。これに対処するには百万人の軍隊と数十万人の行政官と戦時補給体制が必要である」

ところで、木戸幸一ら天皇の側近は天皇が法廷に立つことを回避するために、つまり天皇の命を守るために、退位を画策していました。天皇自身、処刑されても仕方がないとまで覚悟を決められていたことから、退位することについて躊躇はありませんでした。側近に、もしも退位となったら

「(海洋生物研究の)助手が必要だな」と語られていたくらいです。しかし、統治計画の中に天皇を組み入れていたマッカーサーの方針は、「退位させてはならぬ」、「軍事法廷に出してはならない」というものでした。

昭和天皇は、終生マッカーサーとの会談内容について口を開かれることはありませんでした。一九七七年(昭和五十二年)の記者会見で昭和天皇は初めて戦後の思い出について語られましたが、マッカーサーとの会見内容については「マッカーサー司令官と、はっきり、これはどこにも言わないと約束を交わしたことですから。男子の一言の如きは、守らなければならない」と述べられています。「男の約束」を破ったのはマッカーサーの方で、べらべらと夫人や側近にしゃべり、『回想記』まで出版する始末でした。

混沌と紊乱の二千日

敗戦直後からマッカーサーが君臨した約二千日の間、日本人は物理的にも精神的にも史上かつてない混沌の中に放り込まれました。それはそうでしょう。不敗とされた皇軍はコテンパンに負け、日本の有史以来、初めて他国に占領支配されたのです。しかも、主要都市は焼け野原、生産設備は破壊され、国民はその日の食べ物にもこと欠いていました。そして何より一夜にして、昨日までの価値が真逆の価値に転換されたのです。忠君愛国は民主主義に、鬼畜だったアメリカ人は立派で善良なアメリカ人になったわけです。学校の教師はさぞ大変だったことでしょう。同情します。

ともあれ、終戦によってとりあえず殺し合いから解放されたという安堵感から生じるオプティミズムと何も信用できないというニヒリズムが混在した奇妙な時代ではありました。そして、奇妙な時代には奇妙なことが起こるものです。「マッカーサーの時代」の日本では、様々な悲喜劇がありました。

終戦直後、近衛文麿の進言によって内務省は『特殊慰安施設協会』という耳慣れない協会を設立します。特殊慰安施設、要するに国営売春施設です。その目的は米兵から「日本人女性の純潔を守る」ことでした。募集は新聞によって行われましたが、募集広告の文言は次のようなものでした。

「急告―特別女子従業員募集、衣食住及高給支給、前借ニモ応ズ、地方ヨリノ応募者ニハ旅費を支給ス」

「キャバレー・カフェー・バー　ダンサーヲ求ム　経験の有無ヲ問ハズ国家的事業ニ挺身セントスル大和撫子ノ奮起ヲ確ム最高収入」

当初は遊郭などいわゆるプロの女性を想定していましたが、生活のために多数の一般女性が応募してきました。

確かに米兵の暴行、特に婦女暴行は目に余るものがありましたが、大和撫子の純潔を守るために大和撫子の（売春業務における）奮起を促す。何だかやりきれないですね。

もっとも、この国営売春施設は、前大統領夫人エレノア・ルーズベルトの反対や梅毒の蔓延によって翌年閉鎖されました。職を失った女性たちは、「パンパンガール」と呼ばれた街娼となりますが、彼女たちに対する米兵の暴行も多数報告されています。著名な婦人運動家で女性牧師の植村環《たまき》は、米軍の寛大な統治に感謝しながら、彼女たちのことを「積極的に外人を追いかけて歩き、ダニのように食いついて離れぬ種類の婦人」、「あんなに悪性のパンパンに対しては、白人の方だって、あの位の乱暴は働きたくなりますさ」などと罵っています。しかし、当時の日本人の中に、彼女たちパンパンガールを非難する資格のある人間が一人でもいたのでしょうか。その頃、彼女たちを題材にして大ヒットした名曲『星の流れに』の歌詞の終わりは「こんな女に誰がした」と結ばれています。

しかし、人間の生き延びようとするエネルギーは、まことにすごいものです。瓦礫の中には早々と闇市が立ち、どこから調達してくるのか様々な食材が並ぶようになります。当時は食糧管理法によって食料はすべて配給制でしたが、配給される食料だけでは生きていくことができません。餓死しないためには、闇市に並ぶ馬鹿高い食材を買うしかありませんでした。もちろん、違法です。つまり、法を破ることによって当時の日本人は生き延びたのです。

そんな状況の中、東京区裁判所の山口忠良判事は、「闇米を取り締まる者が闇米なんか食えるか」といって配給された自分の食料を家族に与え餓死します。「武士は食わねど」を実践した人でした。「死んで花実が咲くものか。生きてるうちが花なのよ」とばかり、山口判事の死を嗤う者もいましたが、やはり山口は立派な人であったと私は思います。

ちなみに、戦前の大物右翼や高級軍人に餓死した者は一人もいません。「武士」はいなかったわけです。それどころか、闇商人と結託して軍の隠匿物資を流した者が多数いたといわれています。

既に述べてきたように、終戦後の日本人は原爆や無差別爆撃によって非戦闘員が大量に殺戮されたにも関わらず、マッカーサーとその軍隊を憎んでいるようにはとても思えませんでした。それどころか、いささか度を過ぎた親愛の情さえ示しています。実に不思議です。原爆が投下された長崎市では、占領軍と地元新聞社の共催で『ミス原爆コンテスト』が開催されています。いったい何を考えていたのでしょうか。私にはまったく理解ができません。「ミス原爆」は極端な例ですが、「マック熱」に象徴されるように昨日までの鬼畜アメリカに対するこの時期の日本人の感性は、左右上下を問わずほとんど変態的ともいえるほど卑屈なものでした。

一般に、大衆の生活水準が極端に悪化するとコミュニズムやファシズムが幅をきかせるものですが、ご多聞にもれず終戦直後の日本では、共産党をはじめとする左翼勢力が大きく伸長しました。しかし、その左翼からして占領軍にはメロメロでした。彼らは、GHQの民生局（GS）が共産主義者など政治犯を解放し、労働組合設立を奨励したことなどから、占領軍（アメリカ）は自分たちの味方だと思い込みます。一九四六年（昭和二十一年）五月一日のメーデーで、執行部は「連合軍が日本国民を解放し、自由を与えかつ労働者農民の権利を確保したことに対し、深謝する。平和を愛する人民政府の樹立を目指す。官僚、資本家、地主、その他の利益集団がその実現を阻む。彼らこそ民主革命の真の敵である」という声明を出しています。彼らの目が覚めるのは、一九四七年（昭和二十二年）二月一日に実行予定であったゼネストが、マッカーサーの命令によって中止された時まで待たなければなりませんでした。

また、興味深いことに、この時期の左翼は天皇にも頼っていました。一九四六年（昭和二十一年）に中国から帰国し、さながら英雄のごとく熱狂的な出迎えを受けた共産党の野坂参三は、世田谷の食料デモ（後に食料メーデーに発展）に参加した時、「天皇に直訴するしかない」とアジって皇居まで進撃し、宮内省の代表に要求を伝えています。五月十九日の食料メーデーでは、国会議事堂前ではなく皇居前広場に、なんと二十五万人が集結しています。

占領期の日本をテーマに『敗北を抱きしめて』(岩波書店)という労作を著したアメリカの政治学者ジョン・ダワーはその中で、「しかし、五月半ばのこれらのできごとは、思想的に見れば奇怪な矛盾のかたまりであったことは明らかだ。その最大の理由は、民衆の抗議運動が天皇へ上奏する形をとったことにある。五月一九日に承認された決議文では、天皇を「君主」および「最高権力者」と位置づけており、国民の意思にそった適切な処置をとるよう天皇に恭しくお願いしていた。天皇がそうすることによって、日本を飢餓と荒廃に導いた、堕落した政治家、官僚、資本家や地主を排除できる。そして、彼らに代わって、労働者、農民、社会主義者と共産主義者による連合戦線を支持するよう、天皇に訴えていたのである」と、批判的に述べています。確かに鋭い指摘ではありますが、やはりダワーはアメリカ人です。天皇と日本人の関係における繊細な機微がわかっていません。日本人にとっての天皇は決して「最高権力者」なんかではなく、アメリカ式の合理主義では理解ができない存在なのです。

いずれにしても大きな危機に際した時、最後は天皇に頼るというのは日本人の習性なのかもしれません。

そういえば最近、今上天皇の退位問題に関して、日本共産党書記長小池晃参議院議員は「天皇の意思を尊重すべきだ」と述べています。政治システムとしての共産主義をまったく評価しない私ですが、この発言には賛成です。偉いぞ、コイケ!

話はそれますが、共産党の野坂参三といえば、ほろ苦い思い出があります。もう三十年以上前のことですが、上映時間五時間という超大作記録映画『東京裁判』（小林正樹監督。一九八三年公開）の大規模な試写会に招待されました。何せ長時間の映画ですから途中休憩があり、私は試写室を出ました。すると、目の前に野坂参三その人がいたのです。当時、野坂は共産党のトップでした。これは天祐だ、やっつけてやろうと思ったその瞬間、ＳＰが割り込んできて野坂を囲むようにして去っていってしまいました。あっという間の出来事です。私は「チクショー、国賊野坂参三に天誅を加える絶好のチャンスを逃した」と、その後かなりの期間グズグズと後悔し続けました。もちろん、民族派の運動仲間にはずっと黙っていました。みすみす目の前の大物を取り逃がした間抜けさを責められるのが嫌だったからです。今振り返ると、当時の私は「気分は二・二六将校」、実にクレイジーでした。

左翼、我が世の春を謳歌する

とにかく、左翼全盛の時代でした。左翼政権成立に備えて、財界人がマルクス・レーニン全集を買いに本屋に走ったという笑い話があるくらいです。

左翼だけでなくこの頃のマスコミ、そして国民は、東條をはじめとする戦争指導者にすべての戦争責任を押し付けています。押し付けるだけでなく、ここぞとばかり非難の矛先を向けています。特に東條の家族に対しては、ひどい仕打ちでした。ほとんど迫害です。

東條英機の孫である東條由布子は、一家に対して周囲から受けた仕打ちの例として、次のような証言をしています。

東條の息子、つまり由布子の父は復員してすぐに会社から辞職勧告を受け退職した。

東條家には商品を売らないという食料店もあり、妻かつ子は庭を開墾して野菜の栽培や鶏を飼育し自給自足の生活をした。

小学校に入学した弟は、担任の女性教師に「東條君のお祖父さんは、泥棒よりも悪いことをしてきた人です」と級友の面前で言われた。

「東條の長男一家は皆殺し」という噂が立ち、危険を感じて一家が引っ越した先では、東條の孫のクラスの担任になるのを当初は教師全員が拒否した。

おそらく、これらは一家が被った災厄のほんの一部でしょう。一言で申せば最低です。嫌だなあと思います。同じ日本人として恥ずかしくなります。弱い立場にある者を寄ってたかって攻撃する。こうした輩のことを俗に、「人でなし」といいます。

また、マスコミおよび文学・言論界をはじめ、各界では戦犯探しが始まります。重箱の隅をつつくようにしてアラ探しに狂奔し、「あいつは、戦前戦中にあんなことを言っていた、あんな表現をしていた。だから戦争責任がある。右翼だ」と罵り、パージしまくります。まさに言論リンチです。しかし、批判する側の知識人たちは、戦前戦中にいったい何をしていたというのか。戦争責任を追及できる立場なのか。笑わせます。もっとも、時流に乗って声高に「戦争責任」を言い立てていたのは総じて二流、三流のエセ知識人たちでした。この連中は「しめた、俺たちの時代だ」とばかり、マッカーサー（アメリカ）の権勢を笠に着て、安全圏にいながらせっせと左翼商売に精を出していました。一方、吉本隆明や村上一郎、橋川文三、福田恒存《つねあり》といった少数のまともな知識人は戦犯探しなんかには目もくれず、「あの戦争は何だったのか」と真剣に総括を試みていました。また、高村光太郎や小林秀雄のように黙して語らずという姿勢を貫いた一級の知識人もいました。ともあれ、言論界における左翼にあらずんば知識人にあらずという風潮は、かたちを変えながらも一九七〇年代まで続くことになります。ひるがえって現在、今度は「保守」が知識人たちの合言葉になっています。テーマは真逆になろうとも、浅薄で品性下劣なところは当時の三流左翼と変わっちゃいません。

ところで、一九四六年（昭和二十一年）から始まった極東国際軍事裁判（東京裁判）では戦犯が裁かれ、A級戦犯をはじめとする七人の絞首刑や主要戦犯の禁固刑が連合国によって決定されています。また、海外の四十九カ所の軍事法廷では約千人のBC級戦犯が処刑されています。日本の罪状としてあげられたのは、「平和に対する罪」と「人道に対する罪」です。まったく、自分たちのやってきたことを棚に上げてよくこんな仰々しい罪状を考えついたものです。

広く知られるところですが、東京裁判についてインドのラダ・ビノード・パール判事は、「平和に対する罪」と「人道に対する罪」は戦勝国により作られた事後法であり、事後法をもって裁くことは国際法に反していることから被告人全員の無罪を主張しました。そして「戦争の勝ち負けは腕力の強弱であり正義とは関係ない」と断じています。また、ナチス・ドイツのホロコーストに言及し、ホロコーストに匹敵するのは唯一アメリカの原爆投下だと言い切ってもいます。

ＧＨＱ内部でも、参謀２部（Ｇ２）部長のチャールズ・ウィロビー少将は「この裁判は史上最悪の偽善だ」と言っています。また、戦犯選別の任に就いたＧＨＱ対敵情報部長エリオット・ソープ准将は後年、裁判を「くだらない茶番」であり、「自分は裁判にかける戦争犯罪人を選ぶ仕事をしたが、あんなことをしてよかったとは今も思わない。あれは事後法であり、ゲームが終わってからルールをつくったんだ。そうして我々は、国策の手段として戦争を利用したという理由で、あの連中を絞首刑にしたわけだ」と述懐しています。敵方にしてからこうですから、東京裁判に公平、公正を見出すのは無理というものです。

また、この裁判のアホらしさは、十項目にまとめられた日本に対する訴因の中の次のような項目にも見出せます。

米国に対する侵略戦争
英国に対する侵略戦争
オランダに対する侵略戦争
北部仏印進駐以後における仏国侵略戦争
ソ連に対する張鼓峰事件の遂行
ソ連及びモンゴルに対するノモンハン事件の遂行

よくもまあ、こんな訴因をあげたものです。世界中の誰もが知っている通り、最初にアジアを侵略したのは欧米列強であり、正しくは欧米が侵略して奪い取った植民地に対する侵略といいかえるべきでしょう。また、ソ連が強引に入れた訴因は、火事場泥棒のような領土簒奪を正当化するためにこじつけたものに過ぎません。

戦後、右翼や保守派は東京裁判を不当だと決めつけていますが、それはその通りだと私も思います。しかし、戦争においては正義が悪を裁くわけじゃない、日本は戦争に負けたから戦犯が裁かれた、私に言わせればそんなことはわかりきっていることです。戦勝国が敗戦国をいたぶるのは古今東西当たり前であり、仮に日本が勝っていれば東京裁判のようにまだるっこしいことをせず、即決でバンバン処刑したと思います。

ただ、信じ難いことに戦後のある時期まで、大方の左翼の連中は東京裁判を善悪の尺度として採用し、戦犯＝悪、連合国＝善といわんばかりの言説を展開してきました。右翼が怒るのも無理はありません。一方、右翼や保守派は東京裁判の不当性を根拠に、日本は悪いことなど何もしていないと言い張ります。どうして、そんなことになるのか。侵略は侵略であり、悪いに決まってるじゃないですか。もちろん、欧米列強も同罪です。日本の罪は欧米列強の真似をして、それもうんと泥臭くダサいやり方でアジア諸国を「侵略」したことにあります。右翼は大東亜戦争は解放戦争だったなんて言いますが、それは結果論でしょう。「五族共和」、「大東亜共栄圏」といった大風呂敷は、アジア諸国からすると侵略を糊塗する駄法螺《だぼら》としか思えなかったはずです。でなけりゃ、現在に至るまで蛇蝎《だかつ》のごとく日本が嫌われるわけないじゃないですか。

冷戦の始まりと保守派の復活

新憲法発布をはじめ日本のラディカルな民主化を主導したのは、ＧＨＱ民生局局長のコートニー・ホイットニー准将と弁護士出身の民生局次長チャールズ・ケーディス大佐でした。「民主主義の使徒として降臨した占領軍」という光り輝くイメージを演出した民生局（ＧＳ）は、いわばＧＨＱの表の顔です。この民生局の過激な政策を通してもたらされた、いささか独善的な「自由と民主」の理念ではありましたが、左翼をはじめ一般の日本国民はそれを熱狂的に歓迎しました。

しかし、ＧＨＱにはもうひとつ強力なセクションがありました。チャールズ・ウィロビー少将率いる参謀2部（Ｇ2）です。Ｇ2は、諜報・保安・検閲（プレスコード）を管轄したセクションであり、ＧＨＱの裏の顔ともいえる組織です。

その機能の違いからか、あるいはトップの思想信条の違いからか、この二つの組織は犬猿の間柄であり、ＧＨＱ内部で熾烈な縄張り争いを繰り広げていました。

一九四五年（昭和二十年）、ＧＨＱは人権指令を出し、治安維持法廃止、特高警察の廃止、投獄されていた共産党幹部の釈放を命じます。この指令によって、戦前の警察機構は大きく揺らぎますが、共産勢力の台頭を危惧するウィロビーは警察力の弱体化に強く反対します。また、自分たちの手足となって動く秘密警察を必要としたことから、内務官僚と特高警察の温存を図り、名称だけ変えて警察内部に公安セクションを設置します。つまり、現在の公安の出自は特高警察に由来するものです。また、日本の検察も戦時中の隠匿物資の摘発を命じられたことからＧＨＱの強い影響下にありました。現在も日本の検察はアメリカの影響下にあるといわれる所以です。

G2は、ジャック・キャノン少佐を司令官とする直属の秘密諜報機関『キャノン機関』を使って、占領地の日本で様々な謀略工作を展開したとされています。また、旧陸軍中将だった河辺虎四郎や辰巳栄一を使ってアメリカのための特務機関『河辺機関』を結成させ、裏工作に従事させています。この河辺機関は占領後も生き残り、『世界政経調査会』と名称を変えて内閣調査室に引き継がれています。こうしたG2傘下の秘密組織は、一九四九年（昭和二十四年）に起きた国鉄三大未解決事件（下山事件、三鷹事件、松川事件）に何らかのかたちで関与したという説は今でも根強くあります。また、GSのケーディスの不倫スキャンダルを暴露したのもG2でした。

いずれにせよ、マッカーサーにとってGSとG2は両腕ともいえる組織であり、GHQはその機能をうまく使い分けていたともいえます。

このようにGSとG2の対照的な個性は、明るくポジティブな民主主義理念と、現実の国益を守るための「力」への信仰という、現在まで続くアメリカという国の二面性を象徴しているといえるでしょう。

余談ではありますが、特高の血をひく公安警察には個人的に非常に嫌な思い出があります。ご存じの方も多いかと思いますが、私は若い頃『一水会』という民族派グループのリーダーでした（その後顧問を経て退任）。そして、行動右翼とか新右翼とかいわれて、アメリカやイギリスの大使館に火炎瓶を投げたりと、けっこう過激な運動をしていました。

ちょうどその頃、地方にも我々と似た過激な民族派グループがあって、その中の一つが『日本民族独立義勇軍』というグループでした。その団体の実態は何も知りませんでしたが、我々の運動に呼応して立ち上がったんだろうぐらいに考え、同志として一水会の機関紙『レコンキスタ』に犯行声明を載せたりしていました。そのあたりは、我々の脇の甘いところだったかもしれません。

しかし、この日本民族独立義勇軍はある日突然『赤報隊』と名前を変え、朝日新聞阪神支局を襲撃して記者を射殺します。我々は、正直慌てました。そんなことをやらかすグループだとは思ってもいませんでしたから。さあ、それからが大変です。公安の刑事が連日やって来て、ガサ入れなんか何十回もやられました。それに小さなことに因縁をつけられて別件逮捕され、取り調べで「お前が黒幕だろう」とか「赤報隊のメンバーの名前を吐け」とか徹底的にいじめられました。いくら「やってない」、「彼らの実態は何も知らない」と言っても信用しません。でも、知らないものはしょうがない。とにかく、こっちとしてはえらい迷惑でした。

公安警察について、もう少し語らせてください。

彼らはものすごいエリート意識を持っています。事実、公安の出身だと出世が早いといわれているし、予算も人員も豊富です。同じ警察でも刑事警察を見下しているようなところがあり、国家は俺たち公安が守っているんだという意識を強く持っています。刑事警察の対象は泥棒や人殺しですが、泥棒や人殺しを見逃しても国は亡ばない。しかし、過激な政治犯をのさばらせると国が亡びるというわけです。私に言わせれば夜郎自大もいいところです。

検察もそうですが、公安警察は占領期にＧＨＱ参謀２部の手先となって活動していました。したがって、主たる捜査対象は共産党をはじめとする左翼であり、スパイを潜入させたり盗聴をしたりと、現在に至るまでけっこうえげつない捜査をしています。

一方、既成の右翼に対してはどうかというと、これはもう馬鹿にしてなめきっています。まあ、右翼にも責任があるんですが。たとえば、任侠系の右翼の場合、それまで刑事警察に「オイコラ、この野郎」なんてどやされていたのが、政治結社をつくったとたん公安警察がやって来て「先生、先生」とおだてたりするものだから、そりゃいい気分にもなるでしょう。それで、すっかり反共を共通の目的とする仲間だと思っちゃうわけです。自分たちの会議や集会に公安を同席させたりする。公安も、「共産党や新左翼が革命を起こそうとする時は、ピストル持って一緒に闘いますよ」なんて駄法螺を吹く。そんなことあり得ないのに。我々だけでした、公安と馴れ合ってなかったのは。だから、よく他の右翼になんで公安を敵視するんだと批判されたものです。

まあそんなわけで、いつ何をやるかといった情報なんか苦労せずに手に入るため、公安の連中は既成右翼を端からなめています。事件が起きる前から具体的な内容を知っていて、いいタイミングでそれを阻止する。右翼と公安はツーカーですから、そんなことがけっこうあるんです。公安にとって右翼は自分たちの存在意義をアピールするのにうってつけの存在でもあります。

たとえば、右翼の中に薬だとかの犯罪で捕まりそうな人間がいた場合、「どうです、日教組の本部に突っ込みませんか。そうしたら、国士として逮捕してあげますよ」、「裁判の過程で薬の件は追加するだけだから、新聞にも出ませんよ。いい話でしょ」なんて囁くわけです。要するに彼らは自分たちで仕事をつくり存在証明をしたいわけです。典型的なマッチポンプであり、ひどい話です。私なんかも街頭で公安に声をかけられ、「鈴木さんは口だけで何もしないんだって右翼が言ってますよ」、「ここはイッパツ、共産党にでも突っ込んでみませんか」などと、つまんない挑発をされたりしました。まったく、けしからん連中です。

しかし、刑事警察の人間に言わせると公安警察は謀略めいたことは得意だが、捜査の基本的訓練を積んでいないからその捜査能力は低く、ただの無能な警察だそうです。國松孝次警察庁長官が狙撃された事件でも赤報隊の事件でも、最初から俺たち刑事警察が担当していれば絶対にホシをあげていたはずだとも言っています。

ただ、公安警察という組織はベールに包まれているようなところがあり、その実態は警察内部でも一部の幹部にしか知られていません。元北海道警の幹部で裏金を告発して辞めさせられた原田宏二元警視長は、自分の部下でも公安の連中は何をやっているのか把握できなかったと言っています。警察署の署長じゃなく、中央の意思によって動いている。まるで国家内国家のようなもので、そういった意味では危険な組織だと私は思っています。どうやら共謀罪（テロ等準備罪）が成立しそうな雲行きですが、もしも成立したら公安警察は「俺たちの出番だ」と歓喜の涙をきっと流すでしょう（結局成立しました）。


話を戻しましょう。進駐した当初のマッカーサーは、日本から工業力を奪い非武装の小さな農業国にして、アメリカの市場にしようと考えていたようです。その方針が大きく変わったのは、戦後それほど間を置かず始まった東西冷戦のせいでした。アメリカは、日本を極東における反共の防波堤とすべく、経済の自立と再軍備を計画するようになります。と同時に、それまで寛容であった左翼勢力への対応は厳しくなっていきます。その象徴的なトピックが一九四七年（昭和二十二年）に計画されたゼネストの中止命令でした。マッカーサーは自分たちの味方だと信じて疑わなかった左翼勢力にとっては寝耳に水だったでしょう。これを契機として、日本の左翼は以後「反米」を大きなテーマとするようになります。

一方、戦後まで生き残った軍の上層部や右翼、保守政治家、高級官僚たちは歓喜しました。彼らは公職追放を解かれ、以後アメリカに忠誠を誓うことによって権力の中枢を形成するようになります。左翼とは違った意味で、彼らもまた「しめた、俺たちの時代だ」と思ったことでしょう。しかし、よく考えてみると、本質的には戦前回帰を志向する右翼や保守派が親米、というよりも対米従属に甘んじていることを恬《てん》として恥じないのもおかしなことではあります。何しろ彼らが「鬼畜」と呼んだアメリカですから。

要するに、日本の戦後とは言論界、文化界、学界といった表舞台では左派が幅をきかせ、政官界という一般の国民がうかがい知れない裏舞台では右派が幅をきかせるという、「アメリカ」を支点とした奇妙なバランスが長く続いた状況だったといえるのではないでしょうか。政治学者の白井聡は、その著書『永続敗戦論』(太田出版)で日本の戦後とは、アメリカに対する敗戦時の政治的メンタリティが現在に至るまで続いている状況に他ならず、これからも続きそうな気配であることを指摘しています。私もその通りだと思います。

ただ、一応民族主義者とされている私ではありますが、私のアメリカという国に対する感情は正直なところ複雑です。もちろん、実質的にアメリカの植民地のような日本の現状を肯定するつもりはありません。けれども、本当の思惑はともかくアメリカが他の連合国の不満を抑え、現実に昭和天皇および皇統を残してくれたことには文句なく感謝しています。ああ良かった、と思っています。

それに、占領政策を主導したのがソ連や中国だったらどうなっていたでしょうか。天皇は間違いなく処刑され、皇統は廃されたはずです。さらに、ソ連の指導下で共産党一党独裁の全体主義社会、言論の自由なんてあり得ない暗い社会になっていたでしょう。とりあえず現在の日本では、政権を批判しようがアメリカを批判しようが自由です。それを考えると、ソ連の属国になるよりアメリカの植民地の方がなんぼかマシだったと思わざるを得ません。それは、左右を問わず現在を生きる日本人に共通する認識だと思います。

しかし、戦後七十年を経て冷戦構造が崩壊し、中国という新たな覇権国家が台頭してきた現在、世界は否応なく多極化するでしょう。より複雑化する国際政治の中で、日本が今後進む方向を決定するのはそれほど簡単ではないように思われます。常識的にはアメリカ、中国、それにロシアという大国のいずれかと、良くいえば絆を深める、悪くいえば追随するということになるのでしょうが、それでは日本にとって真の自立とはいえません。今こそ明治維新時のように日本人自身が真剣に知恵を絞り、新しい発想を以てこの国のかたち、「独立国」として進むべき方向を考える時ではないか。私はそのように考える者です。

二　戦後日本の明暗

戦後昭和の繁栄

敗戦から十年あまり経った一九五六年（昭和三十一年）、戦後史上最も有名な白書が経済企画庁から刊行されました。『日本経済の成長と近代化』と題されたその白書は、「もはや戦後ではない」と結ばれています。また、この年は日本が国際連合に加盟した年でもあります。

白書の刊行された前年、国民所得は戦前の一・五倍、工業生産は二倍になっています。敗戦直後の混乱が収束し、暮らす家があり三度の食事ができる、つまり普通の生活ができるようになったということです。

白書ではこうした急激な成長は日露戦後と第一次世界大戦後の二回しかないと指摘しています。ただ、流行語ともなった「もはや戦後ではない」という文言を入れた執筆者の主意は、一般に解釈されているような「これから明るい未来が開ける」という楽観ではありませんでした。文字通り焼け跡からの出発だった戦後日本ですが、当時の日本人は生きるために必死に働きました。そのエネルギー（欲望）がわずか十年という短い期間で復興した大きな要因でした。その活力が、とりあえず生活が安定したことにより損なわれ、かつ今後の成長の青写真が描けてないことに対する懸念が「もはや戦後ではない」という表現となったのです。

ところで、超短期間での復興を可能にしたより本質的な要因は、東西冷戦の始まりに伴う日本の経済自立と再軍備というアメリカの劇的な占領方針の転換でした。一九五〇年（昭和二十五年）に勃発した朝鮮戦争は、その延長にありました。この戦争で日本は米軍の軍需物資の補給と兵器の修理等を一手に引き受けたことにより、空前の経済拡大を実現します。つまり、隣国の民衆の悲惨な境遇と引き換えに、その後に続く「日本の奇跡」と呼ばれる高度経済成長の布石を打つことができたわけです。

日本の高度成長期とは、一般に一九五五年（昭和三十年）に始まる神武景気から一九七三年（昭和四十八年）までを指しますが、その間、六〇年安保、七〇年安保という熱い政治の季節を挟みながらも、先進国クラブへの入会ともいえるOECD加盟、新幹線開通、東京オリンピック開催（いずれも一九六四年）、大阪万博開催（一九七〇年）等、日本の躍進を象徴する大きなトピックがありました。また、一九六八年（昭和四十三年）には国民総生産（GNP）が西ドイツ（現ドイツ）を抜いて世界第二位の経済大国に成り上がっています。焼け跡から二十年ちょっと、白書の懸念をよそにまるで手品を見ているようなスピードの復興でした。

こうして日本は名実ともに世界有数の先進国となりますが、急激な高度成長期は終わり一九七〇年代半ばから経済は安定成長期に入ります。依然として経済大国の地位は盤石で日本人の生活はどんどん豊かになり、一九八〇年代後半にそのピークを迎えます。いわゆるバブルの時代、金ピカの時代です。株価は日経平均四万円に迫り、日本全土の土地価格がアメリカ全土の土地価格の二倍、どう考えても異常な時代でした。しかし、普通でないことは絶対に長続きはしません。一九九〇年代初頭バブルがはじけ、日本は底なし沼のような低成長期に突入し現在に至っています。

振り返れば、様々な僥倖があったとはいえ、焼け跡から奇蹟ともいえる復興を果たした日本ではありました。しかし、その間に失われたものも大きかったように私は思います。世界第二位の経済大国となった日本はまた、世界一の先端消費社会でもありました。単にモノの消費だけではなく、思想、想像力、愛や性といった精神に属するものまで、あらゆる事物事象が相対化されて消費の対象となった、いわば消費社会の極北ともいうべき地点にたどり着いたのが戦後日本の姿だったのではないでしょうか。その結果、あらゆる幻想が剝ぎ取られ、人と人の関係性は希薄になり、政治家は言うに及ばず教師も友人も、また親子でさえ潜在的には信じることができなくなった社会、まさに極北です。しかし、人間とは幻想抜きに生きていける存在ではありません。そして、心優しい者、倫理観の強い者、感受性が豊かで繊細な者、つまり純粋な人間ほど高度消費社会から疎外され、カルト宗教などに引き寄せられていくのではないでしょうか。

戦後五〇周年の祝うべき年一九九五年(平成七年)は、阪神大震災と地下鉄サリン事件で幕を開けました。建設官僚がその強度に絶対的な自信を持っていた橋梁は脆くも崩れ落ち、漫画的ともいえるオカルト教義に惹きつけられた心優しき高学歴のインテリ信者が大量殺人を行う。まさしくモノとココロの崩壊であり、汗水たらしながら営々と築いてきた戦後日本の何かが壊れたことを象徴する年でした。

現在の保守・右翼ブームは、ひょっとすると、そうした戦後日本の矛盾に対する反動が非常に不健全なかたちで顕れた結果なのかもしれません。

昭和の終焉

バブルの頂点にあった一九八九年（昭和六十四年）一月七日六時三十三分、日本の成長神話の終わりを告げるかのように昭和天皇は波乱に満ちた八十九年の生涯を終えられました。歴代天皇の中でも最長寿であり在位期間は六十四年間、その記録は今後もおそらく抜かれることはないでしょう。九月二十二日に皇居の坂下門に設けられた記帳所には、一週間でなんと四十二万人もの人々が記帳に訪れました。

昭和天皇の崩御は戦後最大の出来事でしたが、それと前後して石原裕次郎（一九八七年七月没）と美空ひばり（一九八九年六月没）という戦後昭和を象徴する国民的スターが相次いで亡くなっています。国民は「昭和」という時代が本当に終わったのだと実感したのではないでしょうか。

昭和という時代は、戦争と平和という鮮やかなコントラストをなす二つの時代にくっきりと分かれています。一九四五年（昭和二十年）八月、国体は大きな転換を余儀なくされました。国家主義から民主主義へ、現人神は人間へと変わります。このような国体の大転換は明治維新と敗戦時だけです。

国体は変わりました。しかし、つくづく思うのは日本人の尋常ならざる対応力です。昨日までの敵に教えられた（強制された）制度、技術、生活様式等を、バキュームカーのように吸収し強靭な胃袋で咀嚼して、しかも日本固有のかたちに変えてしまったのが戦後の日本人でした。一般に生真面目とされる日本人ですが、外来のものに対する換骨奪胎はお家芸であり、案外しぶとくしたたかな民族なのかもしれません。

それはともかく、国体の大転換はやはり日本の社会や人心に影響を与え、少なくとも表層的には大きな変化を促したように思います。

それでは、昭和天皇はどうだったか。結論からいうと、戦前、戦中、戦後を通して、まったく変わられていない。首尾一貫して昭和天皇は昭和天皇でした。

GHQによって転換させられた国体ではありますが、現人神から人間になったことにも日本国憲法で主権在民、象徴天皇と規定されたことにも、昭和天皇はまったくといっていいほど反発のようなものを感じられていない。現在の右翼・保守の連中は腹立たしく思うかもしれませんが、公にされた戦前、戦中の発言を考え合わせると昭和天皇にとってはむしろ戦後の体制の方が自らが志向される国体に近いものであったのかもしれません。

昭和天皇は皇太子時代から戦争を厭い平和を希求されていました。そして、国（＝国民）の安寧を願う天皇の精神には一点の曇りもなく、時代の風潮に右顧左眄《うこさべん》されることなどない方でした。いかにも右翼的な表現だといわれるかもしれませんが、やはり天皇は超越した存在であり、我々一般の民衆とは「違う人」なのだ。そのように考える鈴木邦男です。

既に繰り返し触れたように、昭和天皇は現実に対しては徹頭徹尾、科学的かつ合理的思考で臨み、倫理的には質実剛健を旨とし、どこかの王族や独裁者のように私欲に溺れるような方ではありませんでした。また、生涯を通して立憲君主とはどうあるべきかを真面目に考えられていた方でもありました。

しかし、昭和天皇は冷徹な科学的思考の一方で天皇という存在の本質的な意味、すなわち「祈る人」としての責務を片時も忘れられてはいませんでした。宮中祭祀はもちろんのこと、伊勢神宮への参拝も欠かされていません。三種の神器を命がけで守ろうとされたのも、最高神官としての自覚からでしょう。

皇統第百二十四代昭和天皇。明治以前の天皇を知っているわけではありませんが、こと聡明さという点では歴代天皇の中でも図抜けた方だったのではないかと思います。

敗戦の直前一九四三年（昭和十八年）に生まれ、戦後の昭和原人ともいえる私にとって、天皇といえば昭和天皇でした。けれども、ここまで述べてきたように、近現代の天皇はそれぞれ時代的な役割を体現されてきました。革命と文明開化のシンボル明治天皇、自由の人大正天皇、そして戦争と平和の中で苦悩しながらも立憲をテーマとされた昭和天皇。

それでは、第百二十五代今上天皇はどのような役割を自らに課せられた天皇でしょうか。

三　リベラルの砦、今上天皇

新しい帝王学

今上天皇（明仁天皇）は、一九三三年十二月二十三日に昭和天皇の第一皇子として誕生されました。摂政就任以来、国内外でろくなことがなかった戦前の昭和天皇にとって、数少ない慶事でした。

大正天皇と同様、子煩悩な昭和天皇ではありましたが、皇太子明仁親王も歴代の天皇と同じように三歳より親から離されて育てられます。戦時中、疎開先で級友たちは幾度となく親が訪れ再会を喜ぶのに親王はいつも独りであり、ずいぶんと寂しい思いをされたようです。明仁親王は後に家庭を持たれた時、これまでの皇室の慣習を破り親子はいっしょに住まれるようになります。もちろん、それには昭和天皇の暗黙の支持があったからでしょうが、今上天皇がことの外「家庭」を大切にされたのには子供時代の体験が影響しているのでしょう。もちろん、歴代の天皇も親との別居が常識でしたが、多感な青年時代を戦後の民主日本で過ごされた皇太子は、家庭というものにそれまでの天皇とはまったく違ったイメージを持たれたのであろうと思います。

さて、未来の天皇である明仁親王も、当然のことながら帝王学を学ばれました。ただ、それは戦前と趣きが大きく異なり、新生民主国家日本に見合った「新帝王学」ともいえるものでした。

特筆すべきは、学習院中等科の英語教師および親王の家庭教師として、アメリカ人女性エリザベス・ジャネット・グレイ・ヴァイニング夫人が招聘されたことです。彼女は、皇太子の少年時代、十二歳から十六歳に至るまでの四年間（昭和二十一年〜二十五年）、教育係として務めましたが、皇太子にとって「第二の母」とも言うべき存在となります。

この招聘は「明仁の教育にアメリカ人教育者をつけたい」という昭和天皇の強い要請によるものでした。ヴァイニング夫人が来日したのは一九四六年（昭和二十一年）、前年まで戦っていた敵国から皇太子の家庭教師を招く、普通の発想ではあり得ないことです。実に大胆です。

当時の宮内大臣松平慶民《よしたみ》も昭和天皇の意を受け、「明仁親王殿下のために、今までよりもっと広い世界の見える窓を開いていただきたい」と夫人に依頼しています。

思うに、そもそも昭和天皇は、戦前の超国家体制、狂信的国粋主義を内心忌み嫌われていたのではないか。アメリカから強制されたという国家主権上の致命的問題があるにせよ、昭和天皇にとって戦後の新しい国体は戦前のそれより、ずっと自らの理想に近いものだったのではないでしょうか。そして、今後の世界におけるアメリカという国の存在感と影響力、アメリカの有する理念の中で日本に取り入れるべきものを冷静に判断され、将来の日本、将来の皇室を視通されたのではないかと思います。そして、そうした判断から将来の天皇である皇太子の家庭教師にアメリカ人をと考えられたのでしょう。まったく、怖いくらいの聡明さです。

ところで、ヴァイニング夫人は静養先の昭和天皇を訪ねた際、アメリカ人らしい直截さで「なぜ皇太子とご一緒に住まわれないのですか」と質問しています。それに対して天皇の返答は、「あなたのおっしゃることはわかります。しかし、私はあの戦争の開始を阻止することができなかった人間です。こんな人間に父親として子供を教える資格はありません」というものだったそうです。昭和天皇らしい韜晦《とうかい》ではありますが、私はそこに先の戦争において何もできなかったことに対する一抹の口惜しさと哀しみを感じるのです。

ヴァイニング夫人は児童文学作家であり、敬虔なクエーカー教徒でもありました。キリスト教の一分派であるクエーカー教は「質素・誠実・平等」を旨とし、徹底した平和主義を信条とする宗教で、第二次世界大戦でも良心的徴兵拒否を貫いています。彼女の平和主義は筋金入りで、一九六九年（昭和四十四年）ベトナム反戦運動に参加しワシントンの国会議事堂前で逮捕されているくらいです。ただ、彼女は学習院での授業で自らの信仰を押し付けるようなことはありませんでした。

夫人は皇太子との思い出を綴った著書『皇太子の窓』（文藝春秋新社。小泉一郎訳）の中で、母国を発つ際の心境を「わたしは、平和と和解のために献身したいという強い願いを持っていた。日本が新憲法において戦争を放棄したことは、わたしにはきわめて意義深いことに思われた。平和のために一切を賭けようとしている日本の人々にはげましを与え、それからまた、永続的な平和の基礎となるべき自由と正義と善意との理想を、成長期にある皇太子殿下に示す絶好の機会が、いま眼の前にあるのだ」と書き記しています。

ヴァイニング夫人は、学習院での最後の授業で黒板に「Think for yourself !（自分で考えよ！）」と書いています。そういえば、今上天皇は憲法上の制約の下ではありますが、常に自らの意思に従って行動されているように見受けられます。たとえば「お言葉」の原稿も、すべて自ら考えられているそうです。

ともあれ、ヴァイニング夫人は「新時代の帝王学」の良き教師であったといえます。後年、昭和天皇も「ヴァイニング夫人を皇太子の教育係として招いたことは、大きな成功であった」と語られています。

さて、ヴァイニング夫人と入れ替わるようにして明仁皇太子の教育の責任者となったのは、経済学者で戦前から戦後にかけて慶応義塾大学の学長を務めた小泉信三でした。

小泉は一九四九年（昭和二十四年）、当時の宮内庁長官田島道治の推薦により皇室の最高顧問として侍従職御用掛、東宮御教育常時参与に就任します。そして、皇太子の教育のみならず、一九六六年（昭和四十一年）に死去するまで昭和天皇が最も信頼する皇室のアドバイザーであり続けました。明仁皇太子と美智子妃の婚約を主導したのも小泉でした。

小泉の皇室観、天皇観は、昭和天皇の御学問所の教授白鳥に似て極めて近代的であり、戦時中も含めて執筆した文章に「万世一系」、「神国」、「現人神」といった言葉を一切使うことはありませんでした。

コミュニズムに対する徹底した批判で知られる小泉ですが、マルクスの理論には一定の評価をしています。また、若き日に起きた大逆事件に大きな影響を受け、この事件を通して単に政府の統治形態や財産制度といった狭義の問題だけでなく、国体と世界思想、信仰と科学、伝統と理性といった根本的な問題について考えたと述べています。

皇太子の教育にあたって小泉自身は一般教養を担当しましたが、象徴天皇について考え議論する際に、主要なテキストとしたのは福澤諭吉の『帝室論』とハロルド・ニコルソンの『ジョージ五世伝』でした。

明仁親王は、昭和天皇が皇太子時代に薫陶を受けたジョージ五世の伝記からは立憲君主の在り方を、福澤の『帝室論』からは象徴天皇の在り方を学ぶことになります。小泉の考えでは、『帝室論』の主意は日本国憲法に規定された象徴天皇の在り様に一致したものとしています。もちろん、どちらの書もその時代固有の制約を受けたものであることから、小泉は両書のエッセンスを近代化させ止揚したかたちで皇太子に教えています。

小泉が考えていたのは、天皇を精神的な権威として日本国民を統合する中心と位置付け、政治から完全に切り離すということです。また、小泉が目指したのはアプリオリな天皇論ではなく、現実の象徴天皇を正当に理論化する、時代に即した実践的な天皇論ともいうべきものでした。

いずれにせよ、ヴァイニング夫人と小泉信三は、今上天皇に大きな影響を与えたと思われます。昭和天皇が「立憲君主」について生涯考え抜かれたように、今上天皇は日本国憲法下での「象徴天皇」のあるべき姿を追求されてきました。また、頑固ともいえるほどの徹底した平和主義は、ヴァイニング夫人の影響も大きかったと思われますが、何よりラディカルな平和主義を背骨とする日本国憲法の精神に従おうとされたからに他なりません。まさしく「憲法の子」として生きてこられた、今上天皇はそのような方だと私は思っています。

明仁皇太子の結婚

周知の通り、今上天皇の公務はすこぶるハードです。その激務を精神的に支えてきたのは、子供時代に味わうことのできなかった家庭における安らぎ、そして美智子皇后に対する深い信頼でした。今上天皇自身、誕生日の記者会見などで、繰り返し皇后への感謝の念を表明されています。

二〇一三年(平成十五年)八十歳の誕生日会見では、次のように皇后に対する感謝の言葉を述べられています。

「天皇という立場にあることは孤独とも思えるものですが、私は結婚により、私が大切にしたいと思うものをともに大切に思ってくれる伴侶を得ました。皇后が常に私の立場を尊重しつつ寄り添ってくれたことに安らぎを覚え、これまで天皇の役割を果たそうと努力できたことを幸せだったと思っています」

ことほどさように、今上天皇にとって皇后、そして皇后と二人で育まれてきた「家庭」は、天皇としての務めを全身全霊で果たすために必要不可欠なものであったようです。
「私にとって家庭は心の平安を覚える場であり、務めを果たすための新たな力を与えてくれる場でありました。また、実際に家族と生活を共にすることによって、幾らかでも人々やその家族に対する理解を深めることができたと思います」（一九九九年（平成十一年）六十六歳の誕生日に際した文書回答）
「家庭」に対する今上天皇の特別な思い入れは、学習院の高等科時代から既に表れていました。御学友であった明石元紹によると、明仁皇太子は「僕はいろんな人から御進講を受けているけど、三島由紀夫さんのお話は聞かない。三島さんの思想は、八紘一宇、国民皆兵で、天皇は私的な一家の幸せを求めるものではないと考えているんじゃないかな」と言われたことがあったそうです。三島に対して誤解されているところもありますが、皇太子の家庭観は昔から一貫していたことがうかがえるエピソードではあります。
ところで、読者にとってはどうでもいい話かもしれませんが、私は家庭を持ったことがありません。女嫌いでもゲイでもありませんが、縁がなかったということでしょう。学生時代から民族派運動にのめり込み、活動に邪魔になる要素はすべて排除しようと思ってきました。命がけで運動をしているのに、「今日は何時に帰ってくるの」なんて嫁さんから訊かれるのは最悪だと思っていたからです。要するに、結婚相手よりも同志を求めていたんでしょうね。けれども、結婚してもいいと思える相手に出会わなかったことは、不幸なことかもしれません。また、家族を持てないような人間はどこか欠陥のようなものがあるんじゃないかと思わないでもありませんでした。今上天皇と美智子皇后をみていると、そんな風に思うこともあります。まあ、今さら遅いですが。
ともあれ、今上天皇にとって美智子皇后との出会いと結婚は、奇蹟に近いようなものであったのではないでしょうか。
小泉信三は後年、ヴァイニング夫人の『皇太子の窓』を引用しながら、明仁皇太子の結婚について次のように述懐しています。

顧みると、殿下のご婚約は、幾年来人々の待ち望んだところであった。殿下の師ヴァイニング夫人が日本を去ったのは、八年前の一九五〇年の暮であったが、夫人の滞在中、吾々（夫人と私）はすでに東宮妃たるべき淑女の資格について語り合ったことが夫人の著「皇太子の窓」の一章に記されている。ある日、夫人は私と語り、いう。皇太子妃たるべき方は、容姿がすぐれていなければならぬ、知性に富んでいなければならぬ、気力がしっかりしていなければならぬ、ユーモアを解する人であって欲しい、云々と。それに対して私はこういったという。「理論上全然同感です。ただ、その人の名を指して下さい。」「マケマシタ」と私（夫人）はいった。それは日本語で「まいった」という意味である。そうしてわれわれ二人は大笑いした、とある（『文藝春秋』にみる昭和史第二巻。文藝春秋社）。

二人の教師がいかに明仁皇太子に親愛の情を抱いていたかがわかる逸話です。しかしご存知の通り、この時交わされた冗談はやがて本当になります。冗談から駒です。

一九五九年（昭和三十四年）、明仁皇太子ご成婚、お相手は日清製粉の社長、正田英三郎の長女（現在の美智子皇后）でした。正田美智子は、容姿端麗、学業に秀で聖心女子大学文学部を主席で卒業、卒業式には総代として答辞を読む、英語が堪能、在学中には全学自治会長として活動、テニスは関東学生ランキングで四位、読売新聞社主催の成人の日記念の感想文で第二位入選、という飛び抜けた才媛でした。まさに知性と教養、美貌と健康な体を備えた、ほとんど非の打ちどころのない、ヴァイニング夫人と小泉が思い描いた通りの女性でした。

軽井沢のテニスコートで皇太子が見染められたというエピソードは広く知られているところです。ただ、皇太子が自分の結婚相手を自らの意思で決めるということは皇室史上初めてのことであり、しかも相手は民間人です。いわば「人間宣言」の実践でしたが、当然のことながら皇太子が思いを遂げられるまでには、いくつもの障害がありました。けれども、味方がいないわけではありませんでした。小泉信三と宮内庁のスタッフたち、そして父である昭和天皇です。

小泉は皇太子の意を受けて精力的かつ秘密裡に動き始めます。秘密裡に動いたのは、民間の女性を第一候補としていることがわかれば、皇族や華族たちによって潰されることが明白だったからです。この時代、皇太子妃は皇族あるいは華族の中から選ばれるのが暗黙の決まりでした。

さて、小泉は早速正田家にアプローチしますが、当然と言うべきか、正田家は小泉の申し出をきっぱりと断ります。正田家にとっては、突然降りかかった災厄のようなものでしかありませんでした。それはそうでしょう、多少なりとも常識があれば宮廷での、それも皇太子妃としての生活がどのようなものであるか想像がつくはずです。親は誰しも子供に幸せな人生を送ってほしいと願うものでしょう。昔、私の知っている右翼の大物は、仮に申し出があったとしても自分の娘だけは絶対に天皇家になど嫁がせないと言っていました。尊皇を掲げる右翼にしてから、本音はそんなもんです。裏を返せば、それほど天皇および皇后が非人間的環境に置かれていることを、国民は内心よくわかっているわけです。

しかし、小泉は皇太子のために粘り強く説得工作を続けます。一方、正田家はあらゆる手段を駆使してこの災厄を逃れようとし、美智子を外国へ避難させるということまでやっています。よほどの思いだったのでしょう。

小泉は結婚が決まった後に、正田家の説得にあたって次のように言ったと述懐しています。

「私は殿下のお側にいるものとして、殿下の長所も短所も承知しているつもりである。ただ誰に向かってもいえることがある。それは殿下が誠実で、およそ軽薄から遠い方であること、また夙《はや》くから人を見る明があって、謬《あやま》らないこと、これである。これだけはよく御承知になっていただきたい、と私はいった。（中略）殿下はまたかつて私に、自分は生まれと境遇からも、どうしても世情に迂く、人に対する思いやりの足りない心配がある。どうか、よく人情に通じた、思いやりの深い人に助けてもらいたいものだ、といわれたことがある。そのことも私はいった」（原文ママ『婦人公論』一九五九年一月号。『人間昭和天皇』下巻。原文ママ）

結局、決め手となったのは、明仁皇太子の電話による直接のプロポーズでした。

今上天皇夫妻の護衛官であった上原隆義は、結婚を承諾したことについて美智子皇后から直接聞いた話として、次のような証言をしています（『正論』二〇一四年一月号）。

皇后によると、明仁皇太子からかかってきた電話の内容は、

「私に天皇陛下はこうおっしゃいました。『戦後十余年を経て、やっと日本に復興の兆しが見えてきました。私はこの日本を復興し、国民を幸せにしなければいけない。それが務めです。（中略）ぜひあなたのお力を借りたい』」というものであり、それに対して当時の皇后は、

「私は、そのとき『お若いのに、なんと重い荷物を背負って人生を歩まれるお方であろう』と思いました。そして『私にできることなら、お手伝いさせて頂きます』と」答えたそうです（山本雅人『天皇陛下の本心』新潮選書）。

一九五九年（昭和三十四年）四月十日、結婚の儀の後皇太子夫妻は皇居から仮御所まで馬車に乗ってパレードを行いました。その沿道には五十三万人もの人々が押しかけたそうです。二〇〇四年（平成十六年）、古希の記者会見に際して、美智子皇后はこの日のことを振り返り、次のように文書で回答されています。

「ご成婚の日のお馬車の列で沿道の人々から受けた温かい祝福を感謝とともに思い返すことがよくあります。東宮妃としてあの日、民間から私を受け入れた皇室と、その長い歴史に傷をつけてはならないという重い責任感とともに、あの同じ日に私の新しい旅立ちを祝福して見送って下さった大勢の方々の期待を無にし、私もそこに生を得た庶民の歴史に傷を残してはならないという思いもまた、その後の歳月、常にあったと思います」（『人間昭和天皇』下巻）

当時の美智子妃が、相当な覚悟をもって皇室入りされたことがわかります。

国民はこぞって祝福し、幸せそうな皇太子と美智子妃でしたが、正田家が危惧した通り皇太子夫

妻、特に美智子妃にとっては辛い生活が待ち受けていました。

宮廷革命と美智子妃バッシング

明仁皇太子の結婚は、前例のない結婚でした。そのため、結婚直前まで蚊帳の外に置かれた旧皇族や旧華族、特に宮中の女性からの反発はものすごいものでした。そして、その反発は、さすがに皇太子を非難することはできないため、もっぱら結婚後の美智子妃に向けられることになります。美智子妃にとってはまさに四面楚歌、婚約当初から皇太子夫妻に好意をもって接したのは昭和天皇ぐらいでした。実際、昭和天皇が許さなければ、皇太子の決意がいくら固くてもこの結婚は無理だったでしょう。

繰り返すようですが、昭和天皇は「祈る人」としての天皇の意味を深く自覚されながらも、現実に対する感性は近代精神の権化のような方でした。だからこそ、皇太子の思い描く新しい皇室の在り方に理解を示されたのでしょう。

一九六〇年（昭和三十五年）二月二十三日、皇太子夫妻の第一男子浩宮徳仁《ひろのみやなるひと》親王が誕生しますが、皇太子は民間人との結婚に続いて、育児に関しても戦前の慣習をすべてひっくり返されます。親子同居、乳母を置かず母乳で育てる、親王を育てる傅育員を置かない等々、それらすべては旧習を破る革命のようなものでした。いってみれば、宮廷革命です。

こうした皇太子の「革命」も、皇室まわりの守旧派を刺激したであろうことは想像に難くありません。しかし、昭和天皇はやはりそれを支持されたのでした。とりわけ、親子同居については、大正天皇も昭和天皇も本心では強く願われたところでした。大正天皇が子煩悩であり、ルールを破って度々子供たちに会われていたことは既に述べました。昭和天皇も今上天皇の実弟である義宮（常陸宮正仁親王《ひたちのみやまさひと》）と別居する際、「淋しい。英国王室に於ては宮中にて皇子傅育をしているが、日本では何故出来ぬか」と真情を吐露されています。また、木下の『側近日誌』によれば戦後間もない頃、親子同居について昭和天皇自身次のように述べられたそうです。

「予の親としての真情から云えば（皇太子を）手許に置きたい。予の住居は狭いから一緒に住むという訳にはいかぬが、少なくとも義宮や内親王と同様宮城内に居て欲しい。しかしこれを実現する為には家も建てねばならぬし、又目白の学習院に中等科の校舎を建てねばならぬ。政府の財政が果たしてその負担に耐えるや否や疑わしい。もし政府に於いてこれを負担する意思ありとするも、国民が目下住居の欠乏に苦労しておる際に、かかる私情の為に資材、経費を用うることは慎みたい」

まことに昭和天皇らしい苦渋と決断ではあります。ともあれ、三代を経てようやく天皇家では、子供を自分で育てることが可能となったわけです。

今でこそ民間妃に対する抵抗はなくなりましたが、先に述べたように明仁皇太子の頃の宮中の民間妃に対する反発は相当なもので、「いじめ」に近いものがありました。誰が言い出したのかわかりませんが、「粉屋の娘」と美智子妃を揶揄した言葉が宮中や保守派の一部で流行りました。言った当人は気の利いたことを言っているつもりでしょうが、自ら品性の下劣さを暴露しているようなものです。

徳仁親王出産直後から皇太子夫妻は天皇の名代として短期間にアメリカ訪問をはじめ、ハードな公務をこなされています。慣れない公務と、宮中での民間上がりの妃に対する嫉妬や反発。美智子妃のストレスはいかばかりであったか。一九六三年（昭和三十八年）、第二子を身籠られていた美智子妃は流産され、以後の妊娠はできないという噂が流れます。この時は、ここぞとばかり宮中でのバッシングはエスカレートし、「皇太子がお好きだといわれるから泣く泣く結婚を認めたが、もう子どもが産めなくなるんなら我慢のしがいがなかった」（『人間昭和天皇下巻』）と罵る宮妃もいたそうです。宮中「奥」の実力者で元華族の松平信子にいたっては「畏れ多くも皇太子殿下の御子を流すとはけしからぬ」とまで言っています。人間の品格とは出自にまったく関係ないものなのだなあ、と思う鈴木です。

しかし、そうした声にも関わらず、その後美智子妃は、礼宮文仁《あやのみやふみひと》親王（現秋篠宮）、紀宮清子《のりのみやさやこ》内親王（現黒田清子）をもうけられたことは周知の通りです。

また、『人間昭和天皇下巻』によると、「聖書事件」といわれる美智子妃バッシングがあったそうです。これは、皇太子の弟君である義宮は聖書に深い関心を寄せられていて、ある時「お姉さま（美智子妃）」と聖書について話をしたと誰かに話された。それが昭和天皇の耳に入り、キリスト教の話をするとは何事かと厳しく叱責され美智子妃はひれ伏して謝った、というものです。終戦時にバチカンに仲介を依頼しようとされた昭和天皇です。少し考えればそんなことがあるわけないじゃないですか。けれども、この噂には尾ひれがついて複数のメディアで断続的に事実のごとく掲載されました。元東宮大夫の鈴木菊男は、十年余り経ってまたメディアにこの話が事実として載ったところ、今度は昭和天皇の目にとまり「このようなことは、事実がないばかりでなく、心に思ったことさえなかった」と東宮に伝えられたと証言しています。昭和天皇は終生、皇太子夫妻に好意的でした。また、皇太子に対しては非常に大きな信頼を寄せられ、「東宮ちゃんがいるから大丈夫」と口癖のように称賛されていたそうです。

皇太子が即位され皇后になられてからは、メディアによるバッシングです。「皇太后が病気になられてから美智子皇后は女帝然と振舞うようになった」、「夜中にインスタントラーメンを注文されるので当直職員は気苦労が絶えない」、「皇后のご希望で昭和天皇が愛した自然林が丸坊主」といった、出所不明の愚にもつかない噂話ばかりではありますが、皮肉なのはこうしたバッシングを主として保守系の週刊誌がしつこく繰り返したことです。

皇室を敬っているという建前からか敬語こそ使ってはいますが、どの記事も慇懃無礼、悪意に満ちたものでした。要するに彼らは似非保守であり、今上天皇と皇后の体現されていることがことごとく気に入らない反天皇主義者たちなのです。

これでもかというくらい繰り返されるバッシングに、美智子皇后は一九九三年（平成五年）、ついに声が出なくなる「失声症」になられました。回復された翌年、皇后は「どの批判も自分を省みるよすがとしていますが、事実でない報道がまかり通る社会になってほしくありません」とコメントされています。現在に至るまで皇后がメディアに反論されたのは、この時が最初で最後でした。原則として反論できない立場にある相手を、寄ってたかって叩く。まったく、卑怯かつ下劣な連中です。

憲法とともに歩む

昭和天皇の崩御にともない、明仁皇太子は一九八九年（平成元年）、五十五歳で第一二五代天皇に即位されました。即位後の朝見の儀では、「皆さんとともに日本国憲法を守り、これに従って責務を果たすことを誓い、国運の一層の進展と世界の平和、人類福祉の増進を切に希望してやみません」との勅語を発せられています。象徴天皇として即位された初めての天皇でした。

以後一貫して、今上天皇は「日本国憲法に規定された象徴天皇」の在り方について考えられてきました。天皇自身、結婚五十年の会見で「（憲法の中の）象徴とはどうあるべきかということはいつも私の念頭を離れず、その望ましい在り方を求めて今日に至っています」と述べられています。「象徴」とは確かにある意味難解な言葉ではあります。国旗や国歌が国の象徴という言い方は理解できますが天皇は生身の人間です。そもそも憲法に限らず、法的な文書に象徴という言葉が使われることはほとんどありません。美智子皇后も「戦後、新憲法により天皇のご存在が象徴という私にとっては不思議な言葉で示された昭和二十二年、私はまだ中学に入ったばかりでこれを理解することは難しく、何となく意味の深そうなその言葉をただそのままに受け止めておりました」と語られています。

ともあれ、昭和天皇と同様、今上天皇は「憲法」至上主義者であり、そこに規定された象徴天皇の在り方を考え続けてこられたということです。ただ、論理的思考を身上とされる昭和天皇は立憲という「制度」の中の天皇の在り方を考え続けられたのに対し、今上天皇は日本国憲法の中に流れる「精神」を体現する天皇の在り方を追求されてきたのではないでしょうか。そして、今上天皇はそれを、天皇の歴史の中に求められました。それも一五〇年ばかりの明治以後の歴史ではなく、二千年の皇統の中にでした。

現在の右翼や保守派は歴史や伝統というと、すぐ明治以降の戦前を持ち出しますが、既にそこからして今上天皇とは「歴史認識」が違うのです。

皇太子時代の天皇に歴代天皇について講義したのは学習院大学学長を務めた児玉幸多でしたが、後年今上天皇は徳仁皇太子といっしょに再び児玉から講義を受けられています。そして導き出されたのは、日本国憲法に規定された象徴天皇とは明治以前の歴代天皇の在り方に重なるものである、という考えでした。先の結婚五十年の記者会見で、天皇は次のようにも述べられています。

「大日本帝国憲法下の天皇の在り方と、日本国憲法下の天皇の在り方を比べれば、日本国憲法の天皇の在り方の方が、天皇の長い歴史で見た場合、伝統的な天皇の在り方に沿うものと思います」

この踏み込んだ発言は、右翼や自称保守派に衝撃を与えたと思います。また、今上天皇は現在まで、少なくとも十回以上、「日本国憲法に従う天皇」という主旨の発言を繰り返されています。それほど、天皇の人生にとって日本国憲法、というよりそこに通底する民主と自由の精神は重要な意味を持つものなのです。

夫唱婦随というべきか、美智子皇后の憲法観も天皇とまったく同じです。二〇一三年（平成二十五年）の記者会見で、あきる野市五日市の郷土館で「五日市憲法草案」を見られた時の印象を文書で次のように述べられています。

「五月の憲法記念日をはさみ、今年は憲法をめぐり、例年に増して盛んな論議が取り交わされていたように感じます。（中略）明治憲法の公布（明治二十二年）に先立ち、地域の小学校の教員、地主や農民が、寄り合い、討議を重ねて書き上げた民間の憲法草案で、基本的人権の尊重や教育の自由の保障及び教育を受ける義務、法の下の平等、更に言論の自由、信教の自由など、二〇四条が書かれており、地方自治権等についても記されています。当時これに類する民間の憲法草案が、日本各地の少なくとも四十数か所で作られていたと聞きましたが、近代日本の黎明期に生きた人々の、政治参加への強い意欲や、自国の未来にかけた熱い願いに触れ、深い感銘を覚えたことでした。長い鎖国を経た十九世紀末の日本で、市井の人々の間に既に育っていた民権意識を記録するものとして、世界でも珍しい文化遺産ではないかと思います」

まさに、この天皇にしてこの皇后ありといったところでしょうか。

なお、天皇は即位後初の記者会見で、言論の自由は民主主義の基礎であり、天皇制（に対する批判）も含めて言論の自由は保たれるべきだと、はっきり述べられています。天皇の護憲には筋金が入っているということでしょう。

しかし、当然のことながら、こうした天皇や皇后の発言は大方の右翼や保守派にとって気に入らないはずです。そして、彼らは天皇や皇后の発言を無視するか聞かなかったフリをします。現在の安倍政権やその周りの動きは、そのことを裏付けています。天皇に対するこうした彼らの感性は、戦前昭和の軍事政権のそれと気味が悪いくらい似ています。

今上天皇は歴代の天皇の事跡を児玉に学ばれたように、憲法についてもことの外深く学ばれています。ご成婚後の皇太子時代に憲法を進講したのは東大法学部教授で元最高裁判事田中二郎でした。

そして、天皇はそうした学びの中で「象徴天皇」の明確なイメージを形成されてきました。

今上天皇は、現在の日本国憲法に規定された「象徴天皇」を天皇に対する単なる縛りとは考えられていません。むしろ、そこに天皇の在り方について積極的な意味を見出され、それを歴代の天皇の在り方に重ねて捉えられています。

つまり、天皇の伝統とは、権力の変遷によって移ろう政治とは離れたところから、ひたすら日本と日本国民の平和を、さらに現代では世界の平和をも祈り続けることだ、そのように考えられているのです。実際、今上天皇は膨大な量の国事行為や一般公務の他に、年間三十回を超える祭儀を執り行われてきました。これは、これまでの天皇を上回る回数です。がんの手術や心臓バイパス手術をされ、決して体調が万全ではない現在でも年に十九回も行われています。ここまでされるか、まったくすごい精神力、本当に頭が下がる思いです。

寄り添う天皇

一方、現実の社会において今上天皇が自らに課せられているのは、どこまでも「国民とともに」在るということです。つまり、喜びも悲しみも常に国民と分かち合う存在でありたいということです。そして、それは単に天皇や皇室が国民から愛されたいといった卑俗な願望とは異なり、もっと深みのあるものです。

皇太子時代の一九八二年（昭和五十七年）、誕生日の記者会見で「国民に親しまれる皇室」にするためにどうすべきかという質問に、「国民に親しまれる皇室ということは言った記憶がない。ただ、国民の苦労はともに味わうということを昔の天皇はしていらした。それと同じように国民とともに歩むという意味です」と答えられています。

歴代の天皇も「民」に心を寄せ、民のために祈ることを重要な責務とされてきました。ただ、今上天皇のそれは目に見えるかたちで、特に被災地の慰問などにおいて際立っています。

実際、今上天皇と皇后は、大きな災害が起きるたびに必ずといっていいほど現地や避難所を見舞われています。

即位されて間もない一九九一年（平成三年）、長崎県の雲仙普賢岳が噴火した際、天皇と皇后は避難所や仮設住宅を慰問されました。この訪問は「できるだけ早く行きたい」という天皇の強い要望で実現したものですが、テレビのニュースで流れたその時の光景は誰の目にも強く焼き付くものでした。現地の負担を小さくするため日帰りとし、すべてを「簡素に」という天皇の意向で随行員は五人、昼食はカレーライスでした。

天皇はノーネクタイでワイシャツの袖をまくりあげた姿。立ち上がる気力もなく呆然と座り込んでいる被災者の前で膝を落として正座され、一人ひとりの顔を見ながら声をかけて話を聞かれています。もちろん、このような慰問の仕方は皇室の歴史上初めてです。以後、被災地における天皇のこうした慰問のスタイルは定着します。天皇の被災地慰問は、現地の自治体や政府から要請されたものではありません。自らの意思で実践されているのです。

一九九三年（平成五年）北海道南西沖地震（奥尻島）、一九九五年（平成七年）阪神淡路大震災、二〇〇〇年（平成十二年）三宅島群発地震、二〇〇七年（平成十九年）新潟中越地震、いずれの災

害時にも天皇と皇后は現地、あるいは避難所を慰問されていますが、いわゆる「権力者のパフォーマンス」とは程遠いものです。だからこそ、天皇や皇后に接した被災者の人々は皆感激し、涙ぐむ人も多くいたのでしょう。人々の表情を見ればわかりますが、現地の「視察」にやって来る首相をはじめとする政治家たちと天皇皇后では、人々の感情の表れ方がまるで違います。

そして、二〇一一年（平成二十三年）三月十一日、一万八千人もの死者と行方不明者を出した東日本大震災では、天皇の全国民に向けたビデオメッセージがテレビで流れました。玉音放送以来、異例の放送です。天皇はそのメッセージの中で、被災者を励ますと同時に、被災者として自らを励ましながら明日からの日々を生きようとする人々の雄々しさに胸をうたれたこと、自衛隊をはじめとする国や自治体の救援スタッフ、内外のボランティアの人々に対する感謝を表明された後、「国民一人一人が被災した各地域の上にこれからも長く心を寄せ、被災者とともにそれぞれの地域の復興を見守り続けていくことを心より願っています」と結ばれています。

天皇はこのメッセージで、自分と同じく日本の全国民にも「弱者への感受性」を持ってほしいと述べられたのだ、私はそのように受け取りました。こうした天皇の思いは昨日今日培われたものではありません。皇太子時代、好きな言葉として論語の中の「忠恕《ちゅうじょ》」を引用され「(忠恕とは）自己の良心に忠実で、人の心を自分のことのように思いやる精神です。この精神は一人一人にとって非常に大切であり、さらに日本国民にとっても忠恕の生き方が大切ではないかと感じています」（一九八三年誕生日会見。山本雅人『天皇陛下の本心』新潮選書）

昨年の熊本地震（二〇一六年四月）に際しては、天皇夫妻は日帰りの慰問を強行されています。

五月は叙勲等の行事が続き、体調の思わしくない天皇は静養される予定でした。けれども急遽取りやめて被災地に行かれたわけです。そういえば、安倍首相も熊本の現地を「視察」していますが、天皇に倣って膝をつき被災者に話しかける姿は、なかなか好評でした。願わくば見かけだけにとどまらず、天皇が体現されていることの本質を理解し、ぜひとも見習ってもらいたいものです。

天皇は一九九九年（平成十一年）、即位十年の記者会見で、十年間の活動について問われた際に、次のように発言されています。

「障害者や高齢者、災害を受けた人々、あるいは社会や人々のために尽くしている人々に心を寄せていくことは私どもの大切な務めであると思います。（中略）私どものしてきたことは活動という言葉で言い表すことはできないと思いますが、訪れた施設や被災地で会った人々と少しでも心をともにしようと努めてきました」

その言葉通り、今上天皇は被災地だけでなく五十年間の間に四百八十カ所を上回る施設を慰問されています。特に身障者には強い関心を寄せられ、渡辺允侍従長によると「最も弱いものを一人も漏れなく守りたい」ともらされていたそうです。また、皇太子時代、東京オリンピックの年に開催された国際身障者スポーツ大会（現パラリンピック）の名誉総裁を務められましたが、国内でもできないかという皇太子の意向で翌年の国体から身障者の大会が始められます。

皇室史上初めて「象徴天皇」として即位された今上天皇は、天皇の歴史を深く学ばれ誰よりも伝統の重さを認識されています。しかしその一方で、結婚や家庭に関しては新しい考えを持ち込まれ、そして被災者や身障者といった弱者の中に皇后とともに分け入り、一人ひとり直に接して労わりの言葉をかけられています。こうした天皇の在り方はもちろん前例のないものでした。この「前例」と天皇の在り方について、今上天皇の考えは次のようなものでした。

「日本国憲法で、天皇は日本国の象徴であり日本国民統合の象徴であると規定されています。この規定と、国民の幸せを常に願っていた天皇の歴史に思いを致し、国と国民のために尽くすことが天皇の務めであると思っています。天皇の活動の在り方は、時代とともに急激に変わるものではありませんが、時代とともに変わっていく部分もあることは事実です」(一九九八年〈平成十年〉誕生日記者会見)

また、二〇〇一年(平成十三年)、アメリカで同時多発テロが起きた際に、天皇はブッシュ大統領にお見舞いの言葉を送られましたが、天災以外の理由で外国に見舞いの言葉を送るのは前例のないことでした。そのことについて天皇は「皇室は前例を重んじなければなりませんが、その前例の中には前例がないにもかかわらずなされたものもあります。皇室も伝統を重んじつつ、時代の流れに柔軟に対応しなければならないと思います」とも語られています。

ここまで述べてきたように、今上天皇の「弱き者たち」への眼差しはどこまでも温かいものです。今上天皇が今日まで全身全霊で追及されてきた「象徴天皇」という新たな天皇の在り方を一言で言い表すなら「寄り添う天皇」ということになるのではないか、私はそのように思います。

踏みにじられた島、沖縄

二〇一五年（平成二十七年）、自民党の安倍チルドレンといわれる議員たちが、『文化芸術懇話会』というえらく格調高い名前の勉強会を開きました。ゲスト講師は、ベストセラー作家として知られる百田尚樹です。百田はそこで、「本当に沖縄の二つの新聞社（琉球新報と沖縄タイムス）は絶対つぶさなあかん。沖縄県人がどう目を覚ますか。あってはいけないことだが、沖縄のどっかの島でも中国にとられてしまえば目を覚ますはずだ」、「沖縄の米兵が犯したレイプ犯罪よりも、沖縄県全体で沖縄人自身が起こしたレイプ犯罪の方がはるかに率が高い」（数えたんか！）などと発言しています。要するに、米軍基地は日本の安全保障の肝だ、米軍基地反対などという輩は非国民である、レイプぐらいでガタガタ言ってるとぶっつぶすぞ、ということでしょう。勉強会の名に比して実に格調の低い発言です。

言論の自由という観点からすれば、誰がどこで何を言おうがカラスの勝手だろうということにはなります。しかし、ある言論に対して批判することも、当然のことながら保証されなければなりません。

百田発言のポイントは、二つあります。ひとつはいうまでもなく言論の圧殺を主張していること、もうひとつは沖縄県民に対する拭いようのない差別意識です。どちらも、今の日本に跋扈するエセ右翼やエセ保守派の感性に通底しています。そして、百田発言に象徴される感性が「愛国」だとされるのが現在の日本の風潮です。

百田は同じ懇話会で日本の軍備拡張を念頭に置き、世界には軍隊を持たない国があることをあげ、

「南太平洋の小さな島。ナウルとかバヌアツとか。ツバルなんか、もう沈みそう。家で例えればクソ貧乏長屋。とるものも何もない」、「アイスランドは年中、氷。資源もない。そんな国、誰がとるか」とも発言し、その場の笑いをとっています。まったく、確信犯的差別主義者というほかありません。沖縄に対するヘイトスピーチも頷けます。

また、参加議員の一人大西英男衆議院議員の発言は「マスコミを懲らしめるには、広告料収入がなくなるのが一番。政治家には言えないことで、安倍晋三首相も言えないことだが、不買運動じゃないが、日本を過つ企業に広告料を支払うなんてとんでもないと、経団連などに働きかけしてほしい」というものです。

国民の支持を受けた与党政治家やベストセラー作家のレベルがこの程度かと思うと、泣けてきます。しかし、先に述べた森友学園の理事長といい、まるで磁場のように安倍首相の周りにこうした連中が引き寄せられているのはどうしたことでしょう。

二〇一六年（平成二十八年）十月、沖縄の高江におけるヘリパッド建設反対運動を粉砕するため、全国から五百名の機動隊員が投入されました。その際、大阪府警機動隊員の一人がフェンスに手をかけて抗議する市民に「下がれ、クソ。どこを掴んどんじゃ、ボケ。土人が！」、別の隊員が「黙れ、コラ、シナ人！」と罵倒している様子を撮った動画が公開されました。その動画を見てみると、機動隊員の態度や口調はまさしくヤクザそのものです。今や警察も『在特会』化してるのか。

この暴言はニュースとなったため、大阪府警はかなり日にちが経ってからではありますが、一応「不適切な発言だったと考えている。今後はこのようなことがないように指導を徹底したい」と謝罪コメントを出しています。ところが、当の府警が謝っているのに行政の長たる松井一郎大阪府知事は「表現が不適切だとしても、大阪府警の警官が一生懸命命令に従い職務を遂行していたのが分かりました。出張ご苦労様」とツイッターで発信しています。まったくどういう神経をしているんでしょうね、この男は。大丈夫か、大阪府民。

松井知事だけじゃありません。鶴保庸介沖縄北方担当大臣は記者会見で、「ことさらに、我々が「これが人権問題だ」というふうに考えるのではなくて、これが果たして県民感情を損ねているかどうかについて、しっかり虚心坦懐に、つぶさに見ていかないといけないのではないか」と意味不明の応答をしていました。いったい何を言ってるんだ、この大臣は。土人と呼ばれて、県民感情が傷つかないとでも思っているのか。こんなアホが大臣、それも沖縄担当大臣とは、つくづく沖縄の人々は悲惨だと思わざるを得ません。さらに、追い打ちをかけるように菅義偉官房長官は、機動隊員の発言は差別意識の表れではないかと問われ「その意識はまったくなかったと思いますよ」とシレッとした顔で答えています。そういえば菅は以前、普天間基地の辺野古移転に反対する沖縄県に、ガタガタぬかすと振興予算をカットするぞ、と露骨な脅しをかましていました。いずれにしても、安倍政権の体質は安倍の信頼する閣僚たちの人品骨柄によくあらわれているといえます。

戦後歴代の政権は米軍基地を沖縄に押し付けながらも、沖縄に対してある種のやましさのような感性を有していたように見受けられました。しかし、安倍政権とその周囲は、沖縄の現況に対して何の痛痒も感じていないようです。「金はやるから黙っておれ！」とばかり、強権を以て相対しています。

当然と言うべきかネトウヨが跋扈するネットでは機動隊員を擁護し、反対運動を展開する市民たちへの罵倒が大量にアップされています。現在のネットの中は、本当に気味が悪いことになっている。暴言動画が流された後、ネットでは基地反対の住民が救急車を襲撃したという動画が拡散しましたが、動画中の大破した救急車は沖縄県内ではなく広島県内の救急車でした。

また、抗議運動の座り込みには日当が二万円支払われている、というデマも広く拡散しています。こうしたデマは、何度も見せられると本当のことだと思う人もいるでしょう。アメリカで問題になっているネット上のフェイクニュースもそうですが、昨今のネットには民主主義のアキレス腱ともいうべき負のポピュリズムが露呈しています。ネット社会では、どんな人間がどんな意図でどんな偽情報を流しても、一瞬のうちに拡散する怖さがあるのです。

今こそ、新聞雑誌、テレビなどの報道に携わる報道人は、原点に戻ってあるべき報道とは何かと考え、自らの責務を果たしてほしいものです。また、真の民族主義者や保守主義者、そして真面目な左翼も、反天皇主義者たちによる逆流に抗して声をあげてほしい、そのように考える鈴木です。

現在の米軍基地辺野古移転問題の起点となったのは、一九九五年（平成七年）、沖縄の少女が三人の米兵に強姦されるという事件でした。戦後あとをたたない米兵による暴行、強姦、殺人を経験している沖縄県民の怒りはこの事件で頂点に達し、八万人もの住民が参加した県民大会が行われました。それを受けて翌年、橋本龍太郎内閣はアメリカと交渉し、普天間基地を五〜七年以内に全面返還することで合意しました。ただ、返還には「県内移設」という条件が付いていて、喜びに沸いた県民もすぐに落胆することになります。しかしその後、一九九九年（平成十一年）、当時の稲嶺恵一知事と岸本建男名護市市長は辺野古基地の固定化を回避するため、「基地の使用期限は十五年とする」、「軍民共用とする」といった条件を付けることで辺野古移設を受け入れることにします。沖縄県としては、ギリギリの譲歩でしたが、当時の小渕恵三首相は沖縄県の要望を入れ、閣議決定をしました。小渕は歴代総理の中では珍しく沖縄に対して親和的であり、サミットも沖縄で開催しています。ところが二〇〇六年（平成十八年）五月、政府は沖縄側と十分な調整もせず辺野古沿岸に滑走路建設という現行計画をアメリカと合意します。その際、一九九九年に合意された付帯条件を一方的に破棄しています。そして、あろうことか基地建設を強行する根拠として一九九九年の「受け入れ合意」を持ち出しています。条件付きの受け入れだったから妥協したのに、条件だけ破棄されて合意ができるはずもないでしょう。子供でもわかるような詐欺行為を国がやったわけです。いうまでもなく、この時の政府とは安倍政権（第一次）に他なりません。抵抗する言論や抗議行動は、国家権力をもって弾圧する。「強きを助け、弱気を挫く」という安倍政権固有の感性は、第一次政権でも現政権でもまったく変わっちゃいません。

思えば、沖縄の近現代史はとにかく「悲惨」という一語に尽きます。殴りつけられ、蹴飛ばされ、踏みつけられてツバを吐かれたようなものです。加害者はもちろん、日本とアメリカです。

六百年にわたる王国としての歴史を持つれっきとした通商国家として栄えた琉球は、一六〇九年（慶長十四年）突如島津（薩摩）藩から侵略を受け属国化された後、一八七二年（明治五年）沖縄県として日本に併合、王国は廃されます。そして一九四五年（昭和二十年）、沖縄で国内唯一の地上戦が展開され、民間人九万人を含む沖縄の人口の実に三分の一が殺戮されました。さらに戦後も沖縄の苦難は続き、一九七二年（昭和四十七年）まではアメリカの占領下にあり、復帰後も米兵による暴行、騒音、墜落事故、環境破壊にさらされながら今日に至っています。こうした沖縄の歴史をきちんと認識している日本人がどれほどいるでしょうか。

現在、日本の全国土の〇・六％に過ぎない面積の沖縄県に、在日米軍の七〇％が集中しています。沖縄の人々にすれば、戦中、戦後から現在に至るまで、なぜいつもいつも沖縄だけに日本のリスクが集約されなければならないのか、差別じゃないか、と考えても不思議じゃありません。

いずれにしても、日本人は沖縄に大きな借りがあるのです。そして、そのことを誰よりも認識されていたのは昭和天皇その人でした。

昭和天皇と沖縄

これまでも述べたように形式的にはともかく私は昭和天皇に実質的な戦争責任はないと考える者です。しかし、戦後の沖縄の状況に対しては明確な責任があると考えています。なぜなら、占領終了後も沖縄に米軍が駐留することをアメリカに強く求めたのは他ならぬ昭和天皇だったからです。

敗戦後間もない一九四七年（昭和二十二年）、昭和天皇はＧＨＱの政治顧問シーボルトを通してワシントンにいたマッカーサーに、ある文書を送っています。シーボルトがその文書に付けた表題は「将来の琉球列島に関する天皇の考え」というものでした。

その内容を要約すると、占領後も沖縄の米軍は駐留し続けてほしい。期限は五十年、あるいはさらに長期間、日本からの租借というかたちが望ましい、というものです。過激な左翼や右翼が事変を起こす可能性があり、またそれに乗じてソ連が干渉してくる恐れがある、という理由が述べられています。実際、昭和天皇はソ連を心底恐れていました。当時のソ連は、現在のロシアとは比べものにならないほど存在感のある強国であり、共産主義の総本山でもありました。また、終戦間際に参戦して北方領土を掠め取るという火事場泥棒的行為や国際法に違反した捕虜のシベリア抑留といったソ連という国の行動様式を目の当たりにすれば無理もありません。

ともあれ、沖縄の米軍基地は一九五二年（昭和二十七年）に締結された日米安全保障条約とセットになった、日本のみならずアメリカにとっても極東における重要な戦略基地となりました。そして、沖縄の日本復帰後も現在に至るまで存在し続けています。

昭和天皇が米軍の長期駐留を働きかけたのは戦争終結の聖断と同様、シンプルな理由からでした。要するに、日本を守るためでした。国土は焦土と化し、完全に武装解除され、しかも周囲はソ連、そして共産中国、北朝鮮、韓国といった日本に強い怨恨を持ち敵視する国々に囲まれていました。この混乱期に日本が外部からの侵略を受けなかったのは、アメリカを主体とする占領軍が存在したからに他なりません。有体にいえば、敗戦直後のみならず日本が戦後七十年の平和を保てたのは、残念ながら左翼系の知識人がいうように憲法九条があったからではありません。長期にわたって平和が維持できた現実的かつ最大の要因は、米軍基地の存在でした。

私は憲法九条の精神を否定するものではありません。当時の日本国民が二度と戦争はしたくないという切実な願いを日本国憲法に重ねたのも事実です。また、九条があったからこそ、それを根拠にアメリカの戦争に巻き込まれることを拒否し続けることができました。しかし、占領が終結した後、仮に米軍がすべて撤退していたとすればどうでしょう。日本が「私たちは深く反省し、これからは非武装中立でやっていきます。だから攻めてこないでね」といったところで、そうは問屋が卸しません。ソ連のごときは、終戦前に北方領土だけでなく、北海道までよこせといってたわけですから。

昭和天皇は、単に聡明であっただけでなくリアリストでもありました。敗戦直後の混乱の中で、既にその後の世界情勢を視通されていたように思います。そして、冷戦の開始、極東におけるアメリカの戦略等を勘案した上で、米軍の長期駐留を要望されたに違いありません。立憲君主を旨とする昭和天皇ではありましたが、戦前の指導層がすべて監獄に入れられていた敗戦直後の「非常時」に、自ら「政治をされた」のです。どうしても自分がやらなければならないと考えられたのです。アメリカの庇護の下で復興を果たし、かつ戦争を徹底的に忌避して平和を維持する。良くも悪しくも戦後日本の骨格形成に昭和天皇の果たした役割は非常に大きかったのではないか、そのように私は考えています。

戦後、大方の国民は米軍基地の存在を必要悪だと考えていたはずです。日本の安全保障、すなわち外敵からの侵略は米軍基地の存在によって防ぐことができる。したがって、戦争に動員されることもない。冷戦下の日本はアメリカに守られて平和を享受し、何も考えず専ら経済成長に注力することができたのです。ほぼ、敗戦直後に昭和天皇が考えられたシナリオ通りになったわけです。何やかやといいながらも、こうした状況を日本国民は歓迎しました。沖縄県民を除いては。

ただ、昭和天皇は沖縄に対して差別感情を持たれていたから在沖縄米軍の長期駐留を要請されたわけではありません。要するに、日本に大規模な軍事基地を設営しようとすれば、島全体が既にアメリカの軍事統治下にあった沖縄が中核基地になるのは当時の状況では自然な流れだったのです。しかし、沖縄の人々にとってはどうでしょうか。仮に在日米軍基地が日本の安全保障の要だとするならば、そして地政学的要因をいうのであれば、沖縄以外、九州でも、山陰でも、あるいは北海道であってもいいじゃないかと思うのは当たり前です。私もそう思います。できることなら首相官邸、百田や大西議員の自宅の側に、米軍基地を強制的に移設してやりたいものです。

おそらく昭和天皇は、米軍基地の存在が沖縄の人々に与える不断のストレスが、これほど大きなものになるとは想像されていなかったのではないでしょうか。また、アメリカ軍の規律を信頼され過ぎたのではないか。多少の無理は押しても、あの時に米軍基地を県外の過疎地域に移設すべきだったと私は思います。しかし今となっては、日本の自治体で新たな米軍基地を受け入れるところはまずないでしょう。米軍基地は絶対に必要だ、けれども自分の近くに存在するのは絶対に拒否する、というのが大方の日本人の本音だと思います。何せ、自分たちの出したゴミの処理場を近くに建設するだけでも大騒動になる現在の日本です。仮に成田空港建設時のように土地の強制収容をしたなら、暴動が起きるのは目に見えています。わかりやすい地域エゴイズムです。

しかし、どのような困難があろうとも、日本政府は沖縄の基地撤去を前提に、アメリカ、防衛省、そして沖縄県と徹底的に議論すべきだと私は思います。まあ、現在の安倍政権の感性を考えると悲観的にならざるを得ませんが。

そういえば、民主党政権時代の鳩山由紀夫首相が、沖縄の米軍基地を「最低でも県外」に移設すると高らかに宣言した後、あっという間に撤回したことを思い出します。当時から今に至るまでボロクソに貶され続けている鳩山ですが、確かに政治家（首相）としてはお粗末だったと言わざるを得ません。いうまでもなく、県外移設を宣言したからではなく撤回したからです。誰も言いませんが、鳩山の構想自体はすばらしいものだったと私は思っています。「最低でも県外」という言葉の裏には、沖縄のみならず全在日米軍基地の撤廃による日本の自主独立という重要なテーマが隠されています。

そして、同時に提唱していた「東アジア共同体」構想は、それを担保するものであったのではないでしょうか。当然のことながら、在日米軍が撤退した後の安全保障は、中国や朝鮮半島との劇的な関係改善を抜きにしては成り立ちません。この鳩山の構想は、戦前回帰を念頭に置いた安倍首相とは異なる、未来志向の新たな国体を目指した「戦後レジウムからの脱却」プランでした。

鳩山の致命的問題は、政治家、それも最高権力者である首相としての「覚悟」がなかったことに尽きます。実現するには大きな困難が伴う構想であることは、初めからわかっていたはずです。しかし、首相として提唱したからには、周囲を全部敵にまわしても貫徹すべきだった。その結果、政治的に玉砕したとしても、投じられた一石は日本全体に波紋を投げかけ、議論を喚起し、国民が戦後日本、そしてこれからの日本のかたちを真剣に考える契機となったはずです。何も「綸言汗の如し」とまでは言わないが、政治家の発言は重いのです。

今上天皇は皇太子時代に、「いったことは必ず実行する。実行しないことをいうのは嫌いです」

（三十一歳の誕生日記者会見）と自らの信条、決意を述べられていますが、実際に今上天皇のこれまでの生き方は、その言葉を立証しています。鳩山にも今上天皇の強い責任感を見習ってほしかった、私は今でもそう思っています。

敗戦時における昭和天皇の判断は極めて論理的であり、敗戦国である当時の日本が置かれた状況を考えると正しかったといえるのかもしれません。ただ、正しくはあっても完璧ではなかった。しかし、昭和天皇といえども「神」ではなく「人間」です。人間である以上、常に完璧な判断ができるはずもありません。そのことは、昭和天皇自身が最も理解されていたはずです。その後の沖縄の状況を知るにつけ、昭和天皇は内心忸怩たる思いを抱かれていたと思います。だからこそ、何度も沖縄への訪問を希望されたのでしょう。結局、訪問が計画される都度、手術やその他の理由で延期され、天皇の沖縄訪問はついに叶いませんでした。崩御される直前まで、天皇は「沖縄へはどうしても行かねばならぬ」と語られていたそうです。宮内庁の考えた行幸の名目は「戦没者の霊を慰め沖縄県民の苦難を労《ねぎら》う」というものだったでしょうが、昭和天皇の本心は「沖縄県民への謝罪の旅」と考えられていたと思います。そして、父の遺志を継ぎ沖縄訪問を実現されたのは今上天皇と皇后でした。

祈りの行脚

今上天皇と皇后が沖縄の地を踏まれたのは、一九七五年（昭和五十年）七月十七日、真夏のとても暑い日でした。訪問は海洋博名誉総裁として海洋博の開会式に臨席されるためでしたが、戦後初めての皇族による沖縄訪問でした。父である昭和天皇の長年にわたる沖縄への思いを知る明仁皇太子は、もちろん沖縄訪問を単なる公務としてとらえられていたわけではありません。この訪問の真の目的は、先の大戦で非業の死をとげた多くの沖縄県民への慰霊と、遺族に対する慰藉でした。

ただ、皇太子の沖縄訪問が公表された後、本土と沖縄では新左翼を中心に「皇太子訪沖反対闘争」が広がっていました。そのため、沖縄に住む学友は皇太子の身を案じ「お出でにならないほうがいい」と進言しましたが、「だから僕が行くんだ。現在の平和は沖縄の犠牲者の上にあるのだから」と言われたそうです。また、訪問前に「石ぐらい投げられてもよい。そうしたことを恐れず県民の中に入っていきたい」と決意を側近に語られています。

しかし、学友が危惧した通り、この旅は決して穏やかなものとはなりませんでした。何しろ、石どころか火炎瓶を投げられたのですから。

皇太子夫妻が沖縄に到着したその日、二つのゲリラ事件がありました。最初の目的地は南部戦跡でしたが、糸満市にさしかかった明仁皇太子夫妻の乗った車を目掛けて、白銀病院の屋上からビンや石、スパナなどが投げかけられました。犯人は、患者と見舞客に偽装した二人の過激派でした。しかし、事件にも関わらず車はそのまま目的地に向かいます。

目的地に着いた皇太子夫妻は、「ひめゆりの塔」の前で長い黙禱をささげられました。炎天下、皇太子はスーツ姿の正装、流れる汗を拭おうともされませんでした。美智子妃も同様でした。そして祈りを終えられた後、案内スタッフの説明を熱心に聞かれていた最中、ガマ（地下壕）に潜んでいた過激派二人が這い出てきて、皇太子夫妻に火炎瓶と爆竹を投げつけます。第二のゲリラ事件です。直接当たらないように投げたせいもあり、火炎瓶は献花台を直撃して燃え上りましたが皇太子夫妻は無事でした。警備の警察がガマの中を前もって調べていなかったのは、このあたりが沖縄の人々にとって聖域だったからだそうです。なお、この時警備にあたっていた沖縄県警の警察官は驚いて逃げてしまいましたが、同行していた皇宮警察によって犯人は取り押さえられました。事件の直後、皇太子は案内スタッフに声をかけられ安否を気遣うだけでなく、任務を放棄した警察官を処分しないようにと関係者に依頼されています。

二つのゲリラ事件を実行した四人は、東京に居住する沖縄人によって結成された沖縄解放同盟準備会と共産同戦旗派のメンバーでした。

皇太子夫妻はその後、何事もなかったかのように、続けて「魂魄の塔」と「鍵児の塔」を参拝され、遺族たちと長時間話され、これまでの苦難を労われています。結局、天皇と皇后は予定された三日間のスケジュールを、変更することなくすべてこなされました。昭和天皇も二度にわたる襲撃に際してまったく動揺されませんでしたが、明仁皇太子も危機に際してあたふたしない豪胆な精神力を持たれているようです。

その日の夜、明仁皇太子は異例のメッセージを出されます。抜粋すると次のようなものでした。

「過去に多くの苦難を経験しながらも、常に平和を願望し続けてきた沖縄が、先の大戦で、我が国では唯一の住民を巻き込む戦場と化し、幾多の悲惨な犠牲を払い、今日に至ったことは忘れることのできない大きな不幸であり、犠牲者や遺族の方々のことを思うとき、哀しみと痛恨の思いに浸されます。私たちは、沖縄の苦難の歴史を思い、沖縄占領下における県民の傷跡を深く省み、平和への願いを未来につなぎ、ともども力を合わせて努力していきたいと思います。払われた多くの尊い犠牲は、一時の行為や言葉によってあがなえるものでなく、人々が長い年月をかけてこれを記憶し、一人ひとり深い内省の中にあって、この地に心を寄せ続けていくことをおいて考えられません」

沖縄県民への思いと同時に、全国民に向けられたメッセージであることがわかります。安倍首相とその取り巻き連中に、改めて聞かせてやりたいものです。どうせ馬耳東風、豚に真珠でしょうが。

なお、随行記者だった『人間昭和天皇』の著者高橋紘によると、当時の反戦・革新知事で皇太子夫妻を案内した屋良朝苗《やらちょうびょう》は翌日、高橋のインタビューに答えて「私は何人もの方々をひめゆりにご案内しました。しかしあのような敬虔な祈りを捧げて下さった方は、皇太子ご夫妻だけでした。本当に感動いたしました」と、目頭を押さえながら語ったそうです。

以後、今上天皇の沖縄訪問は皇太子時代を含めて十回に及んでいますが、二〇〇三年（平成十五年）の誕生日会見では、自らの血筋（母である香淳皇后の実家は島津家）をあげて、沖縄への思いを次のように述べられています。

「私にとっては沖縄の歴史をひも解くということは島津氏の血を受けている者として心の痛むことでした。しかし、それであればこそ沖縄への理解を深め、沖縄の人々の気持ちが理解できるようにならなければならないと努めてきたつもりです」

二〇一三年（平成二十五年）四月二十八日、政府主催による「主権回復・国際社会復帰を記念する式典」が憲政記念館で開かれました。この日は六十一年前、サンフランシスコ講和条約が発効された日です。六十一年も経って、突然どうしたんでしょうね。おそらく、安倍首相を支持する保守派へのアピールでしょう。それはともかく、この式典には天皇と皇后が出席させられています。安倍政権による天皇の政治利用じゃないか。出席を要請する政府の事前説明に対して、天皇は「その当時、沖縄の主権はまだ回復されていません」と指摘されています。沖縄を切り捨てておいて、何が主権回復だということでしょう。実際、沖縄では同時に締結された日米安保条約により占領が固定化されたこの日を「屈辱の日」と呼んでいます。

憲法では国事行為の他、式典出席等公的行為も内閣の助言と承認に基くとされているため従わざるを得ません。宮内庁関係者によると、沖縄のことを常に案じている天皇にとっては苦渋の出席だったそうです。式典では、天皇の「お言葉」はありませんでした。閉会後、安倍首相らは突如「天皇陛下、万歳！」と三唱したそうですが、無理やり出席させておいて万歳もないものです。まったく、不敬極まりない連中です。

ところで、明仁皇太子は忘れてはならない日として、有名な「四つの日」をあげられています。終戦の日、広島・長崎の原爆投下の日、そして沖縄陥落の日です。一九八一年（昭和五十六年）夏の定例記者会見で、皇太子は記者たちに逆に質問をされたことがありました。

「腑に落ちないのは、広島の平和式典はテレビ中継されるのに、長崎の式典は中継されないこと、そして沖縄でも慰霊祭が行われているのに中継されない。どういうわけですかね」

その後、長崎の平和式典や沖縄の戦没者追悼式もＮＨＫで放送されるようになりましたが、さすがＮＨＫです。

今上天皇は、これまで沖縄を含む四十七都道府県すべてに行幸啓されていますが、訪問地には意外なところもあります。二〇一四年（平成二十六年）、天皇夫妻は足尾銅山からの鉱毒被害を告発した田中正造の出身地である佐野市を訪れています。

田中正造は一九〇一年（明治三十四年）、鉱毒事件について明治天皇に命がけで直訴しますが、警官に取り押さえられ叶いませんでした。天皇夫妻は佐野市郷土博物館を見学され、直訴状の実物を見られています。直訴から実に百十三年後、田中正造の直訴状は天皇の目に触れることになったわけです。

天皇の行幸啓は既に述べた通り、各種式典への臨席といった一般公務の他に、高齢者や身障者の施設訪問、被災者と遺族への慰問、そして沖縄をはじめ戦没者の慰霊を自らの責務とされてきました。特に戦没者の慰霊は、天皇にとってライフワークともいえるものであり、それは国内にとどまりませんでした。

天皇夫妻は、二〇〇五年（平成十七年）にサイパン、二〇一五年（平成二十七年）にパラオを戦没者慰霊のために訪れられています。慰霊の目的だけで海外を訪れるのはサイパンが初めてです。サイパンではバンザイクリフの高台に立たれ、海に向かって深々と頭を下げて祈りを捧げられました。それだけでなく宮内庁が予定に入れていなかった沖縄県出身者の慰霊碑『おきなわの塔』や朝鮮半島出身者の慰霊碑『韓国平和記念塔』、そして敵国であったアメリカの戦没者慰霊碑にも立ち寄られ参拝されています。パラオでは、激戦地であったペリリュー島の『西太平洋戦没者の碑』に参拝されました。また、米軍の上陸作戦で多くの戦没者を出した同島のオレンジビーチを訪ねられ、砂浜に向かって長い祈りを捧げられています。

このように、今上天皇の祈りは、日本の戦没者だけに向けられたものではありません。

第六章　私、天皇主義者です

一　皇室の危機

雅子妃バッシング

小和田雅子、一九六三年生まれ、父は外務次官、国際司法裁判所所長等を歴任。米ハーバード大学卒業時に優等賞を授与される。英仏独露、四カ国語に堪能。帰国後、東京大学法学部に学士入学。在学中外交官試験に合格、外務省入省。同省初の女性キャリア官僚として話題になる。

皇太子妃の経歴は、まるで絵に描いたようなすばらしいものです。きっと、夢を持って外交官となり、そして日本のため皇太子妃として国際親善に尽くそうと、決意と覚悟をもって皇室に入ることを決心されたのだと思います。実際、皇室に入られた当初の雅子妃はいつも溌剌とした表情で、徳仁皇太子とともに公務に励まれていました。

雅子妃の人生が暗転するきっかけとなったのは、いわゆる「お世継ぎ問題」でした。「いつになったら世継ぎを産むのか」という、雅子妃に対する非礼極まりない批判がいたるところから出始めます。本来は皇室を護るのが役目の宮内庁長官が、海外公務をする暇があれば世継ぎを産む努力をしろ、とまで言いだす始末です。本人は皇室を護るため敢えて苦言を呈するとでも思っているのでしょうが、セクハラじゃないか。まったく傲慢で不遜極まりない発言であり、即刻クビにすべきだと私は思ったものです。

この長官に限らず、自称保守派の雅子妃批判はどれもこれもひどいものです。彼らは自分が何を言っているのかわかっているのか。その批判の裏には、天皇や皇太子、皇后や皇太子妃をまるで「種馬」や「産む機械」のように捉える感性が隠れています。天皇とその家族を人としてみていない、いや人間以下にみているとしか思えません。不敬という以前に、人としてどうしようもない連中です。

以後、週刊誌を中心に執拗な雅子妃バッシングが始まります。中でも下半身スキャンダルの暴露と弱者叩きに定評のある保守系週刊誌は、これでもかとばかりにバッシングを続け、最近では皇太子までその対象としています。皇太子夫妻の離婚計画が進んでいるだの、天皇夫妻と皇太子、秋篠宮、宮内庁長官の密談により皇太子は即位後すぐに秋篠宮悠仁《ひさひと》親王に譲位させる計画だの、与太話を連発してきました。そして、雅子妃は皇太子妃として「不適格」という烙印を勝手に押しています。記事の作り方はワンパターンで、かつ姑息です。必ず「宮中関係者」が登場し悪口雑言の言い放題、そして三流保守評論家の「危惧する」談話を入れて記事は完成。自分たち（編集部）が言ってるわけじゃないというところがミソです。敬語を使いながらも、実に陰湿かつ陰険なやり口です。事実上反論できない立場にある皇太子夫妻や愛子内親王を、悪意をもって叩く。この連中は、批判されると「皇族は公人」、「報道の自由」、「情報源の秘匿」といった大義名分を喚き立てるに違いありません。本当に卑怯な連中であり、ヘイト右翼と何ら変わらない単なる弱い者いじめを嬉々としてやっている。なまじ大出版社の刊行物という社会的ブランドがあることから、ヘイト右翼よりもタチが悪いといえます。

ネットにいたっては、もう目も当てられない有様です。例によって、およそ知性の欠片もなく小児的なネトウヨたちが、「雅子妃は朝鮮人」、「父親は借金まみれで東宮御所に泊まり込んでいる」、「雅子妃は父親の借金返済のため、ティアラをヤフーオークションで売り飛ばした」などと、小学生レベルのデマを拡散させています。ある種のルサンチマンではあるのでしょうが、彼らの暗い情念はどこからくるのでしょうか。病んでいるという他ありません。

ともあれ、雅子妃はストレスとプレッシャーにより流産をするまで追い詰められました。結婚当初の自信に満ちた笑顔は消え、テレビを通してでもわかるくらいその表情は弱々しくなっていきます。まるで、デジャブです。かつての美智子皇后に対するバッシングを、私は否応なく思い出します。皇后と皇太子妃には共通点が多々あります。民間人、良家の育ち、前向きで努力家、類い稀な才媛、いわれなきバッシング、ストレスによる流産と身体の変調、そして夫の強い愛情。

皇后も皇太子妃もネットはもちろん、おそらく週刊誌も読まれてはいないでしょう。しかし、新聞には週刊誌の広告がデカデカと掲載され、特集の煽情的かつ断定的な見出しは嫌でも目に入ってくるはずです。それらのいわれなき批判記事によって皇后は失声症となり、皇太子妃は適応障害による鬱症状が続きます。鬱病や膠原病といった病気の苦しさは、本人しかわからないものです。雅子妃はサボり癖があるといった指摘は、まったく見当違いです。サボり癖がある人間が、本省におけるキャリア官僚の異常ともいえるハードな仕事をこなせるわけはありません。

美智子皇后もそうですが、雅子妃だって決して精神力の弱い方ではないはずです。ハーバード大学で優等賞を受けたり、首相の通訳を務めたりといった経歴は、強い精神力がなければあり得ません。それが、見る影もなく衰弱されている。よほどのストレスだったに違いありません。普通の女性であれば、気が狂っても不思議ではないはずです。それでも、聡明な雅子妃は強い責任感から何とか立ち直ろうとされたのでしょう。オランダのベアトリクス女王の好意で休養を目的に招待された時も、自身の病状を回復させるために行かれたのだと思います。しかし、帰国するとその休養が批判され、またもや落ち込まれる。悪循環です。週刊誌は相も変わらず仮病だとか、サボタージュだとかいって雅子妃を「不適格皇太子妃」と決めつけていますが、人権侵害という自らの犯罪行為を一度省みるべきではないでしょうか。

雅子妃も皇太子も、非礼な表現かもしれませんが、少なくとも普通以上に聡明な方だと誰しもわかっているはずです。下劣な、あるいは小賢しい批判などせず、そっと見守るということがなぜできないのか。雅子妃バッシングに限りませんが、今の日本社会には、日本人本来の美質であるはずの「寛容さ」が著しく欠けているように見受けられることが、私には非常に気がかりです。

皇位継承問題

皇位の継承、すなわち将来の天皇の即位に関しては、日本国憲法第二条で次のように規定されています。

「皇位は、世襲のものであつて、国会の議決した皇室典範の定めるところにより、これを継承する」

ここでいう「皇室典範」とは、皇位継承や摂政等、皇室関連の事項を決めた法律です。現在の皇室典範は、一八八九年（明治二十二年）明治憲法と同時期に決められた皇室典範（旧皇室典範）を改定して、一九四七年（昭和二十二年）に制定されたものです。

定められた内容に関しては、新旧の皇室典範に大きな違いはありません。最も大きな違いは、旧皇室典範が明治憲法と同格で議会が関与することができないものであったのに対し、現在の皇室典範は憲法の下に位置付けられた一般の法律であることです。したがって、議会の議決によって改正することも可能です。

皇位継承問題が表面化したのは、二〇〇一年（平成十三年）です。その年に誕生した徳仁皇太子夫妻の第一子が女子、内親王であったからです。この時点で、弟である文仁親王（秋篠宮）夫妻には、二人の内親王しかいませんでした。つまり、今上天皇の孫に男系男子である親王がいないという状態となり、皇統の持続に重大な問題が出てきたわけです。なぜなら、皇室典範では天皇の資格として「男系男子」、つまり父親が天皇である男子であることが明確に規定されているからです。さあ大変だとばかり、当時の小泉純一郎政権は急遽、首相の私的諮問機関として「皇室典範に関する有識者会議（座長は元東京大学総長吉川弘之）」を招集します。

結局、この有識者会議は最もわかりやすい結論を出しました。女性・女系天皇の容認という報告書です。当時のアンケートでも世論の大部分は、女性・女系天皇を支持していました。そして小泉政権も、その方向で皇室典範の改正作業を進めようとしています。小泉という人物は、なかなか話のわかる男じゃないか、なんて思ったことを思い出します。

けれども、神社本庁や安倍晋三をはじめとする保守派の反発は猛烈でした。彼らの論拠は、「万世一系」です。つまり、神武天皇以来現在に至るまで、天皇は男系男子で続いてきている。その伝統を壊すなど許せん、というわけです。最近では「y染色体」なんて生物学用語を持ち出し、神武天皇の「y染色体」を受け継ぐ者こそ天皇の資格があると言い始めています。科学用語を使って自論に少しでも箔をつけたいと思ったのでしょうが、馬鹿みたいです。いうまでもなく、染色体は近代になって発見解明されたものであり、皇室の伝統を論じることとは馴染みません。y染色体は単なる男性固有の染色体であるに過ぎません。

近代以前の世界は、ほとんどの国が男性優位、男尊女卑の社会でした。日本だってそうです。そうした社会環境の中で、日本の皇室も男子継承という原則が続いたのでしょう。しかし、それは皇統の本質ではありません。それが皇統の本質だというなら、男尊女卑が皇室の本質だということになります。そもそも、皇祖とされる天照大御神からして女神であることを忘れちゃいけません。また、男系論者は女性天皇にも難色を示していますが、皇統の中には八人の女性天皇が存在していました。つまり、現代の自称保守論者は、大昔の日本人よりも反動的だということです。

そうこうするうち小泉政権の末期二〇〇六年（平成十八年）、秋篠宮家に悠仁親王が生まれました。そのため、いつの間にか皇室典範の改定論議は立ち消えてしまいます。

小泉首相の後継首相である安倍首相（第一次政権）は、二〇〇六年（平成十八年）就任後の答弁で「（継承問題は）慎重に冷静に、国民の賛同が得られるように議論を重ねる必要がある」と答弁しています。ほとんどの国民の賛同は得られているのに、賛同が得られるように議論を重ねるとはどういうことなのか。安倍首相は翌年、有識者会議の報告書は白紙に戻し継承問題は政府内で検討していくとしますが、要するに女性・女系天皇論議に蓋をしたということです。この首相は権力をかさにきて、こういうあからさまなゴリ押しをよくやります。安倍および安倍まわりの連中の言い分は、衆愚の一時的な気分で決められるようなことではないというものです。彼らはポピュリズムの上にのっかって権力を振り回しているくせに、民意が自分たちにとって都合の悪い時だけポピュリズム批判をします。選良である自分たちが、愚かな国民を指導するとでも思っているのでしょう。誰が選良だ、笑わせるじゃないですか。

さて、いうまでもなく悠仁親王が生まれたからといって、継承問題が消えたわけではありません。この問題は、後述する天皇の退位問題に絡んで再び浮上してきます。さすがに今度は、男系論者も皇統の持続性確保のための具体案を出さなければと考えたのでしょう。彼らが出している案は、敗戦時に臣籍降下した宮家の復活です。天皇の空席は、旧宮家の男系男子が補うというわけです。しかし、戦後七十年もの間民間人として生活をしてきた旧宮家の子息に、上御一人の重責を担うことができるのか甚だ疑問です。そこまでして、男系の「血」にこだわる必要があるのか。それに血統ということでいえば、旧宮家の男系男子は天皇と二十世近く離れていて、六百年以上遡ってやっと天皇に繋がります。いくらなんでも、遠過ぎるでしょう。遠過ぎる縁戚だとされる継体天皇でさえ、五世しか離れていません。単に保守派がいうところのy遺伝子を継ぐ男系男子ということであるなら、神武天皇以来の男系男子は膨大な数の一般国民として存在します。そんなことを考えていると、「血」について論議していること自体が馬鹿らしくなってきます。

その他、男系論者の中には側室制度の復活、あるいは精子の冷凍保存、人工授精、性別による産み分けといったアイデアもあるようですが、どれもこれもナンセンス、国民が生理的に受け付けるわけありません。歴史学者の成瀬弘和は、「男系継承」は中国の受け売りで、「女帝容認」こそ日本古来のあり方だ、と言っていますが私もそう思います。

ところで、毎日新聞は二〇一七年（平成二十九年）四月三十日の朝刊で、政治部記者（平田崇浩、野口武則）がこの問題に関する官僚の反応を取材して記事にしています。興味深いので、次に抜粋要約して引用しておきます。

私たちが皇位継承問題の取材を通じて感じたのは、戦後憲法によってつくられた「国のかたち」を守ろうとする官僚たちの公僕意識の強さだ。国家機構に組み込まれた天皇制を守ろうとする意識に加え、象徴を体現する天皇陛下個人に対する尊敬の念も感じられた。

この問題に取り組んだ多くの官僚が口をそろえる。

「仮に天皇を継ぐ人がいなくなると、日本の統治機構が現実として動かなくなる」

「陛下は行事で必ず国民一人一人の目を見てあいさつする。宮中行事もこなす。全部、一人の生身の人間がやっている。それは大変なことだと分かるから、この問題が大事だと考えるわけです」

「仕事で宮中に行って、天皇陛下の振る舞いを見てすごい方だと思った。悠仁さまが天皇になったときの皇族を確保しないといけない。今は女性しかいないから早くしないと」

党の部会などでこの問題を説明した経験のある官僚たちは、当時の様子を振り返って言う。

「男系なんて側室がいないと続かない。旧宮家の男系男子と女性皇族を結婚させればいい、とある議員は言っていたけど、男女双方が合意しなければいけない話。皇族にも基本的人権がある。憲法を知っているのかと思った」

「早く眞子さまと佳子さまを旧宮家と結婚させろと真顔で言われた。国民が見ている前で本当にそんなことが言えるのか。聞くに堪えない議論だった」

関係者によると、安倍政権では、過去に女性宮家などの検討作業にかかわった官僚は「赤色官僚」として政権中枢から遠ざけられた。

何かと批判されることが多い日本の官僚ですが、まともな「赤色官僚」もいるようです。

話を戻すと、自称保守派が呪文のように唱える「前例がない」ということでいえば、明治維新だって前例のないことです。だって、革命ですから。いずれにしても、長い日本の歴史の中で天皇の在り方は時に過激に、総じて少しずつ、常にその時代に合うように変化してきました。男系に固執する論者は、なぜ天皇は男系男子でなければならないのか、その根拠を明確にするべきです。でなければ、漫画家の小林よしのりが言うように「男系固執カルト派」と呼ばれてもしかたないでしょう。「今までそうだったから」というだけでは側室制度と同様、国民は納得しないはずです。

私は、皇統二千六百年の本質は即物的な意味での「血」ではない、また男系だから皇統が続いてきたわけではないと考えています。天皇たる資質は、皇室という特別な環境に生まれ育ち、当代の天皇をはじめとする優れた教師から「天皇学」を学んでいく中で培われるものではないか。したがって、天皇の血族で、皇室で生まれ育ち学んだ方であれば、女性でも女系（母親が天皇であること）でも、まったく問題はないと私は考えています。

これから先、永きにわたって皇室が続いていくには、変えてはならないもの、変えてもいいもの、変えるべきもの、について常に考えなければならない。そして、そのことを最も理解しているのは、他ならぬその時代の天皇であるはずです。

天皇の退位

二〇一六年（平成二十八年）七月十三日、NHKで衝撃的なニュースが流されました。今上天皇が退位の意向を持たれているという内容でした。しかも、後からわかったことですが、その意向は既に数年前からもらされていたそうです。

天皇の意向を知った時、宮内庁の幹部たちは驚き、思いとどまってもらおうと必死で説得したそうです。「これまでの陛下のなさりようで、国民は知っています。公務をされずに形だけの天皇になられたとしても異を唱えるものなどいません」と。「形だけの天皇」という言い方はどうかと思いますが、何としても退位を思いとどまっていただこうという考えからか、マスコミに対して宮内庁は非常に不様な対応をしています。宮内庁の山本信一郎次長は、ニュースが流れたその日のうちに記者会見を開き、「報道されたような事実は一切ない」と述べ、宮内庁として生前退位の検討をしているかについては「その大前提となる（天皇陛下の）お気持ちがないわけだから、検討していません」と語っています。結局、翌日の新聞各紙は一面で「天皇、退位の意向」という追認記事を打ち、宮内庁は大恥をかくことになりました。

しかし、かくいう私も天皇退位の第一報に接した時、宮内庁の幹部同様、衝撃を受けるとともに、公務を大幅に減らしてでも今上天皇が天皇としていていただきたい、存在されているだけで有難いのだからと思ったものです。国民の大半もそう思ったのではないでしょうか。

けれども、八月にテレビで流された天皇の国民へのメッセージを聞いて、天皇および天皇の務めに対する我々の認識がどれほど浅いものか思い知ることになりました。

このメッセージは、「退位」という言葉こそ使われてはいませんが、高齢に伴ってこれまでのように全身全霊で天皇の務めを果たすことが困難になってきたということを、国民に理解してもらいたいという内容でした。しかし、後述しますがメッセージは単に退位の意向というより、今上天皇の「天皇論」ともいえるものです。そして、その天皇論そのものが退位の根拠となるものでした。高齢になって体がきついので、といった表層的なものではありません。「退位したい」ではなく、「退位せねばならない」という天皇の強い意思が滲み出た内容でした。

ともあれ、メッセージが流された後、天皇の退位に関する新聞各社の世論調査では、大部分の国民が天皇の意思を尊重するべきだと考えていることがわかりました。国民は、安倍政権への支持・

不支持に関わらず、こと天皇に関しては絶対的な親和感を持っているということです。

しかし、天皇の意思も国民の意思も気に入らない勢力がやはりいるわけです。例によって、「安倍まわり」の自称保守派の連中です。

安倍政権をはじめとする自称保守派は、天皇の退位報道に不意打ちを食らったようですが、放っておくわけにもいきません。内閣は、「天皇の意向」を受けて「天皇の公務の負担軽減等に関する有識者会議（座長は今井敬経団連名誉会長）」を開催します。有識者会議の名称でもわかるように、当初の政府方針は公務を減らすことによって退位を阻止するというものでした。

さて、世間の目を気にしてか、有識者会議の議員こそ露骨な人事は避けていますが、有識者会議がヒアリングする十六名のメンバーには安倍首相に近い日本会議系の保守論者が多数指名されています。彼らは、陳述にあたって「（慰問などの公務に関する）陛下のご努力は誠に有り難い」という台詞を枕詞のように使いながらも、その舌の根も乾かぬうちにこれまで天皇が全身全霊をもって公務を行う中で導かれた考えを、全否定する点で共通しています。

ヒアリングの中で「天皇の退位なんか絶対に認めない」とする安倍まわりの保守派の天皇観が典型的に出ているのは、平川祐弘東京大名誉教授の陳述でしょう。

平川の陳述の要旨は、「天皇は皇統が続くことと祈ることだけを考えていればいい。それ以外のことをあれこれ考えたり、やったりするんじゃない」、「勝手に自分で仕事を増やしておいて、体力が衰えたからという理由で退位するというのはおかしいんじゃないか」、「テレビで流された天皇のメッセージに国民は感動したかもしれないが、その感動は単なるセンチメンタリズムだ」、「天皇の考えに沿って法的措置を講ずることは、憲法違反の疑いがある。極めて悪い先例になる」、「(天皇の言葉は)世間やマスコミには受けるかもしれないが、日本および皇室の将来のためにならない」等々。もちろん実際には敬語を使っていますが、意見陳述というよりは、今上天皇に対する露骨な批難です。要するに「天皇や皇室の意味や意義については今上天皇よりも俺様の方がよく知っているし、その正しい在り方もわかっている」ということでしょう。しかし、天皇をも侮るこの夜郎自大で途方もない自信は、いったいどこからくるのでしょうか。理解に苦しみます。

平川はまた、今上天皇が自らに課せられた天皇の務めを基準にすると、皇統に能力主義を持ち込む危険があるという珍説も開陳しています。代々続く皇統には優れた天皇もそうでない天皇もいるはずだ、もしも「適応障害」の天皇だったらどうするんだ、と雅子妃を揶揄しながら余計な心配をしています。まったく非礼千万な学者です。これからも続くであろう皇統の中で様々な天皇が登場するということくらい、平川にいわれるまでもなく今上天皇は認識しているに決まってるじゃないですか。

明治、大正、昭和、またそれ以前の天皇も、天皇はその時代を担って存在されてきた、自分も平成という時代の天皇としてその役割を全身全霊で務めてきたが、高齢となって自分の考える務めを続けることが困難になったから退位に関して国民の理解を得たい、それが今上天皇のメッセージです。今上天皇は、これからの天皇に自分が行ってきた務めとまったく同じことを強制しようとされているわけではありません。能力主義云々の指摘は、見当違いもいいところです。今上天皇が伝えたかったのは、個々の天皇の能力に関わらず、それぞれの時代の天皇は天皇の務めの重さを自覚し務めに励まなければならない、そしてその務めはこれまでの皇室と同様、時代によって変化していくであろうが、天皇が自らの務めを果たすことができなくなったら退位すべきであり、そのための制度を設けるべきであるということです。つまり、今上天皇は我々国民が考える以上に、天皇の務めは重要であるといわれているのです。天皇の務めは天皇しかできないのだ、と。だからこそ、時代が大きく変わった現在、これからも皇室が続いていくには「退位」という制度が必要だと考えられたのです。

平川はさらに、退位後の天皇について「退位後の天皇は公務を離れ、自由に海外旅行をしたり、友人と会ったりするだろう。それが心配だ」といったことを述べています。どういうことかというと、退位された天皇が「問題発言」をされることを心配しているわけです。彼にいわせれば、天皇の国民に向けたビデオメッセージが既に問題発言だそうです。その上で、「退位の意向」が海外のメディアで報道されたことを取り上げ、一例として仏『ルモンド』紙の記事が「今回の退位問題について、実に歪んだ報道をしている」とヒアリングで述べています。退位問題を報じた『ルモンド』の記事の中で、平川が歪んだ記事と批難したのは、次の部分だと思われます。

「二〇一二年に起草された自民党の改憲草案によれば、天皇の地位は現行憲法における「国家と国民の統合の象徴」から「国家元首」になる。天皇には政治的権威はないが、天皇は安倍氏の政策選択に必ずしも同意していない。第二次世界大戦時の役割についていまだに議論されている裕仁の後継者として、明仁は世界平和と、軍国主義日本の犠牲となった国々とりわけ中国と韓国との和解を強く求めてきた。二〇一五年に明仁は終戦七十年記念に際して先の大戦に対する「深い反省」の意を表明した。後継者である徳仁皇太子も憲法に対する愛着と、「平和のはかりしれない価値を心に刻む」との意志を約束している」

要するに、天皇を評価する記事は「歪んだ記事」だと断定している。安倍首相や平川ら自称保守派にとって気に入らない天皇の発言はすべて「問題発言」であり、今でさえこうなのだから退位して自由になったらとんでもないことになる。だから退位なんかさせないということでしょう。実にひどい歪んだ発言であり、「問題発言」です。

一方、同じくヒアリングのメンバーで退位賛成派である保坂正康は、大要次のようなことを述べています。

「天皇が、少なくとも皇統を守るという自らの存在と歴史的な位置付けの中でも発言ができないというのは、大きな錯誤ではないかと私は考える」、「それぞれの時代における天皇は国事行為の法的、政治的に決まっている枠組みというものは踏襲しつつ、ある範囲において、その公務と称するものは天皇によって違うということは十分あり得るし、あって当然だし、また、なければおかしいと思う」、「今上天皇は戦争を抱えた時代の次の代の天皇として、戦争の贖罪あるいは戦争の犠牲となったすべての人々に対する追悼と慰霊を通じて自分の果たす役割を希求している。今の皇太子も同じことを行うことを希望しているように思う。それはおそらく、家族としての申し送りのようなものではないか」

保坂の意見は、非常に冷静かつ常識的なものです。私は、保坂の考えに断然賛成です。真の保守とは「常識的な態度」のことをいうのだ、と改めて思った鈴木です。

結局、十六人のヒアリングメンバーの中で、退位反対が八人、賛成が八人と賛否は拮抗しました。安倍首相としては退位を容認すると自分を応援してくれている保守派の支持を失いかねない、かといって阻止すれば民意を敵にまわすというリスクがある、そうしたジレンマの中で妥協案として皇室典範を改正せずに一代限りの特例法で乗り切ることにしました。退位に関する特例法は妥協の産物です。二〇一七年（平成二十九年）六月九日、自由党を除く与野党全党一致で特例法案が可決、成立します。退位の日は三年以内とされました。

特例法案は、安倍まわりの保守派にとっては不満だったでしょうが、当然のことながら今上天皇にとっても不満でした。毎日新聞の二〇一七年五月二十一日付朝刊第一面に掲載された遠山和宏記者の署名入り記事によると、「一代限りでは自分のわがままと思われるのでよくない。制度化でなければならない」と不満をもらされたそうです。天皇にとって「退位」の問題は自分だけのことではなく、これからの皇室に関わる極めて重いテーマであったのです。なお、同記事では、天皇が有識者会議のヒアリングで保守派に批判されたことを知り、ショックを受けられたとしています。なかなかいい記事なので、次に一部を抜粋しておきましょう。

「陛下の公務は、象徴天皇制を続けていくために不可欠な国民の理解と共感を得るため、皇后さまとともに試行錯誤しながら「全身全霊」（昨年八月のおことば）で作り上げたものだ。保守系の主張は陛下の公務を不可欠ではないと位置づけた。陛下の生き方を「全否定する内容」（宮内庁幹部）だったため、陛下は強い不満を感じたとみられる。宮内庁幹部は陛下の不満を当然だとしたうえで、「陛下は抽象的に祈っているのではない。一人一人の国民と向き合っていることが、国民の安寧と平穏を祈ることの血肉となっている。この作業がなければ空虚な祈りでしかない」と説明する。陛下が、昨年八月に退位の意向がにじむおことばを表明したのは、憲法に規定された象徴天皇の意味を深く考え抜いた結果だ。被災地訪問など日々の公務と祈りによって、国民の理解と共感を新たにし続けなければ、天皇であり続けることはできないという強い思いがある」

安倍政権が渋々ながら重い腰をあげて特例とはいえ天皇の退位を認めたのは、退位問題が女性・女系天皇の論議に発展するのを恐れたからでしょう。確かに皇位継承問題と退位問題は、地続きの問題です。

皇太子妃の適応障害、皇位継承問題、天皇の退位、巷間《こうかん》ではこれらの事柄をあげて「皇室の危機」が盛んに論議されているようです。しかし、こうした問題は知恵を出し合って皇室典範を改正すれば解決できる問題です。前述したように、皇室典範の内容は明治の旧皇室典範とほとんど変わっていません。その一方、現在の皇室典範は憲法の下に位置付けられる一般の法律であり、いつでも改正できるのです。そして、法律として存在する以上、皇位継承にせよ退位にせよ実状に合わない皇室の制度は、やはり法改正という手順を踏むべきであり、「今回だけ特別よ」というのは間違っていると私は思います。

いずれにせよ、皇室の危機を招く本当の要因は個々の問題ではなく、天皇夫妻や皇太子夫妻に対して激しい憎悪を抱く自称尊皇論者（保守主義者）たちの存在だと私は思っています。

二　天皇リベラリズム

今上天皇の「天皇論」

二〇十七年（平成二十九年）六月現在、今上天皇は八十三歳になられています。天皇の体を心配する宮内庁によって軽減されたとはいえ、現在も相変わらず相当量の「天皇の務め」を行われています。昨年度の実績でいうと、年間約千件の書類に目を通して署名捺印し、各種行事に約二百回出席し、二十件近くの祭儀を執り行われています。

今上天皇は、二〇〇三年（平成十五年）前立腺がんによる前立腺全摘出手術、二〇〇八年（平成二十年）心身のストレスによる上室性不整脈に罹患し胃と十二指腸に炎症、二〇一一年（平成二十三年）マイコプラズマ肺炎に罹り入院、二〇十二年（平成二十四年）狭心症の症状が認められ冠動脈のバイパス手術、とまさしく満身創痍の身で国民のために象徴天皇の務めを果たされてきました。

今上天皇のやること為すことがことごとく気に入らない「保守主義者」たちは、天皇批判に際して、口を開けば「お祭り（祭祀）が大事だ」と傲慢にも天皇に対して教えを垂れます。彼らは、今上天皇は明治以降の天皇の中で最も多くの祭祀を行われている天皇であることを知っているのか。天皇の本質が「祈り」であることを誰よりも深く理解されているのは天皇自身です。今上天皇は天皇の本質的務めを十分過ぎるほど果たされた上で、さらに国民に寄り添った象徴天皇としての公務を実践されてきたのです。自称保守主義者の学者や評論家が天皇批判に絡め、したり顔でお祭り云々を言うたびに、私は「生意気なことを言うんじゃねえ」と腹の中で罵っています。

今上天皇は皇太子時代を含め、これまで折に触れ「象徴天皇の在り方」について、自らの考えられるところを断片的に発言されてきました。そして、退位問題に際して、政府ではなく国民に向けて流されたビデオメッセージは、今上天皇の考えてこられたことを、退位に絡めて簡潔にまとめられたものではないか、私はそのように受け取りました。

保坂正康は、このメッセージを「(東日本大震災時に続く)平成の玉音放送だ」と言っていますが私も同感です。少し長くなりますが、今上天皇の「天皇論」ともいうべき重要なメッセージだと思うので、ここに全文引用することにします。

戦後七十年という大きな節目を過ぎ、二年後には平成三十年を迎えます。

私も八十を越え、体力の面などから様々な制約を覚えることもあり、ここ数年、天皇としての自らの歩みを振り返るとともに、この先の自分の在り方や務めにつき、思いを致すようになりました。

本日は、社会の高齢化が進む中、天皇もまた高齢となった場合、どのような在り方が望ましいか、天皇という立場上、現行の皇室制度に具体的に触れることは控えながら、私が個人として、これまでに考えて来たことを話したいと思います。

即位以来、私は国事行為を行うとともに、日本国憲法下で象徴と位置付けられた天皇の望ましい在り方を日々模索しつつ過ごしてきました。伝統の継承者として、これを守り続ける責任に深く思いを致し、さらに日々新たになる日本と世界の中にあって、日本の皇室が、いかに伝統を現代に生かし、いきいきとして社会に内在し、人々の期待に応えていくかを考えつつ、今日に至っています。

そのような中、何年か前のことになりますが、二度の外科手術を受け、加えて高齢による体力の低下を覚えるようになった頃から、これから先、従来のように重い務めを果たすことが困難になった場合、どのように身を処していくことが、国にとり国民にとり、また、私の後を歩む皇族にとり良いことであるかにつき考えるようになりました。既に八十を越え、幸いに健康であるとは申せ、次第に進む身体の衰えを考慮する時、これまでのように、全身全霊をもって象徴の務めを果たしていくことが難しくなるのではないかと案じています。

私が天皇の位についてから、ほぼ二十八年、この間私は我が国における多くの喜びの時、また悲しみの時を、人々とともに過ごしてきました。私はこれまで天皇の務めとして、何よりもまず国民の安寧と幸せを祈ることを大切に考えてきましたが、同時に事にあたっては時として人々の傍らに立ち、その声に耳を傾け、思いに寄り添うことも大切なことと考えてきました。天皇が象徴であるとともに、国民統合の象徴としての役割を果たすためには、天皇が国民に、天皇という象徴の立場への理解を求めるとともに、天皇もまた自らのありように深く心し、国民に対する理解を深め、常に国民とともにある自覚を自らの内に育てる必要を感じてきました。こうした意味において、日本の各地、とりわけ遠隔の地や島々への旅も、私は天皇の象徴的行為として大切なものと感じてきました。皇太子の時代も含め、これまで私が皇后とともに行って来たほぼ全国に及ぶ旅は、国内のどこにおいてもその地域を愛し、その共同体を地道に支える市井の人々のあることを私に認識させ、私がこの認識をもって、天皇として大切な、国民を思い国民のために祈るという務めを、人々への深い信頼と敬愛をもってなし得たことは幸せなことでした。

天皇の高齢化に伴う対処の仕方が、国事行為や、その象徴としての行為を限りなく縮小していくことには無理があろうと思われます。また、天皇が未成年であったり、重病などによりその機能を果たし得なくなった場合には、天皇の行為を代行する摂政を置くことも考えられます。しかし、この場合も天皇が十分にその立場に求められる務めを果たせぬまま、生涯の終わりに至るまで天皇であり続けることに変わりはありません。

天皇が健康を損ない、深刻な状態に立ち至った場合、これまでにも見られたように社会が停滞し、国民の暮らしにも様々な影響が及ぶことが懸念されます。さらにこれまでの皇室のしきたりとして、天皇の終焉に当たっては、重い殯（もがり）の行事が連日ほぼ二カ月にわたって続き、その後喪儀に関連する行事が一年間続きます。その様々な行事と、新時代に関わる諸行事が同時に進行することから、行事に関わる人々、とりわけ残される家族は、非常に厳しい状況下に置かれざるを得ません。こうした事態を避けることは出来ないものだろうかとの思いが、胸に去来することもあります。

はじめにも述べましたように、憲法の下、天皇は国政に関する権能を有しません。そうした中で、このたび我が国の長い天皇の歴史を改めて振り返りつつ、これからも皇室がどのような時にも国民とともにあり、相たずさえてこの国の未来を築いていけるよう、そして象徴天皇の務めが常に途切れることなく安定的に続いていくことをひとえに念じ、ここに私の気持ちをお話しいたしました。

国民の理解を得られることを、切に願っています。


このメッセージは、平川のみならず政府内では極めて評判が悪いようで、「政府内では宮内庁が陛下の意向を使って陰謀をたくらんだことになっている」（毎日新聞）そうですが、平成版「君側の奸」は宮内庁だということか。何とも馬鹿らしい話です。

メッセージに込められた天皇の率直かつ深い思いを理解せず、あまつさえ批難しながら愛国と天皇万歳を叫ぶタカ派政権と自称保守派。何かが狂ってます。

保守という名の反天皇主義

繰り返し述べてきたように、現在の日本の政界および言論界には「保守主義者」がテンコ盛りです。彼らの口からは常に「愛国」と「尊皇」が吐き出され、そしてその同じ口から今上天皇夫妻と皇太子夫妻に対する陰湿な批判が垂れ流されている。倒錯という他ありません。

こうした「倒錯保守＝反天皇主義者」には、二つの類型があります。

ひとつは、まあ、わかりやすい反天皇主義者たちです。「権力保守」ともいうべき保守で、基本的には政治家です。戦前の軍事政権や現在の安倍政権などはその最たるものです。彼らは、天皇の権威を利用して自らの権力基盤を構築したいだけで、天皇の意思なんかどうでもいいのです。というより、意思など持ってほしくないし、天皇の「お言葉」は時として邪魔となる。彼らにとって、天皇は「お祭り」（祭祀）を行い時々民衆に手を振る偶像として、いるだけでいいのです。「祈るロボット」です。彼らのいう「いるだけでいい」と、我々国民の「いらっしゃるだけで有難い」という思いは根本的に違っています。

ところで、政治家である権力保守たちは通常、天皇を直接批判することはなく、専らメディアを含めた周囲の保守論者にそれを代行させます。

たとえば、今上天皇は折に触れて「憲法を遵守する」という発言をされますが、当然のことながら改憲を掲げる安倍政権としては面白くない。そこで、「安倍まわり」が天皇への批判を引き受ける。安倍首相のブレーンとして知られる八木秀次麗澤大学教授は、二〇一三年の皇后による「五日市憲法草案」への言及と、天皇の誕生日記者会見での「戦後、連合国軍の占領下にあった日本は、平和と民主主義を守るべき大切なものとして日本国憲法を作り、様々な改革を行って今日の日本を築きました」という発言を念頭に、「両陛下のご発言が、安倍内閣が進めようとしている憲法改正への懸念の表明のように国民に受け止められかねない」「宮内庁のマネジメントはどうなっているのか」(『正論』二〇一四年四月号)と天皇夫妻を非難しています。ちなみに八木は、憲法における天皇の元首化、国防義務の明確化、幸福追求権や男女平等を示した条項の改定を主張しています。

さて、倒錯した保守主義者のもうひとつの類型として、「妄想保守」があります。自分で勝手にあるべき天皇像を脳内に作り上げ、それと異なる天皇論、あるいは実在する天皇や皇太子をも認めないという保守です。

たとえば、保守派の論客とされてきた西尾幹二電気通信大学名誉教授。彼の皇太子夫妻に対する罵倒には、ちょっと驚かされます。それも、「昭和天皇より以前の歴代天皇ほどではないにしても、民主主義と平等の社会においてなお高く聳《そび》える位置に座しておられる」などと、今上天皇を中途半端に持ち上げながら皇太子夫妻を批難しています。しかし、彼がこれまで展開してきた主張と今上天皇が体現されてきたことは真逆です。また、天皇夫妻と皇太子夫妻の関係は深刻な事態に突入している、という他人の言説を引用しながら皇室内の不和を示唆しています。しかし、天皇が本当に皇太子をまったく評価していないなら、退位の意向など出てくるはずがありません。

右翼雑誌に何回かに分けて掲載された「皇太子さまに敢えて御忠言申し上げます」と題した西尾の論文（?）では、雅子妃を仮病をつかう「反日左翼」と決めつけ、それは雅子妃の心に宿る「傲慢」の罪に由来すると言っています。また、それを許す皇太子を叱りつけたあげく「皇太子殿下にとりあえず国民が期待しているのは、天皇ならびに国民に向けた謝罪のニュアンスのある言葉」だと、次代の天皇に向かって謝罪を命令しています（あんたは国民の代表かよ！）。もっとも、西尾は皇室を船、皇族を乗客に喩えて、船酔いして乗っていられない個人は下船してもらう他ない、と述べているところをみると、皇太子を天皇にする気はないのでしょう、少なくとも西尾だけは。妄想という他ありません。

西尾はさらに、「今のまま徳仁皇太子が即位すると、外務省を中心とした反日政治勢力がうごめき、皇族に人権を与えよという声は高まり、天皇家は好ましからざる反伝統主義者に乗っ取られる可能性がある。皇室がそうなったら、国家の危険を取り除くために天皇制度の廃棄に賛成するかもしれない」といった陰謀説も述べています。「皇室を廃棄する」、皇室をゴミ扱いするとは、いやはや物凄い「保守主義者」がいたものです。この人はよほど自分の影響力が大きいと信じ込んでいるようですがそれも妄想です。言論の自由は保障されなければならない、言いたければいくらでも言えばいい。それに、「権力保守」のように遠回しかつ陰険に天皇や皇太子を批判するよりスッキリしていいと思います。けれども、保守派の論客がいくら「廃棄論者」になったところで、日本の皇室はビクともしません。なぜなら、天皇家は昔も今もこれからも、大多数の日本国民が支えているからです。

「権力保守」にせよ「妄想保守」にせよ、こうした類型は戦前からみられたものです。ただ、戦前の右翼や軍部は皇室に対する最低限の礼儀は守っていました。しかし、現在のエセ保守主義者やネットに巣食うゴロツキたちは、皇室に対する誹謗中傷を躊躇することはありません。言論の自由だというわけです。彼らは、自分たちが忌み嫌う日本国憲法を、都合のいい時だけちゃっかり拝借する。そして、天皇夫妻や皇太子夫妻が元首ではない公人であることを理由に、一般人であれば間違いなく名誉棄損にあたるような攻撃を平気で仕掛けています。また、皇室は事実上反論できないことをよくわかってもいます。たまりかねて、皇后や皇太子が極めて抑制的な抗議をすると、それを大問題だと騒ぎ立てる。逆ギレです。戦前だったら即逮捕ですが、絶対に安全だとわかっているため、言いたい放題です。

ところで、彼ら反天皇主義者たちにも一応の理屈はあるようです。すなわち、「国を思い、皇室の行く末を我が身のことのように気にかけ、心配している。だからこそ、敢えて苦言を呈するのだ」という理屈です。実際には、苦言なんて上品なものではありませんが。

一昔前、一部右翼の間では「ザインとゾルレン」なんて言葉が流行りました。ドイツ観念論から拝借した言葉ですが、ザインは「実在。あるものの姿」、ゾルレンは「当為。あるべき姿」といった意味です。これを天皇に当てはめて、「いまある天皇」と「あるべき天皇」を想定し、「あるべき天皇」と「いまある天皇」が異なっていれば現実の天皇を排除してもかまわない、いや排除すべきだという右翼がいたのです。何かと過激な民族派運動をやっていた私でしたが、このゾルレン主義には当時から大きな違和感を抱いていました。実在する天皇を否定するという発想が、まったく理解できなかったのです。天皇あるいは皇統は、そうした議論の上にのるようなものじゃないだろうと思っていました。ちなみに、戦前にも「小善」と「大善」という似たような対立概念があり、専ら軍人たちが自分たちの行動を正当化するために使っていました。天皇にひたすら服従するのが小善、天皇が間違っていたら国家と皇統のため天皇を諫め場合によっては押し込めるのが大善というわけです。しかし周知の通り、彼らが実際にやったことは「独善」そのものでした。

卑怯極まりない現在の自称保守主義者たち、彼らは憲法で守られた安全地帯から天皇や皇太子を否定するゾルレン主義者たちだといえます。正直なところ本当の私はそれほど寛容な人間ではありませんせん。天皇が体現されてきたことに対する上から目線の批判めいた言説に接するたびに、私の腹はグラッと煮えます。あるべき天皇やあるべき皇室とはオマエらが決めるのか、皇室の在り方について天皇以上にわかっているとでもいうのか、自分たちは天皇より偉いとでも思っているのか、最高神官を侮辱するとは神をも恐れぬ所業ではないかバチアタリめ、と思わず毒づいてしまいます。

天皇を、権力や妄想の玩具にしてはならない。私は心の底からそのように思う者です。

いま私が天皇に申し上げられるのは「本当に、本当にご苦労様でした。有難うございました」という言葉以外にありません。

徳仁皇太子に託された希望

今上天皇は、退位されます。私としては実に淋しく悲しい思いです。けれども、天皇は日本および皇統の将来に対する深い思いを秘めて「退位」を決断されたのです。おこがましくはありますが、いま私が天皇に申し上げられるのは「本当に、本当にご苦労様でした。有難うございました」という言葉以外にありません。

宗教学の泰斗である山折哲雄は、今上天皇の最大の功績は本来矛盾を孕んでいる戦後民主主義と天皇制の関係を調和させたことにあると指摘しています。まったく、その通りだと思います。昭和天皇が戦後歩まれた「開かれた皇室」をさらに押し進めるとともに、皇室の伝統すなわち古代の日本人の価値観と民主主義が混然一体となった日本固有のリベラリズム、いわば「天皇リベラリズム」とでもいうべき新たな国のかたちを指し示されたのが、他ならぬ今上天皇であったと私は考えています。すばらしい天皇だと思います。今の日本人に、そのすばらしさをもっと認識してもらいたいとも思っています。

今上天皇が退位の意向を示されたのは、高齢による体調の問題の他に、次代の天皇として徳仁皇太子が十分にその務めを果たすことができるはずだと考えられたからでしょう。

偉大な親を持つ子は、何かと親と比較されるものです。今上天皇も、カリスマ性を持った昭和天皇と比較され、とかく地味な印象を持たれていました。しかし、今上天皇は天皇の歴史を深く学ばれた上で、民主主義国家における象徴天皇の在り方について考え抜かれてきました。国民と苦楽をともにし、弱き者に心を寄せ、慰め、そして祈る。それが変えてはならない天皇の伝統であり、さらにその精神を時代に即したかたちで体現しなくてはならないと考えられたのだと思います。皇室の伝統的価値観を公務の中で具体的な行動として示されることによって、平成の天皇像はつくられたのです。今上天皇は、やはり凄い方であり、歴代の天皇と比べてもまったく遜色のない立派な天皇だと私は思います。

今上天皇が昭和天皇を尊敬されていたように、徳仁皇太子もやはり「父の背中」を見ながら成長されてこられたということは、次の発言でもわかります。

「すべての公務には、『天皇陛下をお助けしつつ国民の幸せを願い、国民と苦楽をともにしていく』という皇室のあるべき姿が基礎にあります」（二〇〇二年（平成十四年）誕生日会見）

また、皇太子の「（次代の天皇として）国際化の中で日本が変わっていくのに伴って、新たに始めるべき公務もあると思う」といった発言が波紋を呼びましたが、これも父である今上天皇の考え方を踏襲されたものではないでしょうか。事実、昭和と平成では天皇の公務の在り方もずいぶんと変わりました。今上天皇も、皇室の伝統の次世代への継承ということについて、「天皇はその望ましい在り方を常に考えていかなければならない、次世代にとってもそうした認識を持つことが大切であり、個々の行事をどうするかについては次世代に譲りたい」といった旨の発言をされています。

また、今上天皇は皇太子時代、徳仁皇太子に望まれることとして、「日本は昔から学問を愛した国ですし、皇室も学問を大事にしてきたわけです。そういう意味で、そういう日本にふさわしい皇族になってほしいと思っているわけです」（一九八一年（昭和五十六年）誕生日会見）と述べられています。さらに、歴史、特に近代史をよく学んでほしいとされ、沖縄戦を例にとり「私ですと沖縄の戦争の時は知っているわけですけれども、浩宮（徳仁皇太子）にとっては本当に過去の歴史になるわけですね。それだけにやはり身近に感じないということがあると思います。ですから沖縄の人が経てきた道という問題は十分に知ることが大事だと話したことがあります」（一九八六年（昭和六十一年）誕生日会見）と語られています。徳仁皇太子は、父君からこのような教育を受けてこられた方です。

今上天皇は、数多の反天皇主義者の攻撃にさらされながら、日本という国の未来のために天皇の在り方を追求し、かつ行動に移されることにより、新しい国体概念の基礎をつくられました。そして、それを継ぐ徳仁皇太子がさらに深化させていく。皇太子夫妻に対する反天皇主義者たちの激しいバッシングは、ある意味でこれからの皇統を拓いていくための通過儀礼なのかもしれません。

ところで、日本でメディアから最もバッシングを受けた子供は誰かと問われれば、誰しも愛子内親王しか思い浮かばないのではないでしょうか。一人の幼い少女に対するここまでのバッシングは、前代未聞のことです。特に保守系の週刊誌は「坊主憎けりゃ袈裟まで憎い」とばかり、雅子妃バッシングのついでに愛子内親王を「笑わない愛子様」だの「不登校」だのと、ことあるごとに陰湿な陰口をたたいてきました。それも例によって、心配しているといった文脈の中でバッシングしています。彼らは内親王は公人だからかまわないと言うでしょうが、公人だの何だのという以前に、ごく普通の倫理観を持ち合わせていないのか。人としてどうよ、というレベルの話です。
それはともかく、美智子妃や雅子妃を執拗に攻撃してきた週刊誌が、珍しく好意的な愛子内親王の記事を掲載していました。椿事です。その記事では、愛子内親王の学習院女子中等科の卒業文集に収録された「世界の平和を願って」と題された次のような文章が引用されています。
「卒業をひかえた冬の朝、急ぎ足で学校の門をくぐり、ふと空を見上げた。雲一つない澄み渡った空がそこにあった。家族に見守られ、毎日学校で学べること、友達が待っていてくれること……なんて幸せなのだろう。青い空を見て、そんなことを心の中でつぶやいた。このように私の意識が大きく変わったのは、中三の五月に修学旅行で広島を訪れてからである。原爆ドームを目の前にした私は、突然足が動かなくなった。（中略）何気なく見た青い空。しかし、空が青いのは当たり前ではない。毎日不自由なく生活ができること、争いごとなく安心して暮らせることも、当たり前だと思ってはいけない。なぜなら、戦時中の人々は、それが当たり前にできなかったのだから。日常の生活の一つひとつ、他の人からの親切一つひとつに感謝し、他の人を思いやるところから「平和」は始まるのではないだろうか」（『週刊文春』二〇一七年五月）
今上天皇が皇太子時代に語られた「忠如」の精神です。愛子内親王は、学業が飛び抜けて優秀だそうですが、とてもいい文章だと思います。皇太子夫妻は、こうした文章を書くことができる少女に育てられたということです。私は、次代の皇室について、まったく心配していません。

三　結語

三島由紀夫の自決

最近の私は、若い頃に大きな影響を受けた二人の人物のことを、なぜかよく思い出します。思い出すだけでなく、何かコトが起きる度に二人が生きていたら何と言うだろうと想像したりもします。二人とも今はもういません。三島由紀夫と野村秋介です。

三島由紀夫、いうまでもなくノーベル賞候補に何度もなった戦後日本を代表する世界的大作家です。しかし、彼は作家であると同時に、日本という国に特別な想いを寄せる激烈な「行動者」でした。三島はその行動によって現在に至るまで、民族派にとってカリスマであり続けています。後述する私にとって兄のような存在であった野村秋介も、三島に心酔していた一人でした。

私は三島の書いたものは、ほとんど読んでいるし、世評通りすごい作家だと思っています。また、彼の具体的な政治的テーマ、すなわち憲法九条の廃棄と自衛隊の国軍化も私たち民族派にとってはわかりやすいものでした。三島は、憲法九条と自衛隊の関係は欺瞞そのものであり、遵奉することが不可能な成文法の存在は道徳的退廃を惹き起こす、戦後の偽善はすべてここに発したといっても過言ではない、と断じています。当時の私、というより純粋な右翼、民族派は三島の説に断然賛成でした。

しかし、三島の『楯の会』結成から自決に至るまでの行動原理、そして何よりその天皇観は、正直なところ今でもよくわからない部分があります。

生来虚弱であった自分の身体を三島はボディビルによって鍛えに鍛え、筋肉隆々の身体に改造する。古来の武道である剣道に打ち込み四段にまでなる。私兵組織『楯の会』を創設して自衛隊で戦闘訓練をさせる。自衛隊の制服は外見的に恰好が悪いといって西武百貨店の堤清二に相談し、五十嵐九十九《いがらしつくも》のデザインによる美麗な楯の会の制服をつくる。三島のこうした過剰ともいえる外見的「美」への執着を、当時の私は全然理解できませんでした。民族派運動に外見の美醜は関係ないだろうと思っていました。また、楯の会にしても、どうせ文士のお遊びだろうと考えていた。しかし、三島は実際に行動しました。そして、その「死に方」もとことん「美」にこだわっています。

一九七〇年（昭和四十五年）十一月二十五日、楯の会のメンバー森田必勝《まさかつ》（二十五歳）、小賀正義（二十二歳）、小川正洋（二十二歳）、古賀浩靖（二十三歳）の四名と共に、陸上自衛隊市ヶ谷駐屯地で益田兼利東部方面総監（陸将）を監禁、集合させた自衛隊員に向かってバルコニーから檄文を撒き、決起を促す演説を行った後、総監室で割腹死。介錯をした森田も殉死。事件のあらましは、ざっとこのようなものでした。

三島がバルコニーに立って演説を始めると、自衛官たちは「引っ込め」、「キチガイ」「ひきずり降ろせ」、「銃で撃て」などと激しい野次を飛ばしています。中には石まで投げる者もいました。自衛官たちの怒号の中で、三島の言葉はほとんど聞こえなかったといいます。三島は最後に森田と共に皇居に向って「天皇陛下万歳！」と三唱し、総監室に戻って割腹死を遂げます。

ちなみに、この日、第三十二普通科連隊は百名ほどの留守部隊を残して、九百名の精鋭部隊は東富士演習場に出かけて留守でした。三島は、連隊長だけが留守だと勘違いしていたのです。バルコニー前に集まっていた自衛官たちは通信、資材、補給などの隊員たちであり、三島の考える「武士」ではなかったのかもしれません。

三島の自決後、解放された益田総監が「この通り元気だ。心配しないでほしい」と隊員たちに挨拶すると、万雷の拍手が湧いたそうです。この様子を取材していた東京新聞の記者は、コラムでその時の自衛官たちに感じた違和感を次のように書いています。

「三島の自決に対する追悼ではもちろんない。民主主義に挑戦した三島らの行動を非難し、平和国家の軍隊に徹するという決意の拍手でもない。いってみれば、暴漢の監禁から脱出してきた「社長」へのねぎらいであり、サラリーマンの団結心といったところだろうか」

事件後、当時の佐藤栄作首相は「気が狂ったとしか思えない。常軌を逸している」、中曽根康弘防衛庁長官は「迷惑千万」「民主的秩序を破壊するもの」、猪木正道防衛大学校長は「公共の秩序を守るための治安出動を公共の秩序を破壊するためのクーデターに転化する不逞の思想であり、これほど自衛隊を侮辱する考え方はない」と、三島の行動をそれぞれ罵倒しています。

当時の私は、野次を飛ばした自衛隊員たちにも、首相にも、防衛庁長官にも、防衛大学校長にも、激しい怒りを感じました。法秩序における是非はともかく、命を賭けた男の話をなぜ聞いてやろうとしないのだ。惻隠の情というものはないのか。また、それまでタカ派政治家として三島を持ち上げていた中曽根に対しては「チクショー、中曽根の野郎、許せん」と、我知らず怒りの声を発していました。

一方、当事者であった益田総監はその後「被告たちに憎いという気持ちは当時からなかった」、「国を思い、自衛隊を思い、あれほどのことをやった純粋な国を思う心は、個人としては買ってあげたい。憎いという気持ちがないのは、純粋な気持ちを持っておられたからと思う」と語り、総監を救出するため乱闘で傷を負った中村薫正二佐も、三島に対して「まったく恨みはありません」、「三島さんは私を殺そうと思って斬ったのではないと思います。相手を殺す気ならもっと思い切って斬るはずで、腕をやられた時は手心を感じました」と語っています。

また、三島と楯の会が体験入隊していた陸上自衛隊富士学校滝ヶ原駐屯地には、第二中隊隊舎前に追悼碑がひっそりと建立されています。そして事件後、首都圏に在隊する陸上自衛隊内で行われたアンケート（無差別抽出千名）によると、大部分の隊員が「檄の考え方に共鳴する」という答でした。一部には、「大いに共鳴した」という答もあり防衛庁をあわてさせたそうです。三島の魂も少しは救われるでしょう。

三島事件は、右翼のみならず左翼、特に当時の新左翼にも大きな衝撃を与えました。思想的には敵であるにも関わらず、東大全共闘は駒場キャンパスで「三島由紀夫追悼」の垂れ幕で弔意を示し、京都大学でも「悼 三島由紀夫割腹」の垂れ幕で追悼しました。

また、過激派の教祖と呼ばれた元京都大学助手滝田修（本名竹本信弘）は、「われわれ左翼の思想的敗退です。あそこまでからだを張れる人間をわれわれは一人も持っていなかった。動転したね。新左翼の側にも何人もの「三島」が作られねばならん」とコメントしています。そして左翼学生に絶大な人気があった作家高橋和巳は、「悪しき味方よりも果敢なる敵の死はいっそう悲しい」と述べています。

そういえば自決の前年、東大全共闘が三島を駒場キャンパスに招いて討論会をやっています。この討論は大きな話題となり、その模様を収録した本（『三島由紀夫VS全共闘』角川文庫）はベストセラーとなりました。また、一部は動画として残っていて、ユーチューブで視聴できます。

当日、会場となった九〇〇番教室は千人もの学生で埋め尽くされていました。完全アウェイです。三島は、事前に申し出があった警視庁からの警護の申し出も、同行するという知人や楯の会の隊員も断り、腹巻に短刀を忍ばせて単身敵地に乗り込んでいます。暴力を振るわれるなど男子の尊厳を傷つけられるようなことがあれば、即座に自決すると言っていたそうです。学生を刺すとは言っていないところが憎いじゃないですか。

討論での三島は終始堂々としていて余裕綽々、学生たちの頭デッカチでくだらない観念論や抽象論にもよく付き合ってやっていました。三島の優しさでしょう。

三島は次のようなジョークを飛ばしながら討論を始めました。

「仄聞《そくぶん》しますところによりますと、これは百円以上のカンパを出して集まっているそうですが、私は図らずも諸君のカンパの資金集めに協力していることになってしまっている。私はこういうような政治的状況は好きじゃない。できればそのカンパの半分を貰って、私がやっている「楯の会」の資金にとっておきたい」（学生爆笑）

「私はつい最近もある自民党の政治家から頼まれて、暴力反対決議というのをやるから署名をしてくれという。「私は生まれてから一度も暴力に反対したことがないから署名はできません」と返事

をした」(大爆笑)

そして、最後に次のような言葉で締めくくっています。

「天皇を天皇と諸君が一言言ってくれれば喜んで手を繋ぐのに、言ってくれないからいつまで経っても殺す殺すと言ってるだけのことさ、それだけさ」

「言葉は言葉を呼んで、翼をもってこの部屋の中を飛び廻ったんです。この言葉がどっかにどんなふうに残るか知りませんが、私がその言葉を、言霊をとにかくここに残して私は去っていきます。そして私は諸君の熱情は信じます。これだけは信じます。他のもの一切信じないとしても、これだけは信じるということはわかっていただきたい」

三島は討論会の後で「全共闘の招きとあれば、敵に後ろは見せられませんからね。他の約束を断わって出席した」と語っていますが、学生たちの議論については「了解不可能な質問と砂漠のような観念語の羅列」とし、少なからず失望したようです。三島は彼らの権力に対抗するラディカルな行動様式、ただその一点のみ評価していたのだと思います。

確信を持って言えるのは、つまるところ三島は独りで死ぬために市ヶ谷へ赴いたのです。クーデターが成功するなどと端から考えてはいない。だから、その後の政治的スケジュールなど立ててはいません。

また、「決起」の前には同行する四人のメンバーに、全員自決するという計画を三島は止めさせ、「死ぬことはやさしく、生きることはむずかしい。これに堪えなければならない」と命じています。しかし、以前より「先生のためなら死ねます」と言っていた森田は、個別に「君は恋人もいるんだろう」と言って説得する三島の言を聞き入れなかった。三島は短刀を腹に刺す寸前にも介錯のため側に立つ森田に「君はやめろ」と殉死を思い止まらせようとしています。三島はあくまで一人で死ぬつもりだったのでしょう。

さらに、残された楯の会のメンバーの倉持清に宛てた手紙には「非参加者には何も知らせぬことが情である、と考へたのです。小生は決して貴兄らを裏切つたとは思つてをりません。（中略）どうか小生の気持を汲んで、今後、就職し、結婚し、旺洋たる人生の波を抜手を切つて進みながら、貴兄が真の理想を忘れずに成長されることを念願します」とあります。「人生の波を抜手を切つて進みながら……」、私はこの文を読んで三島の深い優しさのようなものを感じ、思わず涙がこぼれそうになりました。

政治思想を語る文化教養人はいっぱいいたけれど、自分が言ったこと、書いたことを、その通りやって見せたのは三島由紀夫だけだった。凄いことだと思いました。偉いものだと、当時の私はひれ伏すしかありませんでした。

三島が自決する前年一九六九年（昭和四十四年）に公開された映画『人斬り』（五社英雄監督。大映）で共演した仲代達矢が「作家なのにどうしてボディビルをしているんですか?」と尋ねると、三島は「僕は死ぬ時に切腹するんだ」、「切腹してさ、脂身が出ると嫌だろう」と答えたそうですが、既にこの頃、三島は翌年の自決を決めていたようです。

なお、やはり前年の二月十一日、建国記念日に江藤小三郎という一人の若い自衛官が、同胞の覚醒を促す遺書「覚醒書」を残し国会議事堂前でガソリンをかぶって焼身自決をしています。江藤の父は維新の元勲江藤新平の孫で衆議院議員の江藤夏雄でした。三島は、この青年の自決に強い印象をもったようで、次のように述べています。

「私は、この焼身自殺をした江藤小三郎青年の「本気」といふものに、夢あるひは芸術としての政治に対する最も強烈な批評を読んだ一人である」

ここで「夢あるひは芸術としての政治」という表現がありますが、一見わかりやすそうで実はわかりにくい三島の思想と行動の、核心に触れる重要な言葉ではないかと私は思います。

次に三島の天皇に関する言葉をいくつかあげてみます。

「私が今、天皇というのは今まさに（学生が）洞察されたように、今の天皇は非常に私の考える天皇ではいらっしゃらないからこそ、そして私が考える天皇にしたいからこそ、私は言ってるんであって……」（全共闘との討論会で）

「天皇は、日本が非常事態になった場合には、天皇文化が内包している「みやび」により、桜田門外の変や二・二六事件のような蹶起に手を差し伸べる形態になることもある。天皇は、現状肯定のシンボルでもあり得るが、いちばん先鋭な革新のシンボルでもあり得る二面性を持つ」

「天皇というのは、国家のエゴイズム、国民のエゴイズムというものの、一番反極のところにあるべきだ。そういう意味で、天皇は尊いんだから、天皇が自由を縛られてもしかたがない。その根元にあるのは、とにかく「お祭」だ、ということです。天皇がなすべきことは、お祭、お祭、お祭、お祭、それだけだ。これがぼくの天皇論の概略です」

文芸評論家磯田光一は、三島が自決の一カ月前に「本当は腹を切る前に宮中で天皇を殺したいが、宮中に入れないので自衛隊にした」と聞かされたと語っていますが、三島にとって天皇は思念上のアイドル（偶像）として存在したのではないでしょうか。生前、「私は文士として野垂れ死にはしたくない」と言っていた三島にとって、「天皇」、「政治的行動」そして「文学」は不即不離の関係にあり、彼固有の「美意識」に収斂する「夢あるいは芸術」だったのではないか、私はそのように思うのです。そして、現在の「妄想保守」と三島が決定的に違うのは、三島は命を賭けたこと、その一点に尽きます。

しかし、こうして書いていても虚しくなるのは、結局本当のところはわからないという思いがつきまとうからでしょう。世に「三島論」は五万と存在しますが、三島の自決には私を含めて何人たりとも安易な解釈や批評を許さない峻烈さがあります。

生前、日本文学の翻訳者ジョン・ベスターとの対談で、三島は次のように語っています。

「僕にとっては、僕の小説よりも僕の行動の方がわかりにくいんだ、という自信があるんです。（中略）僕が死んでね、五十年か百年経つとね、「ああ、わかった」という人がいるかもしれない。それでもかまわん」

後述しますが、私が一水会を結成する契機となったのは三島事件、というより森田必勝の殉死でした。つまり、三島事件がなかったら一水会もなかったわけです。

野村秋介の思い出

一九九三年（平成五年）十月二十日、一人の民族主義者が朝日新聞東京本社を訪れています。中江利忠社長（当時）からの謝罪を受けるためでした。そして、中江社長からの謝罪を受けた後、「皇尊弥栄」を三唱し拳銃で自殺。二丁拳銃で自分の胸に三発撃ち込むという壮絶な自決でした。野村秋介、享年五十八歳、波乱に満ちた生涯でした。

中江が野村に謝罪した理由は、前年の参院選挙を戦うために野村が結成した「たたかう国民連合風の会」を、『週刊朝日』の人気連載「ブラックアングル」のイラストで山藤章二が「虱《しらみ》の会」と揶揄したことにあります。野村はこれに抗議したわけですが、まあ当然でしょう。いやしくも国政選挙において候補を出す団体をシラミ扱いしたのですから。それに、この揶揄には朝日的（教養がありリベラル）な立場から、右翼とされていた野村に対する軽侮の匂いが漂っています。社長がすぐに謝罪したのも頷けます。ただ、野村は朝日に対して謝罪ではなく公開討論を要求していました。言論を闘わせたかったのです。しかし朝日はそれを拒否し、あくまで謝罪の場を設けることを提案して、野村がそれを受け入れたということです。事件の表面的経緯はこのようなものでしたが、野村が自決したのはもちろんそれが理由ではありません。たかだか一イラストレーターから揶揄されたくらいで、自決する人間なんていません。野村は、ずっと以前から死に場所を求めていたように思われます。そして、自分の主張を死をもって表現するための状況、舞台を求めていた。私はそのように思うのです。野村にとって『週刊朝日』問題は、願ってもない契機となったのではないでしょうか。

この時、私は「新右翼」はこれで終わったと思ったことを覚えています。「新右翼」とは野村秋介とともにあったような言葉でした。また「新右翼の終わり」だけでなく、右翼そのものが大きな転機に立ったと思いました。当時の私にとって、野村の死はそれほど重く大きな意味がありました。私の知る野村は、本当に純粋で情深く、そして勇気のある人物でした。とにかくスケールの大きな男でしたが、そのスケールに見合って野村の生涯も鮮やかな色彩に彩られた極めてドラマティックなものでした。

一九三五年（昭和十年）東京で生まれ横浜で育った野村は高校中退後、愚連隊として少年時代を過ごします。その間に故稲川角二（聖城）稲川組組長（現稲川会）の右腕として知られた出口辰夫（通称モロッコの辰）の舎弟となり、若年にもかかわらず一端の顔役として出世（？）しています。野村のような人物は、どんな環境の中でも、頭角をあらわすのでしょう。ところが、網走刑務所で五・一五事件の三上卓の門下生と知り合ったことから民族運動を志し、自らも三上の弟子となります。それまで一介の無頼の徒であった野村にとって、大きな人生の転機でした。

野村は一九六一年（昭和三十六年）、「憂国道志会」、「大悲会」を結成し、右翼運動家として独立します。

三上の弟子を自認するだけあり、野村は民族派活動家として当時の右翼、すなわち反共だけを掲げ日米安保を堅持する自民党の院外団と化していた既成の街宣右翼とは、一味も二味も違った路線を追求します。野村の政治的テーマは「反米自立」であり、行動指針は「言行一致」でした。「勤皇」を除けば、左翼の過激派とほとんど同じです。この一風変わった経歴と信条を持つ異端の右翼青年を、保守派の重鎮葦津珍彦や神兵隊事件に連座した中村武彦は非常にかわいがり、野村の主催したイベントには高齢をおして出席していたそうです。また、後述する経団連事件で刑務所に収監されていた野村に、面識がないにもかかわらず大東塾塾長の影山正治は手紙を書いています。このように、野村は戦前の右翼に近いメンタリティを持っていました。その一方、戦後の右翼とはまったく肌が合わなかったようです。

さて、一九六三年（昭和三十八年）、野村は早々と大きな事件を起こします。河野一郎邸焼き討ち事件です。その動機は、河野の派閥政治、対ソ政策への不満などといわれていますが、野村自身は「本当は河野一郎と児玉誉士夫の関係が標的だった。児玉は河野と組んで関東のヤクザを全部関東会という政治結社にしたんだ。それが今の右翼だ。そんなのはダメなんだ。ヤクザはヤクザ、ナショナリストはナショナリストと明確にしないと、ゴチャゴチャになって何が何だかわからなくなる。焼き討ち事件の前年に、僕はそう主張してすごく揉めたんだ」と語っています。つまり、既成右翼を全部敵にまわしたわけです。仮釈放なしの十二年という重い刑期は、権力に楯つく勢力に対する一種の見せしめだったのかもしれません。

しかし、出所してから二年しか経っていない一九七七年（昭和五十二年）、野村はまたしても「行動」します。経団連事件です。野村だって、別に刑務所が恋しかったわけじゃないはずです。過激です。過激過ぎるといっても過言ではないでしょう。

事件当日、野村は楯の会の元実動部隊班長伊藤好雄と元会員西尾俊一、大東塾元塾生森田忠明とともに「ＹＰ（ヤルタ・ポツダム）体制打倒青年同盟」を名乗り、「戦後体制の欺瞞に鉄槌を下す」ことを目的に、ピストルと猟銃と日本刀で武装して経団連会館に侵入します。そして、檄文を渡すために土光敏夫会長との面会を求めましたが不在だったことから、職員十二名を人質に取って会長室に約十一時間立てこもっています。

野村の主張は、企業は営利至上主義に走り、その魂なき繁栄を牽引するのが経団連であるというもので、檄文には次のような内容が書かれていました。

「日本の文化と伝統を慈しみ、培ってきたわれわれの大地、うるわしき山河を、諸君らは経済至上主義を持ってズタズタに引き裂いてしまった。（中略）環境破壊によって人心を荒廃させ、「消費は美徳」の軽薄思想を蔓延させることによって、日本的清明と正気は、もはや救い難いところまで侵蝕されている」、「日本を亡ぼしてはならない。営利至上主義のために祖国を見失ってはならない。憲法改正！　安保廃棄！　天皇陛下万歳！」

結局、事件現場に尊敬する三島由紀夫の未亡人三島瑤子が来て説得にあたったところ、人質たちは全員解放され、野村たちはその場で逮捕されました。判決は、野村が懲役六年、他の三名は懲役五年でした。後日、土光会長は「私だって右翼（保守）なのに、なぜだ」と言っていますが、その発言には右翼を自分たちの飼い犬としてしか見ていない財界の感性が滲み出ています。確かに当時の右翼が財界および自民党に刃向かうなんてことはあり得ませんでした。反共のみ掲げ、民族自立、体制変革、反権力といった視点を持たず、政財界と狎れあっていた右翼を野村は鋭く批判し、「民族の触覚」が劣化していると言っていました。

ともあれ、二つの事件により、野村は実に十八年もの獄中生活を送ったことになります。

私が野村秋介と知り合ったのは、ちょうど焼き討ち事件の刑期を終えて出所した頃でした。もっとも、すぐに獄中の人となってしまいますが。その頃、会社をクビになった私は民族派系の雑誌に文章を書いて細々と食いつないでいましたが、その中の『新勢力』という雑誌に野村も獄中から寄稿していたので、名前だけはよく知っていました。多くは時局に関する原稿でしたが、その中に必ず一句か二句、俳句が入っていました。それがすごく良い俳句だった。野村に対する私の第一印象は、強面の右翼というより「詩人」という印象が強かったことを覚えています。出所後、実際に野村を紹介してくれたのは、『新勢力』のオーナー毛呂清輝でしたが、その場ですぐに意気投合しました。以来、自決するまで野村は私にとって兄貴分のような存在であり続けたのです。

経団連事件で服役して出所した時、野村は「今まで皆に、俺の生き様を見せてきた。これからは死に様を見せる」、「これから十年間は死にもの狂いで運動をする」と言っていましたが、その言葉通り十年後に自決しました。

出所後の野村の活動は、反権力、左右どちらにも阿《おもね》ることのない独自なものでした。また、メディアにも積極的に出て、自らの主張を展開するようになります。

一九八三年（昭和五十八年）、衆議院議員総選挙で東京都第二区から新井将敬（後に自死）が出馬した際、同選挙区石原慎太郎の秘書の指示で新井のポスターに「一九六六年（昭和四十一年）に北朝鮮から帰化」というシールが貼られました。いわゆる「黒シール事件」と呼ばれた公職選挙法違反事件であり秘書は逮捕されています。この事件で、野村は石原事務所に押しかけて猛烈な抗議をしています。大衆の差別感情に訴えようとした石原らしい実に卑劣な事件です。確かに新井は在日出身ですが、既に帰化したれっきとした日本人でした。私も新井を知っていますが、日本人以上に日本人らしい人でした。大阪で生まれ育ち東大を卒業後、大蔵省でキャリア官僚として出世街道をまっしぐらだったところ自民党の重鎮渡辺美智雄に誘われて立候補したのです。事件発覚後、渡辺は「彼は日本人だ！　日本人が立候補して何が悪い！」とテレビで怒りをぶちまけていました。石原は「秘書が勝手にやった事」だが「日本人は在日であるか否かを知る権利がある」と正当性を主張していますが、まったくつまらない「保守」だということを自ら暴露しています。在日嫌いの『週刊新潮』以外は、保守系を含めて石原を擁護するメディアは皆無でした。当然です。

一九八五（昭和六十年）、浜松市で一力一家組事務所撤去活動が起ると、野村はヤクザにも人権はあるとし、「一力一家問題を考える会」を立ち上げて四代目山口組一力一家を擁護しています。野村にとって、相手が権力であろうと市民運動であろうと関係ありません。ダメなものはダメと、筋を通すのが野村の生き方でした。

また、一九八六年にはフィリピンでモロ民族解放戦線に拉致されたカメラマンの石川重弘を人権派として知られる遠藤誠弁護士、三代目山口組黒澤組黒澤明組長らと協力して救出しています。この件で野村は、マニラの日本大使館の対応を「無名のカメラマンという理由で見捨てた」と激しく批判しています。

ところで、野村は出所した翌年、ＴＢＳテレビ『情報デスク Today 野村秋介「新右翼」を語る』という番組でインタビューを受けています。その頃の野村は、それまでの右翼と異なる「新右翼」として、『平凡パンチ』に取り上げられるなど、主に若い層に支持されつつありました。番組内のインタビューでは、いかにも野村らしい発言をしています。

「日本人は自然と調和して生きていくという文化を持っている。その頂点（シンボル）が伊勢神宮であり神道であり天皇だ」、「権力者が利用してきた天皇制と文化としての天皇の理念は違う。自分は天皇制を批判する自由を認める。右翼はそんなのは右翼じゃないと批判するが、自分は日本の文化、伝統はすばらしいという前提に立っている。（本当に）すばらしいものであれば、批判を受けて立つことができるはずだ。批判を恐れてさせないというのは権力悪だ。それを暗黒政治という」、「歴史上、尊敬する人物として初代首相伊藤博文を暗殺した安重根がいる。彼の遺書を読んだからだ。安重根は、明治天皇を尊敬していて、日露戦の勝利をアジアの曙だと言っている。しかるに政府の韓国に対する圧力は我々の信奉する王道、天皇主義じゃない、権力主義だ、覇道だ、と言っている」

安重根の遺書は、正確な文言は違いますが主旨は概ね野村の言っている通りです。インターネットでも読めるのでぜひ読んでみてください。一般に流通している「単なるテロリスト」というイメージが一変するはずです。野村には中国人、朝鮮人、在日韓国人に対する差別感情が、昔からまったくありませんでした。その点でも、玄洋社の頭山をはじめとする戦前の右翼と通底していま す。口を開けば一つ覚えのように中韓を罵倒する現在のエセ保守や馬鹿右翼とは、まるで異なるところに屹立する民族主義者でした。

野村の名が知られるようになり、メディアでの露出が増えるにしたがって右翼からのバッシングもひどくなります。「ヴェルサーチなんか着やがって、ピエロだ」、「しゃべり過ぎだ」、「右翼はマスコミになんか出るべきじゃない。あれじゃあ、タレントだ」等々。理論でも行動でも太刀打ちできないので本人に面と向かっては言えず、私なんかに言ってくる。ある種の嫉妬であり、情けない話です。

野村は、政界、財界、マスコミに対してドン・キホーテのように孤独な戦いを挑み、そして自決しました。しかし、野村が本当に撃とうとしたのは、彼の言うところの「内なる敵」、すなわち右翼自身でした。彼は遺書ともいえる最後の著書『さらば群青』のあとがきに、「フィクサーを気取っただただの金権右翼、思想も信念も持たないただのゴロツキ右翼、詩心《うたごころ》を持たないただの乞食右翼等々、わが内なる敵は多岐にわたる」と書いています。彼は既成右翼にとことん絶望していました。経団連事件の後で、「思想も何もなくても右翼をやっていられるんですよ。反共抜刀隊がそうでしょう。だけど、それはおかしいでしょう。ナショナリストとしてのレコンキスタが始まらなくてはならないんだと、僕は一貫して今も言っているわけですよ」と語っています。「そもそも占領憲法反対といいながら日米安保堅持だなんて悪い冗談だ」とよく言っていました。そして、ある時期から「俺を右翼と呼ぶな！　右翼とは差別用語だ」、「これからは新浪漫派と呼べ」と言っていましたが、今野村のことを振り返ると確かに「浪漫派」というのは野村の本質をついていたかもしれません。

野村秋介は三島由紀夫を尊敬していて、常に意識していました。三島のように生き、三島のように死にたいと思っていたようです。楯の会の若い連中にも、「俺の方が三島を読んでるよ」とよく言っていました。エリートと無頼という出自の違いはありましたが、強烈な反米、言行一致、既成右翼への嫌悪、芸術としての小説と俳句、といったように二人には重なる部分が多くあります。また、二人とも外見にこだわり、おしゃれでした。そして、三島には日本刀、野村には拳銃がよく似合っていました。

共通するといえば、テロに対する考えも二人は同じでした。三島は「民主主義にテロはつきものだ。否定できない」と言い、野村も「ギリギリの時にはテロは必要だ。ヒトラーのような奴が出てきたら躊躇なく殺す」と言っていました。

テロを否定していた私は、野村に「鈴木君の考えは理想論だ。現実をよく見ろ。そんな生やさしいことを言っていられるか」と、よく叱られたものです。それでも、私が他の右翼から攻撃されるといつでも守ってくれたし、「考えの違うところもあるが気にしないで思いきってやれ」と励ましてもくれました。

ただ、三島も野村も最期に他ならぬその行動によって、テロを否定したのではなかったか。私はそう思っています。三島は簡単に総監を殺せましたが、そうはしなかった。野村も焼き討ち事件では家人を退避させ、腰を抜かしたお手伝いさんをおぶって外に出している。また、経団連事件では女子職員を全員外に出し、男子職員もはじめから殺傷するつもりはありませんでした。二丁の拳銃を持ちながら、朝日新聞の社長を殺すこともなかった。そして、二人のテロリストの刃と銃口は自分自身に向けられたのでした。

野村は自決の一週間ほど前、私に電話をかけてきました。文芸誌『新潮』の別冊「短歌・俳句・川柳の一〇一年」に野村の句集『銀河蒼茫』が取り上げられているからぜひ読めという電話でした。早速本屋で買って読むと、新右翼の野村ではなく純粋に俳人野村として評価されていました。野村が喜んだのもよくわかります。すぐに野村に電話して「すばらしいじゃないですか。俳句結社を主宰すればいいじゃないですか。これからは俳句だけじゃなく、小説やエッセイを書いたり、映画を制作したり、政治運動は全部後輩に任せて若い人を相手に文学運動、新浪漫派運動をやってくださいよ」と言いました。私は本気でした。すると野村は「ハハハ、俳人じゃなくて廃人だろう」と愉快そうに笑いながらも、私の提案は真面目に聞いてくれました。「俺が俳句結社をやったって誰も集まらないだろう」と言うので「そんなことないですよ。僕だって一水会とは別に、政治と関係ない映画監督や小説家を講師に呼んで「鈴木ゼミ」を個人的にやってるんですが、若い人は集まりますよ。それに新しい出会いもあるし」と話すと「ふ〜ん、そんなもんかなあ、できるかなあ」と言っていました。それが野村との最後の会話でした。今から思うと、私がいつになく熱心にそんな提案をしたのは、その頃の野村に何かを感じていたのかもしれません。

私にとっての野村は「新右翼の活動家」というより偉大な「詩人」であった、そんな気がするのです。もっと生きてほしかった。今でも野村を思い出す度にそう思う私です。

俺に是非を説くな　激しき雪が好き

私がとても好きな野村の一句です。

思えば遠くへ

フォークトリオの『海援隊』の歌に「思えば遠くに来たもんだ」という曲がありますが、昨今の日本社会をみるにつけ、本当に遠くまで来てしまったなあと思う鈴木邦男です。

既に述べたように私の若い頃、敗戦から一九七〇年代くらいまで、日本の言論界は左翼全盛の時代でした。知識人のほとんどは左翼系ないしはリベラルに属していて、「保守」は軽蔑の対象でしかありませんでした。論壇でも大学でも「保守反動」とは最大の侮蔑用語でした。ただ、そんな状況の中でも時流に抗して、三島由紀夫や野村秋介のように、アメリカの植民地下で平和を貪る日本の欺瞞を鋭く批判して、その言動が一際光彩を放ち、左翼からも評価された民族主義者はいました。

若い人には信じられないでしょうが、日本社会党（現在の社民党）という左翼政党は、自民党と並ぶ二大政党の一つとして一定の政治的影響力を持っていたのです。そして、日本国憲法は平和と繁栄の象徴とされ、護憲＝善、改憲＝悪という図式が定着していました。改憲を党是とする自民党も決して憲法を争点とすることはありませんでした。安倍政権が成立するまでは。

ひるがえって現在、左翼はもちろんのこと、リベラルな言説まで攻撃の対象となり、「保守」というだけで常識人とみなされるようになっています。

さらに、私が本当に不思議なことになったものだと思うのは「天皇」です。もちろん、昔も今も大多数の国民は天皇を支持していますが、皇室を護るといっていた保守派が「皇室を思うが故」といって皇室を攻撃し、天皇制反対といっていた左翼が天皇を擁護するだけでなく頼りにしているという状況です。何しろ、共産党の小池書記長が「天皇のいない日本は想像できない」、社民党の又市幹事長が「皇室の将来が心配だ」と発言する有様です。今や左翼人にとって、今上天皇はリベラルの最後の砦となっているような趣きさえあります。

このように、戦後リベラリズムが社会を覆っていた頃から数十年経ち、今はまったく真逆ともいえる社会になっています。しかし、遠くへ来てしまったのは日本社会だけでなく、実は私自身もそうなのです。

私は母が『生長の家』の信者であったこともあり、大学に入ると生長の家の学生寮に入寮しました。当時の生長の家は民族主義を主導していて、私も『生長の家学生会全国総連合(生学連)』に所属し、寮では毎日毎日、国旗を掲揚し君が代を歌っていました。

その頃の早稲田大学は、共産党の下部組織である日本民主青年同盟(民青)、新左翼各セクト、それに全共闘が入り乱れる左翼キャンパスでした。そんな中で、我々民族派学生は圧倒的に少数派でしたが、東に反民族的デモがあれば突撃し、西に全共闘の集会があれば粉砕しに行く、そんな毎日でした。もっとも、殴り合いをしても結局は数がモノをいい、いつも敗退していましたが。それに、論争になると向こうは近代主義的ロジックで攻撃してくる。しかし、こちらが主張する天皇だの国体だの伝統だのといった価値観は、近代的ディベートの文脈に馴染まない。声のデカさと数においてもこちらが圧倒されている。どうしても分が悪くなり、殴りかかるしかなくなります。でも人数に劣る我々は、寄ってたかってボコボコにされてしまいます。そんなことの繰り返しでしたが、それでも我々民族派学生は燃えていました。

さて、そんなことをやっているうち、長崎大学で始まった学園の正常化を掲げる反全共闘運動の全国組織『全国学生自治体連絡協議会(全国学協)』が一九六九年(昭和四十四年)に設立されます。全国学協は、一九六六年（昭和四十一年）に結成された日本学生同盟（日学同）と並んで民族派学生組織の双璧をなしていました。私はその初代委員長に選出されますが、何と一カ月で解任されてしまいました。クビです。内ゲバは左翼の専売特許ではありません。政治組織は成立すると同時に、路線の違い、あるいは人間関係といったつまらない理由によっても必ず内部対立が起こるものです。

私には政治力がないということを昔から自分でもわかってはいましたが、まさか一カ月でクビになるとは想定外でした。「よし、やってやるぞ！」と燃えていただけに、正直なところガックリきました。それに、カッコ悪いじゃないですか。というわけで、私は東京に居づらくなり、失意のうちに仙台の実家に逃げて帰ることになります。不様です。

仙台では車の免許をとったり本屋でバイトをしたりしながら、悶々とした日々を過ごしていましたが、一年ほど経った頃、知人の紹介で産経新聞社に就職することができました。私は東京に戻り、研修を経て販売、広告といった部署に配属されます。自分で言うのもナンですが私は仕事がデキたようで、将来を嘱望される新人とみなされるようになり、編集部への転属も視野に入っていました。給料もよかったし、私のサラリーマン生活は順風満帆でした。しかし一寸先は闇、人生は何が起こるかわかりません。私は会社をクビになります。まあ、自業自得といえますが。

前にも述べましたが、一水会結成の契機となったのは三島事件です。三島事件で森田必勝が殉死したからです。三島由紀夫だけ自決したのであれば、おそらく一水会は結成されなかったでしょう。

時は遡りますが、私が森田と知り合ったのは学生時代でした。森田は早稲田の二年後輩です。我々右翼民族派学生が全共闘と討論したり殴り合ったりしている時、いつも熱心に聞いている体格のいい学生がいて、それが森田でした。俺たちの運動に関心があるのかなと思って、左翼でいうところのオルグをしたのが付き合いの始まりでした。彼はとことん硬派であり、仲間が「俺はいつでも国のために死ねる」とか「お前にその覚悟があるのか」といったつまらない論争を始めても、加わることはありませんでした。私が「恋人はいないのか」と聞くと、徳富蘇峰の「僕の恋人、誰かと思う。神のつくりし日本国」という歌を引用して笑っていました。森田はそんな男でした。その後、森田は日学同を経て楯の会に入って学生長となり、壮烈な殉死を遂げることになります。

森田の死を知って、私は衝撃を受けるとともに自分を恥じました。三島の死は確かにショックでしたが、彼は四十五歳でやりたいことはすべてやった上での自決でしたから思い残すことはなかったでしょう。しかし、森田は二十五歳、まだこれからという若さなのに、命を捨てて民族派の志を示そうとしました。片や民族派学生運動をやっていた我々の大部分は、七〇年安保が終わると就職したり大学院に残ったりしてまともな市民生活を送っていました。私もそうです。森田を誘った私がぬくぬくとサラリーマン生活を満喫しているのに森田は自決した。私はものすごくやましさを感じ、森田の精神を何としても継承していかなければ自分自身が許せないと思い定めたのです。

そして三島事件の後、昔の仲間が集まって勉強会のようなものを開くようになりました。それが、一水会の始まりです。毎月、第一水曜日に集まるので「一水会」、まあ安易といえば安易なネーミングです。

最初、一水会はサラリーマンを続けながらサークル活動のつもりでやっていました。ところが一九七四年（昭和四十九年）、事件が起こります。前述した会社をクビになる原因となった事件です。旧軍の陸軍記念日である三月十日、自衛隊の北海道千歳駐屯地で「駐屯地祭」が開催されました。その際に、自衛隊はストリッパーを呼んだのです。そのことを私は週刊誌（たしか『週刊新潮』だったと記憶する）で知りました。「国を護る自衛隊でストリップをやってうつつをぬかしている。許せん。反日だ！」といった内容でした。

記事では、「陸軍記念日にこんなことをしていいんですか」という記者の質問に答えて責任者が「私たちは平和憲法下の自衛隊です。戦前の陸軍とはまったく関係ありません」とコメントをしています。

それを読んだ私は「この野郎、許せない！」と、怒りで全身がワナワナと震えました。そのコメントは、三島事件の時に首相が言ったことと同じだった。「三島のクーデターの誘いにのらなかった。平和憲法下の自衛隊になった」と。

私たちは即、質問状と抗議文を出しました。それだけじゃ収まらず、出社前に防衛庁に出向きビラを撒いたり、マイクで「国を護る自衛官が女の裸を見て喜んでる場合か！」と抗議もしました。そして、陸軍記念日の十五日後、怒りの街宣を六本木の防衛庁にかけます。「防衛庁長官を出せ！中曽根のアホに会わせろ！」とやったところ、職員が鉄扉を閉めたので、「会わせないなら、こちらから会いにいってやる」と叫んで、高い門扉をよじ登り乱入しました。野蛮です。そこで、警務隊と乱闘になり逮捕され、赤坂警察署にぶち込まれたというわけです。四日後に出所した時は、既に産経新聞社をクビになっていました。

今の私なら「ストリッパーぐらい呼んだっていいじゃないか」と思いますが、昔の生真面目だった私はそんなことさえ許せなかったんですね。

こうして、四年間にわたる私の優雅なサラリーマン生活は幕を閉じました。翌年創刊された一水会の機関誌『レコンキスタ』創刊号の「一水会小史」には「昭49・4・26防衛庁抗議（不当逮捕）」との記述があります。不当逮捕なんて左翼みたいなことを書いてますね。何でもかんでも権力が悪い、逮捕されてもすべては「不当」だというわけです。でも、この時は違法行為をしたんだから「正当逮捕」です。誰だ、「不当逮捕」なんて書いたのは。あっ、私かもしれん。

会社をクビになった私は、野に放たれた野獣みたいなものでした。もう、何も気にする必要はない、思いっきり暴れてやろうと思っていました。実際、その後の私はＹＰ（ヤルタ・ポツダム）体制粉砕を掲げて過激なことばかりやり、何度も逮捕されました。正真正銘の前科者です。

でも、一水会専従となったのはいいが、食べていかなければなりません。そこで、昔の仲間から右翼系の媒体を紹介され、原稿を書きながら小銭を稼ぐという生活が始まります。皆、「おっ、産経新聞にいたのか」といって仕事をくれました。勝手に記者だったと誤解しているのです。でも、私は特に否定もしませんでした。

ちょうどその頃、東アジア反日武装戦線「狼」による三菱重工爆破事件が起きます。ちなみに、彼らは未遂に終わりましたが昭和天皇暗殺計画「虹作戦」を決行しようとしています。ともあれ、この爆破事件は、私を含む一部右翼に少なからず衝撃を与えました。二・二六事件の磯部浅一が、左翼難波大助による摂政宮（後の昭和天皇）暗殺未遂事件に衝撃を受けたのと同じです。

彼らは「反日」ではありましたが命がけです。爆破犯人たちはいざという時のため、青酸カリ入りのペンダントを身に付けていて、同戦線「大地の牙」のリーダー斎藤和《のどか》は逮捕された際に服毒自決をしました。ジャーナリスト猪野健治は、彼らを「左翼血盟団」だと言っていますが、それに比べて右翼の体たらくは絶望的でさえある。

彼らのストイックさは評価されるべきだと考えた私は、『やまと新聞』に「〈狼〉たちと右翼武闘派」という連載を始めます。その連載が載った『やまと新聞』は、どういうわけか新左翼系の出版物を専門に扱うウニタ書店に置かれていて、それが三一書房の竹村一社長の目にとまったわけです。

竹村社長から連絡があり、ウニタの遠藤忠夫社長と三人で面談し、単行本化が決定しました。ただ、三一書房はゴリゴリの新左翼系出版社であり、右翼の本なんて出したことがない。「社長といえども企画会議に出したら絶対に否決される。だから私の一存でやる」ということになりました。社長の極秘プロジェクトです。そして、一九七五年（昭和五十年）に『腹腹時計と〈狼〉』というタイトルで無事出版されました。私にとって初めての書籍上梓でしたが、この手の本としては異例の売れ行きで累計二万部刷っています。竹村社長に迷惑をかけずにすんでよかった、とホッとしたことを覚えています。

この本の出版は、私の人生における大きな転機のひとつです。というのも、いろいろなメディアで「右翼が極左過激派を評価した」と話題になり、一水会の名が世間に知られるようになったからです。しかし、当然というべきか、右翼からは「ただの左翼コンプレックスだ」、「左翼を評価するとは何事か。鈴木は反日だ」とバッシングの嵐でした。そんな中でただ一人評価してくれたのは、河野邸焼き討ち事件の刑期を終えて千葉刑務所から出所したばかりの野村秋介でした。野村は「三島の叫びはすぐには右翼に伝わらない。「狼」にエコーして、それから右翼に来る」と言っていました。

一九七六年（昭和五十一年）、野村に紹介された新左翼系月刊誌『現代の眼』の誌上に、野村と私の対談が掲載されました。タイトルは「〈新春異色対談・現代右翼・民族派の思想を視る〉反共右翼からの脱却」、サブタイトルは「われわれは現体制の手先ではない」、さらに目次では「極左極右の異常接近かと恐怖する情況にあえて新右翼の思索を送る」というコピーも加わっています。十八頁も使った大型対談でしたが、小見出しだけ見ても「堕落しきった右翼運動」、「安保を認めたら足をすくわれる」、「暴力を否定してはならない」と、なかなか勇ましい。おわかりのように、対談のモチーフは痛烈な右翼批判でした。しかし、この対談は大きな反響を呼び、野村や私たち一水会は「新右翼」と呼ばれるようになります。命名者は、ジャーナリスト猪野健治でした。

ともあれ、この対談を契機として、野村や私は普通のメディアに出る機会が飛躍的に増えていきます。そうした機会が増えると、必然的に右翼以外の人間とも知り合うことになります。野村秋介に紹介された故竹中労もその一人です。竹中はとかく色眼鏡で見られがちでしたが、その思想的スケールは大きく左右を越境した破格の運動家であり、思索者でした。一般には左翼といわれていましたが、むしろアナーキストといった方が正確でしょう。何しろ、共産党をその過激さによって除名されたぐらいです。竹中と野村はなぜか肝胆相照らす仲だったようで、私ともすぐに意気投合しました。一九八一年（昭和五十六年）に出版された竹中の著書『右翼との対話』の中には、竹中と野村、それに私との対論が収録されています。

それまでの私は新右翼などといわれていていても、所詮「右翼」という狭い世界でしか主張をしてこなかったし、人との付き合いも限定されていました。「井の中の蛙」でした。井戸から外に飛び出るきっかけとなったのが『腹腹時計と〈狼〉』の出版であり、竹中との出会いでした。

竹中の人脈は極左過激派からヤクザ、芸人に至るまで異常ともいえるほど広く、私も魅力的な人々をたくさん紹介されました。また、紹介された人がさらに別の人物を紹介してくれるという、いわば芋づる式で新しい出会いが増えていったのです。その中でも忘れられないのは故遠藤誠弁護士です。彼は天皇制を明確に否定する（竹中もそうでしたが）マルクス主義者であり、かつ熱心な仏教者でもありました。帝銀事件や連続ピストル射殺事件の永山則夫、『ゆきゆきて神軍』で知られる奥崎謙三の弁護も務め、一水会が引き起こした事件でも度々弁護を引き受けてくれました。また、暴力団対策法の違憲を主張する訴訟では、主任弁護費用を十二億円出すという山口組の申し出を断り、無償で代理人を務めています。山口組はお礼に遠藤作品の録音テープを大量に購入したそうです。その後、山口組から講演を依頼された際には、「任俠とは、強きを挫き、弱きを助けるものだ」と組員たちを前に熱弁をふるったそうですが、遠藤らしい逸話です。遠藤にとって「人権」とは何人にも平等に保障される「不磨の権利」でした。また彼は、右翼である私たちに対しても差別感情を最初から持っていません。遠藤は何よりも「差別」を憎む人でした。そして、権力にも金銭にもまったく惑わされない硬派の人だった。残念ながら、それまでの私は生真面目ではありましたが、竹中や遠藤のような思想的器量を持ち合わせていなかった。それを思い知らせてくれた二人でした。

右翼だろうが左翼だろうが、立派な人間はいるものです。その後も、そうした人たちとの出会いにより、私の目の上に重なった何枚もの鱗が一枚一枚剝がされていきます。そして、自分と異なる主張をする人間を実力行使で粉砕するという発想は、徐々に希薄になっていったのです。

ジャーナリスト故筑紫哲也との出会いも印象深いものでした。一九八四年（昭和五十九年）、私は『朝日ジャーナル』の編集長だった筑紫のインタビューを受け、同誌の名物連載「若者たちの神々」に収録されました。同連載は、野田秀樹、椎名誠、村上龍、桑田佳祐など、錚々たる面々を取り上げてきた連載です。その頃の一水会は、まだ過激な闘争を続けていて、よくもまあ私なんかを取り上げたものです。私が刑事事件で逮捕されたりしたら、筑紫の立場は非常にまずいものになったはずです。すごい勇気だなあ、と思ったことを覚えています。これも私にとって大きな転機でした。

それから六年後の一九九〇年（平成二年）、またしても私にとって転機となる出来事がありました。討論番組『朝まで生テレビ』への出演です。この番組はジャーナリスト田原総一朗の予定調和を排した司会進行と、「天皇」や「部落問題」などそれまでタブーとされたテーマを取り上げたことから、深夜番組にも関わらず大きな話題となっていました。私の出演した回のテーマは「徹底討論・日本の右翼」でした。このテーマが取り上げられたきっかけは、その年の一月十八日、長崎市長本島等が右翼団体『正気塾』の幹部塾生に銃撃され重傷を負った殺人未遂事件です。「天皇に戦争責任はあると思う」という本島発言に怒っての襲撃でした。マスコミは「言論への挑戦」、「右翼テロを許すな」と、連日大糾弾キャンペーンを展開します。一水会では「言論の自由とテロル」と題したパネルディスカッションを開催しています。『朝生』の企画は批判されている当の右翼を呼んで話を聞こうというものでしたが、画期的だったのは初めてメジャーなテレビ番組に右翼が出演したことでした。右翼側の出席者は、浅沼美智雄、岸本力男、篠崎一像、松本効三、四宮正貴、それに一水会の木村三浩と私という七名でした。対するのは常連出席者だった小田実、大島渚、野坂昭如、小沢遼子といったメンバーです。実にスリリングな激突でした。この回は『朝生』始まって以来の大反響を起こし、視聴率も最高で単行本にもなりました。

深夜一時から六時までの討論の中で、私は初めてテロを明確に否定しました。と同時に、一水会も非公然活動を残していては、絶対に言論の場では戦えないと思い定めたのです。現在の私に繋がる道はここから始まっています。

以後、世の中が右傾化していくのと逆行して、私の言動は既存右翼の主張とどんどん離れていくことになります。その間、「裏切り者」、「右翼の皮をかぶった左翼」、「国賊、売国奴」と呼ばれ続けています。そして、私や一水会に対する右翼からのこうしたバッシングがひどくなったことから会にも迷惑がかかると思い、一九九九年（平成十一年）代表を退き顧問となりました。そして、二〇一五年（平成二十七年）には顧問も辞任します。同時に、木村三浩代表は今後一切、一水会は右翼を名乗らないと宣言しました。「脱右翼宣言」ですが、これには理由があります。

木村や私がテレビや新聞に出て発言する機会が多いのは、運動をする者として「この問題はどう思うのか」と聞かれたら答える義務があると思っているからです。また、質問だけでなく対談や討論番組でも呼ばれたら逃げないで応じてきたつもりです。その都度「これは一水会の考えだが」とか「個人的にはこう思う」と言ってきましたが、あたかも「右翼全体」の考えのように発表されることもある。すると、右翼は激しく怒るわけです。一水会に対し、「こいつらはもう右翼ではない！」という批判は昔からありましたが、このところ右翼全体から激しい批判を浴び攻撃されてきた。一水会事務局には「国賊！」とビラが貼られ、右翼の街宣車が押しかけてくる。また、事務局だけでなく木村の自宅まで黒い街宣車が押しかけて「国賊！」と攻撃していました。私の言動に対する積年の反発もありますが、木村が鳩山由紀夫と一緒にクリミア訪問したことも大きく、「ロシアの味方をしている！」、「売国的行為だ！」とひどいバッシングを受ける事態になりました。そこで、木村は話し合いを持った結果、既存の右翼との決別を決意したのです。そもそも、私も木村も自分から右翼だなんて名乗ったことはありませんが、正しい判断だったと私は思います。これからは一水会もこれまで以上に自由に動き、活動範囲も広がるはずです。

自分が信じ行動していたことを自ら否定するという内的作業は、思いのほか辛いものではありました。右翼の仲間は離れていくし、批判もされる。しかし、その一方で左右を問わず様々な人々と出会い、触発され視野が広がったことは楽しいことでもありました。凝り固まっていた思念が氷解し、自由に活動できるようになった解放感は格別です。その結果、過激派右翼だった頃を思うと、私はずいぶんと遠くへやってきたように思います。何より、自分と考えが異なるだけで、しかも丸腰の相手を脅したり殺傷したりするという行為は本当に卑怯な行為だと思うようになりました。そんな当たり前のことが、若い頃の愚かな私はわかっていませんでした。また、言論の自由は何にもまして重要であると確信するようにもなりました。だからこそ、私は安倍政権による共謀罪法案の成立に激しい憤りを覚えるのです。

ともあれ、これからも、私は自分の頭で判断して正しいと思った事しか発言しません。右翼や左翼に何といわれようが関係ありません。一人で考え、一人で行動していきます。そういえば、竹中労はこんなことを言っていましたね。

「人は無力だから群れるのではない。あべこべに、群れるから無力なのだ」

さて、今の私を見たら、亡き野村秋介は何と言うでしょうか。「おっ、やっとるな」と笑いかけてくれそうな気もしますが、どうでしょう。

極私的天皇主義

先に述べてきた通り、私は様々な人々との出会いと自分なりの真剣な内省を経て、若い頃とずいぶん考え方が変わりました。転向じゃないかという批判は甘んじて受け入れます。その通りでしょう。しかし、自分が間違っていると思っても、それをちゃちな面子にこだわって修正できない人間を、私は尊敬することができません。誤りは正す、当たり前のことだと思うのです。

ただ、そうはいっても私の本質は変わっていないように思います。私に限らず、人間の本性というものは、そうそう変わるはずもありません。日本という国が好きだ、だから良い国になってほしい、そのために懸命に力を尽くす、そして国のかたちを考える時に天皇は一丁目の一番地だ、そのあたりは今も昔もまったく変わっていません。

また、共産主義は全然ダメなシステム論だと考えているのも変わりません。どうしてそう考えるかというと、共産主義は生身の人間の在り方を想定していないからです。現実に生きる人間が有する様々な自由（欲望）への希求は無視され、机上の理論に合わないものはすべて排除される。その結果、必然的に言論は統制され、官僚によって管理された全体主義国家とならざるを得ないのです。それは、現実の社会主義国家が証明しています。

これまで成立した社会主義国家の中で、言論や表現、抗議の自由を認める国家は皆無です。さらにいうなら、コミュニズムとファシズムは双子のようなものだと私は考えています。それぞれの生活史を持った個人の多様な意見は圧殺され、一つの国家テーゼに集約された極端なかたちでの管理社会。嫌な社会です。

そうした考え方をする者を右翼だというのなら、私は今でも右翼なのでしょう。

ところで、日本の真正右翼も天皇制を認めるかどうかを別にすれば、急進左翼とよく似た発想をしてきました。社会正義の実現を掲げ、革命を志向し、そのための暴力を肯定するという点で両者は共通しています。古くは幕末の草莽の志士、北一輝、血盟団、五・一五事件の将校と農本主義者橘孝三郎、二・二六事件の将校、三島由紀夫と楯の会、野村秋介、数え上げればきりがありません。彼らは皆、純粋に国を憂い、一君万民の道義国家を目指した命がけの愛国者たちだった。その行動様式は、連合赤軍、東アジア反日武装戦線に代表される極左過激派のそれに通ずるものがありました。そして、若き日の私は彼らの生き方に強く惹かれていました。彼らの行動を特徴付けるテロという行為を、心のどこかで肯定していました。だから、殺さないまでも「天皇制反対」のプラカードを見ると突っ込んでいき、不敬な言動をする輩には「天誅だ！」とばかり、殴りかかっていました。暴力右翼です。

しかし既に述べた通り、私はある時期からそうした方法論、要するにテロはすべてダメだと思い定めることになります。

昭和天皇は、何よりテロを忌み嫌われていました。二・二六事件の時には自ら鎮圧するとまで言われています。一方、決起将校たちは天皇をたぶらかす君側の奸を殺す、つまり天皇のために決起したと思い込んでいました。自分たちの恋闕《れんけつ》の情が天皇に届かないはずがないという確信が、彼らを一途な行動に駆り立てたのです。こうした天皇と勤皇テロリストとの意識のギャップは、幕末以来続いてきたものです。二・二六の磯部浅一は鎮圧が天皇の意思であることを知り、ある種のパニックに陥っていたことがその手記からうかがえます。手記では、磯部の心理が「われわれ同志ほど、国を思い陛下のことをおもう者は日本中どこをさがしても決しておりません。その忠義者をなぜいじめるのでありますか」という哀願から、「今の私は怒髪天をつくの怒りにもえています、私は今は　陛下をお叱り申上げるところに迄　精神が高まりました、だから毎日朝から晩迄　陛下をお叱り申しております、天皇陛下　何と云ふ御失政でありますか　何と云ふザマです、皇祖皇宗に御あやまりなされませ」という有名な罵倒へと変わっています。

また、三島由紀夫の著書『英霊の聲』の中では、二・二六事件の決起将校と大東亜戦争の神風特攻隊の兵士たちの霊が、霊媒師を通して二・二六事件に対しての天皇の態度や敗戦時の人間宣言に対して「などてすめろぎは人間となりたまひし」（なぜ天皇は人間となってしまわれたのか）という呪詛を繰り返しています。

磯部をはじめとする維新運動の担い手たちも、そして三島も「あるべき天皇」への恋闕を胸に抱き、命を賭けて行動したのです。しかし、野村秋介や私は、実在の天皇とあるべき天皇を明確に分けて考える、つまり実在の天皇を否定するということはできませんでした。ただ、尊皇の名の下に過激な行動をしていたということは、やはりゾルレン主義者だったのでしょう。

昭和天皇は、戦前に「神宮は平和の神だ」と言われています。外（戦争）に対しても内（テロ）に対しても、平和を主張され続けていた。それはまた、天皇一個人の考えではなく皇室の伝統、すなわち日本という国の伝統的価値観であるということを語られてもいたのです。私がテロを否定するようになった最大の理由は、こうした天皇および皇室の本質に、改めて正面から向き合ったことにあります。天皇の意思を若い頃の私も知らなかったわけではありません。知らないふりをして、行動に走っていたように思います。また、現在のイスラム過激派もそうですが、テロリストはテロを重ねるうちにテロ自体が目的化し、ある種のデカダンスに陥ることが歴史を振り返ればわかるのです。二・二六の磯部にしても、首相官邸で銃声を聞き殺害が開始されたことを知った瞬間について、「とに角云ふに云へぬ程面白い　一度やつて見るといい。余はも一度やりたい　あの快感は恐らく人生至上のものであらふ」と手記に記しています。テロという行為にはそのような魔力も潜んでいるのです。さらにいえば、戦後の民主主義社会において、左右を問わずテロはほとんどの国民に支持されません。どんな大義や主義主張があっても、単なる人殺しとしか認識されず、狂信的活動家や一部知識人を除いて一般国民の共感を呼び起こすことはあり得ない。私は、そのように考えるようになったのです。テロを肯定しながら、ついに誰ひとり殺さなかった三島や野村の自決は、そのことを象徴しているように思えます。

テロに限らず憲法にしても、私の考えるその内実が昔と変わってきたのは、前述したような左翼やアナーキストを含む様々な人々の多様な考えを冷静に評価できるようになったこともさることながら、他ならぬ今上天皇の言葉と行動から非常に大きな啓発を受けたからです。物事を判断する際に、よく原点に帰ってみるということをいいますが、現在の私にとって原点は天皇です。日本における民族主義を考える場合、天皇という存在を外せるわけはないのです。昔の私は尊皇を標榜しながら、天皇および皇統の本質について真正面から考えることから目を背けていたように思うのです。天皇の祈りや言葉が意味することを深く考えることができなかったのです。その意味で、私もまた反天皇主義者であったと言わざるを得ません。

天皇は日本の誰よりも、皇室が存在し持続することの重要さを深く認識されています。もちろんそれは、自らの一族の繁栄といった卑俗なことではなく、皇室の歴史を客観視された上で、日本という国と日本国民にとってそれが必要なのだと自覚されているからです。だからこそ、自由のない非人間的環境の中で心身を削りながら日々祈り、行動されているのです。国民は退位問題に接して改めてどれだけ天皇に負荷をかけているかを知り、また天皇のビデオメッセージにより天皇の考えられていることを初めて知ったのではないでしょうか。

生々流転の理《ことわり》通り、時代も移り変わります。史上初めて「象徴天皇」として即位された今上天皇は、戦後の民主主義社会という時代に即した天皇の在り方を考え続けてこられました。そして、これまでの制度に安住しているだけではポピュリストやテロリストの出現を許し、ひいては皇室という価値の持続が危うくなると考えられたのではないか。

今上天皇の力の源泉は、ひたすら国民に寄り添おうとされる行動にあり、またそうした在り方に天皇は強い矜持を持たれています。しかし、一見新しく思える今上天皇の在り方ですが、天皇が日本国という共同体に内在し、自分たちと喜怒哀楽を共有されているという国民の自然かつ潜在的な感覚は、古代日本人の信仰の中の天皇に通底したものではないでしょうか。明治から戦前昭和までの近代天皇制度は、長い天皇の歴史の中でむしろ例外だったのではないか、「温故知新」を文字通り実践された今上天皇、そんな風に私は思うのです。

民主主義社会における「有権者」という名の大衆は、極度に不満が蓄積すると選挙を通じて、とんでもない権力を成立させることがあります。安倍政権がまさしくそうです。こうしたポピュリズムは民主制度のアキレス腱であると同時に、支払わなければならないコストというべきでしょう。民主主義には、他ならぬ民主主義そのものを破壊する機能を持つという側面もあるのです。

特定秘密保護法案、安保関連法案、マイナンバー制導入、共謀罪法案の成立は、すべて線として繋がったものであり、安倍政権の感性が色濃く出ています。マスコミへの恫喝、沖縄への対応も安倍政権独自のものです。また、この政権の閣僚は問題発言を連発し、あまつさえ平気で嘘を吐き、嘘がバレても開き直ります。「森友学園」や「加計学園」の問題は実につまらない問題ではありますが、それに対する安倍政権の対応は信じられないような強弁と開き直りでした。そして、野党やマスコミの追及に対する首相の口癖は、何ら根拠のない「印象操作だ。我が党こそ正しい」という科白です。無理が通れば道理は引っ込む、本当に無茶苦茶な政権であり、これまで見たことがない戦後最悪の政権だといえるでしょう。その無茶苦茶さに、国民が慣れつつあることを私は危惧していました。しかし、こうした安倍一強といわれる体制に大きく立ちはだかったのは、今上天皇でした。もちろん、天皇は個々の問題に対して政治的発言をされたわけではありません。けれども、国際平和と弱者への共感という天皇の個性は、明らかに安倍および安倍まわりの感性と対立するものでした。そして、最後の最後になって、退位問題という天皇に関わる問題を通して、国民は安倍的なるものの正体に気づき始めたのではないでしょうか。最近（二〇一七年七月現在）の内閣支持率急落の表層的理由は、強引な共謀罪法案の成立や一連の「学園問題」に対する政府の対応なのでしょうが、より深いところで「天皇対権力」という古くて新しい構図が影響を及ぼしたのではないか。私はそのように思うのです。

二〇一七年（平成二十九年）、憲法記念日の五月三日、安倍首相は読売新聞のインタビュー、そして日本会議のフロント組織「美しい日本の憲法をつくる国民の会」と「民間憲法臨調」が共催する改憲集会へのビデオメッセージで、「九条一項、二項を残しつつ自衛隊の存在を明文化する」という「三項加憲」方式での改憲と二〇二〇年施行という政治日程を突如打ち出しました。「おっ、俺と同じ考えじゃないか、安倍って案外いいヤツだな」な～んて、私が思うわけありません。生前の三島由紀夫も言ってたように、そもそも九条一項、二項と自衛隊の実在はまったく矛盾した欺瞞そのものであり、特に二項を残したまま自衛隊の存在を明文化するなんて単にその矛盾を憲法で公に露出するだけのことです。もし三島や野村秋介が生きていたら怒髪天を衝き、激怒して首相官邸に突っ込んだに違いありません。

ちなみに、私が考える改憲とは、国の平和維持を担う自衛隊の位置付けを明確にした上で九条の精神、すなわち平和を願い侵略的戦争の絶対放棄を、もっと具体的かつわかりやすい表現できちんと成文化する、そして憲法全体を現在よりさらに民主的、平和的なものに日本人によって書き換えるというもので、安倍のようなやっつけ改憲ではありません。

実は、安倍首相が突然言い出した加憲案を考えたのは、首相のブレーンとして知られる日本会議常任理事で政策委員の伊藤哲夫です。伊藤は自らが代表を務めるシンクタンクの機関紙で『「三分の二」獲得後の改憲戦略』と称された論考を発表し、「改憲はまず加憲から」と述べ、その目的を「護憲派の分断と九条の空文化」にあるとしています。いきなり安倍や安倍まわりが悲願とする戦前回帰的改憲では国民の支持が得られないので、まずは穏当な「加憲」から入る。一度憲法改正を実現させせれば改憲のハードルは低くなるため、その後どんどん改正していけばいいという戦略です。実に見え透いた手です。姑息です。姑息過ぎるといっても過言ではないでしょう。いずれにせよ、小林節教授が言ったように、どんな奇策を打ち出そうが安倍政権による改憲は非常に危険です。

振り返れば、六〇年安保、七〇年安保と、私たち民族派は日本が左翼政権によって牛耳られるようになるのではないかと強い危機感を持って対抗運動を展開していました。しかし、今考えるとそれは危機でも何でもなかった。現在の状況こそ、戦後最大の危機だと思うのです。安倍政権という権力の下で間近に迫る監視社会と、微かに漂う戦争の匂い、閉塞感と将来への漠然たる不安。こうした状況の中で、否応なく意識するのは天皇の存在感です。戦前では軍事で一等国になることを目指し、戦後は経済で一等国を目指した日本人ですが、ともに大きな挫折を経験しています。そして危機に際して、日本人が精神的拠りどころとするのは昔も今も天皇です。天皇は、政治からこぼれ落ちた何かをすくいあげる役割を果たされ、変わらぬ「重心」として社会に安定をもたらしているのではないでしょうか。要するに、最後は天皇を頼っているのです。明治天皇抜きに革命は成就せず、日本はおそらく欧米の植民地となったでしょう。大正天皇の自由な人柄は時代に投影され、北一輝や大川周明をはじめとする右翼と堺利彦や大杉栄といった左翼が一堂に会して自由に議論を戦わす『老壮会』のような、大正以外では考えられない場が実現しています。そして戦争責任を問われた昭和天皇ですが、昭和天皇がいなければ一億総玉砕に突進し日本は破滅していたと思います。

実のところ、天皇は君主ではないし国民も天皇の臣下ではない。天皇と日本国民の関係は、そうした表層的で通俗的なものではなく、もっと深く強いものだと私は考えています。天皇とは、古来の日本人の価値観と信仰、すなわち神々への畏敬と祖霊崇拝を体現された存在です。その意味でこそ、天皇は日本の象徴なのです。いうまでもなく、日本の神とは欧米やアラブの神とは異なります。日本人にとって神とは自然そのものであり、神々（自然）によって生かされているという生活感覚が畏敬に繋がっているのです。また、祖霊信仰とは祖先があってその延長線上に現在の自分が生きている、というシンプルな原理に対する感謝の念だということができます。そして、そうした古来の価値観を祈りという行為によって表象しているのが天皇なのだ、そのように私は考えています。

本来、こうした日本人の価値観は、現実の世界において自然との共生、歴史に対する敬意といった概念に結びつくはずです。しかし、近現代の日本人はともするとそうした古来の価値観を忘れがちのようでもあります。野村秋介が経団連を襲撃した際、国土の荒廃を憤ったのには意味があったのです。

そういえば、四十年も前にそのことを教えてくれた人物がいました。二・二六事件に連座して逮捕され、戦後は三島由紀夫も絶賛した『私の昭和史』という名著を上梓した故末松太平です。私が末松に最初に会ったのは、『証言・昭和維新運動』（島津書房）を執筆するための取材でした。末松とは数度しか会っていないのに、彼は強烈な印象を私に残しています。末松は私に「維新運動は公害撲滅運動一本にしぼっていいと思っています。僕がいま昔の状態の青年将校だったら、それで維新の運動をやりますね」と言いました。その時は、ずいぶんと意表をついたことを言う人だなあ、とちょっとびっくりしました。でも、今なら末松の言葉がよくわかります。考えてみれば、環境保全という概念は我々日本人の中核をなす伝統的価値観に他なりません。したがって、天皇だの我が国固有の国体だのというのであれば、まず原発に反対しなければ筋が通りません。放射能汚染で国土を汚す、これほど罰当たりなことはないはずです。「安倍まわり」のように原発推進なんていってる連中は、間違いなく反天皇主義者です。

さて、繰り返し述べてきたことではありますが、天皇および皇族は極端に自由を制限された環境に生きる方々です。普通の人間であれば、とても耐えられないはずです。おそらく、最初から皇室という特殊な環境に生まれ育つことにより、ある種の耐性を持たれているのでしょう。しかし、美智子皇后、そして雅子妃や紀子妃は民間から入内された方々であり、皇室での生活に戸惑われるのは当たり前です。そうした困難にも関わらず、誠心誠意皇室を支えようと努力されてきた。これからも、民間から皇室に入るということは続くはずです。皇室が日本にとってなくてはならないと思うのであれば、国民はそうしたことに自覚的であるべきです。卑劣で下品なバッシングをするなど論外です。

元法政大学教授で女性学研究者の田嶋陽子は、「これからの皇族は、すべてにおいてこれまでよりもっと自由に生きてほしい。国民は皇族に寛容になってほしい」と述べていますが、断然賛成です。皇室典範は明治時代のように憲法から外し、退位や皇位継承など国政に関わること以外の天皇家に関わることは、すべて天皇に決めていただいてかまわない、というよりそうあるべきだと私は思っています。

皇族が自由を得るとイギリスの王室のようにスキャンダルが噴出し、神秘性も有難みもなくなるという保守派がいますが、そんなことになるはずはないでしょう。良いとか悪いとかいった意味ではなく、日本の皇室は海外の王室とは異なった存在であり、原初的な宗教的感性の中から生まれたものです。そして、古代より信仰の中に位置付けられ、ごく初期を除いて権力から外れた存在であり続けました。したがって、国民が日本人の基層にある信仰を失わない限りにおいて、皇室は在り続けるはずなのです。日本国憲法の第一条には、「天皇は、日本国の象徴であり日本国民統合の象徴であって、この地位は、主権の存する日本国民の総意に基く」とありますが、古《いにしえ》より天皇は国民の総意によって存在していました。そうでなければ、とっくの昔に皇統は廃されていたでしょう。

十六世紀の西欧に端を発したデカルト以来の近代合理主義は、科学技術、政治思想等において人類に大きな貢献をしてきました。一方、紀元前より人類の思考様式に大きな影響を与えてきた概念として宗教があります。太古の人間はその生活の中で、人智を超えた森羅万象を司る大きな力、意思、摂理のようなものを感受し、それを「神」と呼んだのではないでしょうか。私が昔属していた生長の家では、「万教帰一」ということをいっていましたが、確かにあらゆる宗教は「神」の存在を感受することから始まっています。一神教と多神教という違いはあれど、日本のアニミズムである「神道」も同様です。そして、こうした抽象的な概念に対する感受性は、人間を他の動物から峻別する特徴ともなっています。いうまでもなく、宗教は人間の精神領域を対象とする概念であり、物質的領域を対象とする科学とは別次元の知の体系です。そして、科学万能とされる現代においても脈々と続き、その影響力を及ぼし続けています。

ところで、戦後思想史の巨人といわれた故吉本隆明は、人間の関係性を分析するにあたって「幻想」という言葉を使い、「自己幻想」（個人）、対幻想（夫婦や家族）、「共同幻想」（国家）という造語によってその対立構造を説いています。この複数の人間によって共有されるとする「共同幻想」という言葉を勝手に借用すれば、国家も宗教も共同幻想に含まれる一概念であるといえます。であるならば、人間にとって「幻想」とは空気や水と同じく、比喩的に言えばそれなくして一秒たりとも生きていくことができないともいえます。

そして、日本という国が共同幻想であるとすれば、天皇とはその中心に位置するシンボルとしての幻想であり、その存在を通して現実の社会の調和を図るということは、人間存在の本質を考える時、ひとつのリアリズムであるということができます。

つまるところ、私の天皇論とはそのようなものであり、日本という国にとって天皇がなくてはならない存在だと考える理由も同じです。

◉

本書に出てくるテーマと主張の相当部分は、これまで書いたり述べたりしてきたことと重なっています。ただ、個々のテーマをジグソーパズルの一ピースとすれば、本書はそれらのピースを組み合わせて完成させたパズルの全体図であるといえます。現時点での私の天皇を媒介とした日本および日本社会に対する考えは本書に集約されています。

ところで、本書を編むにあたってモチーフとしたのは、「天皇と反天皇主義者」です。

天皇と日本人の歴史的関係を俯瞰した時にわかるのは、いつの時代も各政治勢力が自己に都合良く天皇を解釈し、利用してきたことです。

二・二六事件で刑死した北一輝は、『国体論及び純正社会主義』の中でこう述べています。

「あ、今日四千五百万の国民は殆どこぞりて乱臣賊子及びその共犯者の後裔なり」

まったくその通りで、本書の冒頭で述べたように、日本の歴史は天皇の歴史であると同時に乱臣賊子、すなわち反天皇主義者たちの歴史でもありました。近現代においてもしかりです。「反天皇」という時、共産主義者やアナーキストのような確信犯的反天皇主義は、主義主張に一貫性があり、わかりやすいといえばわかりやすい。私は天皇や天皇制に対する批判があってもいいと思っています。そうした批判を許すのが、天皇の本質だとも思っています。昔の私とはずいぶん変わったものです。

しかし、大半の反天皇主義者とは尊皇を掲げた反天皇主義者であり、自らの野望、利権、矛盾した妄想のための道具として天皇を捉えている者たちです。「天皇を想うからこそ」といって反天皇的な活動をする。実にタチの悪い者たちです。ひょっとすると、自分では純粋な尊皇主義者だと思い込んでいた、かつての私もそうだったのかもしれません。

天皇という名を耳にするとき、現在の私の頭に浮かんでくるのは、平和、寛容、質実、謙虚、非暴力といった言葉であり、決してマッチョなイメージは浮かんできません。天皇を精神的中心とした日本固有の民主主義制度というイメージを頭の中で描いています。

私のような考えは、左翼からも右翼からも排除されるのかもしれませんが、今後も「天皇リベラリズム」ともいうべき国体の可能性を追求していこうと思っています。

個々のテーマをよりわかりやすく述べるために、様々な歴史的トピックやエピソードを入れたこと、またここ一、二年の間に安倍政権による反動的政策が量産されたことから、それを扱わずにすませるわけにもいかず、思いの外分量が増え、時間もかかってしまいました。かなり分厚い本となりましたが、私としてはできるだけ読みやすく書いたつもりです。最後まで読み通していただき、ありがとうございました。
なお、文中の敬称はすべて省略しました。

平成二十九年七月　鈴木邦男

鈴木邦男（すずき・くにお）

1943年福島県生まれ。早稲田大学政経学部卒。学生時代から民族派運動にのめり込む。大学卒業後、産経新聞社に入社。三島事件を契機に1972年民族派運動グループ『一水会』を設立し、過激な民族派運動を展開。防衛庁での乱闘、逮捕により産経新聞社を解雇される。その後一水会専従となり運動と並行して執筆活動を始めるが、東アジア反日武装戦線「狼」の三菱重工ビル爆破事件に衝撃を受け、1975年に初の著書『腹腹時計と〈狼〉』を上梓（三一書房）、大きな話題となる。以後、野村秋介とともに既存右翼と画された論理と行動様式から「新右翼」と称されるようになり、新聞・テレビ等で主張を幅広く展開。さらに、左右両派に捉われない民族派リベラリストともいうべき論客となる。1999年一水会代表を辞任、顧問となる。2015年、一水会顧問も辞任。著書は『証言・昭和維新運動』（島津書房）、『夕刻のコペルニクス』（扶桑社文庫）、『失敗の愛国心』（理論社）、『〈愛国心〉に気をつけろ』（岩波ブックレット）、対談として『慨世の遠吠え』（内田樹。鹿砦社）、『憂国論』（白井聡。祥伝社新書）等多数。

天皇陛下の味方です

2017年8月10日　初版第1刷発行
2023年5月８日　初版第3刷発行

著者　**鈴木邦男**
装幀　**山口健太郎**
写真　**©YOSHIHIRO TAKADA/a.collectionRF/amanaimages**
発行人　**長廻健太郎**
発行所　**バジリコ株式会社**
〒 162-0054
東京都新宿区河田町3-15 河田町ビル3階
電話：03-5363-5920　ファクス：03-5919-2442
http://www.basilico.co.jp

印刷・製本　**中央精版印刷株式会社**

ISBN978-4-86238-234-4